"十二五"普通高等教育本科国家级规划教材　配套参考书

北京高等教育精品教材
BEIJING GAODENG JIAOYU JINGPIN JIAOCAI

新编21世纪工商管理系列教材

《管理经济学 第8版》学习指导与题库

吴德庆　王保林　编著

Study Guide to
Managerial Economics

中国人民大学出版社
· 北京 ·

前言

本书是《管理经济学（第 8 版）》（吴德庆、王保林、马月才编著，中国人民大学出版社，2022 年）的配套学习指导书。内容包括两大部分：第一部分为学习指导，即针对《管理经济学（第 8 版）》每章章末的重要名词和术语、复习思考题和作业题，逐题进行解答，具体有名词解释、复习思考题参考答案和作业题解答等。第二部分为题库，作者根据《管理经济学（第 8 版）》涵盖的内容和重点，收集了大量习题（包括答案）汇编而成，包括三种题型：问答题、选择题、计算题。

我们期望本书能够给读者的学习带来方便。由于水平有限，书中一定有不少缺点和问题，欢迎批评指正。

前言

目录

第一部分 学习指导

第二部分

题 库

问答题

选择题

计算题

第一部分

学习指导

绪　论

管理经济学这门学科是第二次世界大战后建立起来的。在此之前，西方的传统经济学（主要是微观经济学）基本停留在经院式的讨论上，很少解决实际问题。管理经济学的问世，开创了经济学实际应用的新时期。第二次世界大战后，市场竞争加剧，企业界迫切要求提高经营决策的水平，管理经济学的出现恰好适应了这种需要。从那时开始，管理经济学迅猛发展。在我国，这门学科是在改革开放之后的 20 世纪 80 年代初从国外引入的。随着我国社会主义市场经济体制的建立和发展，管理经济学日益显现出它的重要性。

一、名词解释

1. **管理经济学**是一门研究如何把传统经济学的理论和经济分析方法应用于企业管理决策实践的学科。

2. **边际分析法**是进行经济、管理决策的一种基本方法。在这里，“边际”含有“边缘”和“新增”之意。根据这一方法，一个方案是否值得采用，不是看其全部收入是否大于全部成本，而是看其新增的收入（边际收入）是否大于新增的成本（边际成本）。根据边际分析法原理，利润最大化的决策规则是：使边际收入等于边际成本。

3. **增量分析法**是边际分析法的变形。二者的共同之处是，判断一个方案对决策者是否有利，都要看由此引起的收入是否大于由此引起的成本，即看它能否为决策者增加利润。它们都体现了向前看的决策思想。二者的区别仅仅在于，边际分析法分析的是变量的微量（或单位）变化对收入、成本或利润等的影响，增量分析法分析的则是某种决策对收入、成本或利润等的影响。

4. **企业价值最大化**也就是股东财富的最大化。现代企业管理的理论界都把它当作企业决策的长期目标。在这里，企业价值是指企业未来预期利润收入的现值之和。

5. 现代企业制度下的企业，所有权和经营权是分离的。所有者（股东）并不直接经营企业，而是通过董事会雇用经理人员来管理企业。在这里，所有者是委托人，经理人员则是代理人。所有者（股东）的目标是企业价值最大化（反映在资本市场上就是股票价格的最大化，即股东财富的最大化）。经理人员追求的则是高薪和更多的福利。所以，所有者的目标和经理人员的目标是有差异的；经理人员有可能以牺牲股东的利益为代价来谋求个人的利益。这就是经济学中所说的**委托-代理问题**。

6. **会计利润**等于销售收入与会计成本之差。**经济利润**等于销售收入与机会成本之差。计算会计利润的目的是报告企业的盈亏情况，以便投资者用作投资的根据、政府用作征税的根据等。经济利润则是企业决策的依据。

7. **机会成本**是指资源用于次好的、被放弃的其他用途本来可以得到的净收入。或者说，资源用于某一用途的机会成本就是必须放弃的次好方案的价值。这一概念是管理经济学的基础，有效的管理者在进行决策时都必须从这一角度去看成本。

8. **正常利润**是指投资者如果把一笔资金投于其他相同风险的事业可能得到的收入，也就是为了吸引投资者在本企业投资，必须给他的最低报酬。它是企业全部机会成本的组成部分。

9. **外显成本**是指企业实际的支出，通常能在会计账上表现出来。**内涵成本**是指非实际的支出，是会计账上未表现出来的开支，它等于机会成本与外显成本的差额。

二、复习思考题参考答案

1. 管理经济学的研究内容是什么？它与微观经济学之间有什么关系？

答：管理经济学是一门研究如何把传统经济学的原理和经济分析方法应用于企业管理决策实践的学科。管理经济学借用微观经济学的原理与方法，因此它们之间的关系十分密切。它们的共同之处是都研究企业的行为，但两者又有区别。微观经济学是一门理论科学，它研究抽象的企业；管理经济学则是一门应用科学，它研究现实的企业。微观经济学以企业的唯一目标是追求最大限度利润为前提；管理经济学则认为，现实企业的目标从短期看只能是有条件地谋求尽可能多的利润，从长期看则是追求企业价值的最大化。微观经济学以企业所处环境的全部信息均已知和确定为假设，据此来研究企业行为的一般规律；管理经济学则认为企业的环境十分复杂、信息很不确定，因而需要依靠多种学科的知识来收集有关的信息并进行具体的决策。管理经济学不应局限于对经济理论本身的探讨，而应当成为经济理论与管理实践之间的桥梁。

2. 请阐述管理经济学的决策过程。

答：管理经济学研究的是企业的经济决策，即企业应当如何配置资源，才能最有效率地实现企业的目标。这里，决策就是选择，即在多个可行方案中选择最优的方案。这个决策过程可以分为七个步骤：

（1）确定目标；

（2）界定问题；

（3）找出问题产生的原因（在这一步骤，管理经济学通常使用经济模型，这就有可能找出影响事物发展的关键变量以及变量之间的因果关系，从而使决策方法简化、科学化和定量化）；

（4）提出可供选择的方案；

（5）收集和估计数据；

（6）对各种可能的方案进行评估，从中选出最优方案；

（7）实施和监控。

3. 什么是边际分析法？在管理决策中运用边际分析法有什么意义？

答：这里，“边际”含有“边缘”“新增”之意。在决策时使用边际分析法，就是要把因决策引起的新增的效益（边际收入）与新增的成本（边际成本）进行比较，看看利润（净效益）是增加了还是减少了。这种分析方法的精髓在于判断一个方案是否可行取决于采用方案前后收益的变化，而不管采用方案后成本或收益会是多少。它体现了向前看的决策思想，是一种正确和科学的决策方法。它能很容易地与微分学相结合，成为寻求最优解的十分方便的工具。

4. 在市场经济条件下，企业产生的根源是什么？作为市场的主体和基本的决策单元，它必须具备哪些基本特征？

答：回答企业产生的根源就是要回答为什么在市场经济条件下还会产生企业。因为既然市场机制好似一只“看不见的手”，能把千百万人的经济活动有效地联系起来，为何还需要企业来组织生产呢？对这个问题，经济学家科斯用交易费用理论做了回答。

科斯认为，市场经济的运作需要支出市场交易费用，如信息费用、谈判费用和监督费用等。企业根据统一的意志（权威）来组织生产，也会有成本耗费（如管理费用），称为内部交易费用。科斯认为，当市场的交易费用太高，而通过形成一个组织，并允许某个权威（企业家）来支配资源就能节省交易成本时，企业就产生了。随着企业规模的扩大，当企业内部交易费用的增加恰好等于市场交易费用的节约时，企业的规模达到最优，这时的规模也就是企业在市场中的合理边界。

在市场经济中，企业是最重要的市场活动主体和基本的决策单元，它必须具备以下三个基本特征：

（1）自主经营。只有这样，企业才能对市场的信号灵敏地作出反应。

（2）自负盈亏。只有这样，企业才能在物质利益的驱动下积极主动地按照市场的变化及时调整自己的生产和经营。

（3）产权明晰。只有这样，企业财产的有效利用才会真正受到产权所有者的关注和保护，使自主经营和自负盈亏真正落到实处。

总之，企业只有具备以上特征才能成为基本的决策单元，真正做到独立决策，积极自主地参与竞争，使市场竞争机制得以充分发挥，使市场能够在配置社会资源方面发挥应有的作用。

5. 为什么说股东和经理之间存在委托-代理问题？怎样解决这个问题？

答：现代企业制度下的企业，所有权和经营权是分离的。所有者（股东）并不直接经营企业，而是通过董事会雇用经理人员来管理企业。在这里，所有者是委托人，经理人员则是代理人。所有者（股东）的目标是企业价值最大化（反映在资本市场上就是股票价格的最大化，即股东财富的最大化），经理人员追求的则是高薪和更多的福利。所以，所有者的目标和经理人员的目标是有差异的；经理人员有可能以牺牲股东的利益为代价来谋求个人的利益。这就是经济学中所说的委托-代理问题。

为了解决这个问题，在企业内部应当建立健全对经理人员的监督和激励机制，将经理人员的报酬直接与企业目标的实现程度挂钩。在企业外部则应创造一个充分竞争的市场环境，包括竞争性的资本市场和经理人员人才市场，通过竞争迫使经理人员必须按照股东的要求努力工作。

6. 什么是经济利润？什么是机会成本？为什么说经济利润是决策的基础？

答：经济利润等于销售收入减机会成本，机会成本则是指当资源不用于本用途，而用于其他用途（准确地说，是其他用途中最好的用途）时的价值（收入）。所以，经济利润大于零，说明资源用于本用途的价值要高于其他用途的价值，本用途的资源配置较优。经济利润小于零，说明资源用于本用途的价值低于其他用途的价值，本用途的资源配置不合理。所以，经济利润是资源优化配置的指示器，它指引人们把资源用到最有价值的地方。正因为如此，经济利润是决策的基础。管理经济学所涉及的利润，都应当是经济利润。

三、作业题解答

1. 某垄断企业的产品的成本函数为：$TC=Q^2+200Q+400$（Q 为产量，TC 为总成本），需求曲线方程为：$P=300-Q$（P 为价格），求该企业的最优产量。

解

该企业的销售收入为：

$$P \cdot Q=300Q-Q^2$$

$$\begin{aligned}\text{总利润}(\pi)&=P \cdot Q-TC\\&=300Q-Q^2-(Q^2+200Q+400)\\&=-2Q^2+100Q-400\end{aligned}$$

当 π 最大时，$\frac{d\pi}{dQ}=100-4Q=0$，则 $Q=25$。故该企业的最优产量应为 25。

2. 假定一家企业接受的任务处于这样的水平：增加 1 单位产量，可增加销售收入 100 元，但同时增加总成本 150 元。此企业应增产还是减产？

解

该企业的边际收入（MR）$=100$ 元，该企业的边际成本（MC）$=150$ 元，可见 $MR<MC$，说明企业应当减产。

3. 假定某公司所属两家工厂 A 和 B 生产相同的产品，A 厂的成本函数为：$TC_A=Q_A{}^2+Q_A+5$，B 厂的成本函数为：$TC_B=2Q_B{}^2+Q_B+10$（TC_A 和 TC_B 分别为 A 厂和 B 厂的总成本，Q_A 和 Q_B 分别为 A 厂和 B 厂的产量）。假如该公司的总任务为生产 1 000 件产品。为了使整个公司的总成本最低，应如何在这两家工厂之间分配任务？

解

已知 $TC_A=Q_A^2+Q_A+5$，因此

$$MC_A=\frac{dTC_A}{dQ}=2Q_A+1$$

已知 $TC_B=2Q_B^2+Q_B+10$，因此

$$MC_B=\frac{dTC_B}{dQ}=4Q_B+1$$

为使整个公司总成本最低，应满足以下条件：

$$\begin{cases}MC_A=MC_B \quad 即\ 2Q_A+1=4Q_B+1\\ Q_A+Q_B=1\ 000\end{cases}$$

解上述方程组，得

$$Q_A=666.7(件)，Q_B=333.3(件)$$

4. 李某是一家口腔医学仪器公司的销售人员，负责在三个省（江苏、浙江、山东）推销一种由黄金、白金和其他贵金属合成的精密合金仪器。按照公司规定，他可按销售额的10%提取佣金。根据往年的经验，李某在每个省做销售的时间和销售额之间存在以下关系（见下表）。假如李某每个月只能抽出10天时间在这三个省做销售，为了使每月的佣金收入最大，他应如何在这三个省之间分配时间？他每月最高佣金收入是多少？

江苏		浙江		山东	
天数	销售额（元）	天数	销售额（元）	天数	销售额（元）
0	4 000	0	0	0	2 500
1	10 000	1	3 500	1	5 000
2	15 000	2	6 500	2	7 000
3	19 000	3	9 000	3	8 500
4	22 000	4	10 500	4	9 500
5	24 000	5	11 500	5	10 000
6	25 000	6	12 000	6	10 000
7	25 000	7	12 500	7	10 000

解

首先，计算各省每天的边际销售额（见下表）。

江苏		浙江		山东	
天数	边际销售额（元）	天数	边际销售额（元）	天数	边际销售额（元）
0	—	0	—	0	—
1	6 000	1	3 500	1	2 500
2	5 000	2	3 000	2	2 000
3	4 000	3	2 500	3	1 500
4	3 000	4	1 500	4	1 000
5	2 000	5	1 000	5	500
6	1 000	6	500	6	0
7	0	7	500	7	0

其次，找出10天时间在三个省之间的最优分配方案。分配原则是：当三个省的边际销售额相等时，三个省的总销售额最大。根据上表中的数据可知，应在江苏销售5天（边际销售额为2 000元），在浙江销售3天（边际销售额为2 500元），在山东销售2天（边际销售额为2 000元）。

最后，计算李某的最高佣金收入（见下表）。

省份	天数	销售额（元）
江苏	5天	24 000
浙江	3天	9 000
山东	2天	7 000
销售额合计		40 000
佣金收入（占销售额的10%）		4 000

5. 大河电子公司现有电子芯片库存5 000片，它们是以前按每片2.5元的价格买进的，但现在的市场价格为每片5元。这些芯片经过加工以后可按每片10元的价格出售，加工所需的人工和材料费用为每片6元。该公司是否应加工这些芯片？请给出解释。

解

如果加工后再出售，则

销售收入＝5 000×10＝50 000(元)

机会成本＝(5＋6)×5 000＝55 000(元)

经济利润＝50 000－55 000＝－5 000(元)

经济利润为负值，说明加工后出售不如直接出售芯片合算。可验证如下：

如直接出售芯片，公司能赚到：

(5－2.5)×5 000＝12 500(元)

如加工后出售，公司能赚到：

[10－(6＋2.5)]×5 000＝7 500(元)

可见，加工后出售比直接出售将少赚5 000元（7 500－12 500），所以，加工后出售的经济利润为－5 000元，该公司不应加工这些芯片。

6. 张三原来的工作年薪60 000元，现在打算辞职创办自己的咨询公司。预期公司的年收支情况如下：

总的咨询收入	70 000元
广告费	3 000元
保险费	2 000元
秘书薪酬	12 000元
其他支出	7 000元

(1) 张三的会计利润是多少？

(2) 张三的经济利润是多少？

解

(1) 会计利润＝70 000－(3 000＋2 000＋12 000＋7 000)

＝46 000(元)

（2） 经济利润＝70 000－（3 000＋2 000＋12 000＋7 000＋60 000）

＝－14 000（元）

7. 李四原在一家洗衣房工作，年薪为 30 000 元，现在打算离开那里自办洗衣房。预计年营业收入为 150 000 元。开支包括：雇员薪酬 35 000 元，各种用品 10 000 元，房租 30 000 元，水、电、煤气 8 000 元，银行利息支出 5 000 元。请计算：

（1） 外显成本；

（2） 内涵成本；

（3） 会计利润；

（4） 经济利润。

自办洗衣房是否合算？

解

（1） 外显成本＝35 000＋10 000＋30 000＋8 000＋5 000

＝88 000（元）

（2） 内涵成本＝30 000（元）

（3） 会计利润＝150 000－88 000＝62 000（元）

（4） 经济利润＝150 000－（88 000＋30 000）

＝32 000（元）

经济利润大于零，故自办洗衣房是合算的。

8. 张先生是大昌空调安装公司的老板，他要与某市政府签订合同，为该市的市政大楼安装空调。该市政府要求这项工程必须在 6 月的 21 天内完成，并同意最高付安装费 65 000 元。张先生估计完成这项工程需要 83 个工，但 6 月是该公司最忙的月份，他只能派出 3 个有经验的师傅，即只能有 63 个工（21×3）用于这项工程，每个工预计要付工资 106 元，即人工费用共为 6 678 元（106×63）。幸好，张先生的儿子小张学校放假，也可以参加该项工程，干一些辅助性工作。小张如果在假期到别处打工，每天可收入 60 元。

在安装过程中需要耗费材料。在材料中除了有一个特殊部件需要临时购买，其他材料可从库存中提取，其原价为 47 500 元，现在的市场价为 50 350 元，预计特殊部件的价格为 8 500 元。

根据以上数据，张先生算得这项工程的利润为 2 322 元（计算过程见下表），他打算承接这项工程。你认为张先生的决策是否正确？为什么？

市政大楼安装空调预算

（按会计成本计算）

单位：元

收入		65 000
会计成本		62 678
其中：人工费	6 678	
材料费（库存）	47 500	
特殊部件	8 500	
利润		2 322

解

承接这项工程的经济利润如下表所示。

单位：元

收入		65 000
全部经济成本		66 728
其中：师傅的人工费	6 678	
小张的人工费		
［(83－63)×60］	1 200	
材料费	50 350	
特殊部件	8 500	
经济利润		－1 728

经济利润为负值，故不应承接这项工程。

第1章

市场供求及其运行机制

在市场经济条件下，企业的一切经营活动都必须面向市场，因此，企业管理者必须十分了解市场，并使自己的管理决策能够随时适应市场的变化。本章主要探讨市场的供求法则及其运行机制，目的是让读者了解市场运行的规律，以便更好地掌握市场的变化，正确地进行企业决策。

一、名词解释

1. **需求量**是指在一定时期内，在一定条件下，消费者愿意购买且能够买得起的某种产品或劳务的数量。

2. **需求函数**是需求量与影响这一数量的诸因素之间关系的一种数学表达式。

需求曲线是假定在除价格之外其他因素均保持不变的条件下，反映需求量与价格之间关系的表达式，即 $Q_D=f(P)$。

3. **单个消费者需求曲线**表示单个消费者愿意购买某种产品的数量与其价格之间的关系。

4. **企业需求曲线**表示某企业的全体顾客愿意向该企业购买某种产品的数量与价格之间的关系。

5. **行业需求曲线**（也称市场需求曲线）表示市场上全体消费者愿意购买某种产品的总数与其价格之间的关系。

6. **需求的变动**是指当非价格因素发生变化时需求曲线的位移。

需求量的变动是指当非价格因素不变、价格发生变化时，需求量沿原需求曲线发生的变动。

7. **供给量**是指在一定时期内，在一定条件下，生产者愿意且有能力提供某种产品或劳务的数量。

8. **供给函数**是供给量与影响这一数量的诸因素之间关系的一种数学表达式。

供给曲线是假定在除价格之外其他因素均不变的条件下，反映价格与供给量之间关系的表达式，可记为：$Q_S=f(P)$。

9. **企业供给曲线**表示企业对某种产品（或劳务）的供给量与价格之间的关系。

10. **行业供给曲线**（也称市场供给曲线）表示整个行业对某种产品（或劳务）的供给量与价格之间的关系。

11. **供给的变动**是指因非价格因素发生变化而引起供给曲线的位移。

供给量的变动是指所有非价格因素不变（因而供给曲线不变），因价格变化，供给量沿着原供给曲线而变化。

12. **需求-供给分析法**就是通过供给和需求曲线来分析供给、需求与价格之间的关系，以及供需曲线背后诸因素对价格和市场交易量的影响的一种方法。

二、复习思考题参考答案

1. 为什么产品的需求曲线是向右下方倾斜的，供给曲线则是向右上方倾斜的？

答：需求曲线自左向右向下倾斜（斜率为负），是因为需求量的变动有自己的规律：价格上涨，需求量就减少；价格下跌，需求量就增加。两者通常按相反方向变动。

供给曲线自左向右向上倾斜（斜率为正），是因为供给量的变动也有自己的规律：价格上涨，供给量就增加；价格下跌，供给量就减少。两者呈相同方向变化。

2. 影响需求和供给的主要因素各有哪些？

答：影响需求量的因素主要有：产品的价格、消费者的收入、相关产品的价格、消费者的偏好、广告费用和消费者对未来价格变化的期望等。影响供给量的因素主要有：产品的价格、生产中可互相替代的产品的价格和产品的成本等。

3. 为什么需求的变动表现为需求曲线的位移，需求量的变动则表现为需求量沿需求曲线移动？

答：因为需求不是指一个量，而是指一种关系，即需求量与价格之间的关系，这种关系是由需求曲线来表现的，故需求的变动就表现为需求曲线的位移。需求量则是指一个量，由需求曲线上的某一点来表示，故需求量的变动就表现为需求量（需求曲线上的某一点）沿需求曲线移动。

4. 请解释在完全竞争市场条件下需求、供给和价格之间的关系。

答：在完全竞争市场条件下，需求和供给决定价格。如果用图形表示，也就是市场需求曲线和市场供给曲线的交点决定该产品的价格，在经济学上称为均衡价格。在均衡价格上，市场需求量等于市场供给量。如果市场实际价格高于均衡价格，就会出现供过于求，供给者之间的竞争就会促使价格下跌；如果市场实际价格低于均衡价格，就会出现供不应求，消费者之间的竞争又会推动价格上升。所以，在竞争性的市场里，实际价格会自动向均衡价格靠拢。

5. 对产品征收消费税对产品的价格和产量会有什么影响？为什么？

答：对产品征收消费税，会使产品的行业供给曲线向左上方移动，从而导致产品价格上涨，产量减少。

6. 政府对人民基本生活必需品规定最高价格，对该产品的供求关系会产生什么影响？政府应相应采取什么措施？

答：政府对人民基本生活必需品规定最高价格，会导致市场上商品短缺（供不应求），从而可能引起排队、走后门、黑市交易等反常现象。这时，政府为了保证公平分配，通常要实行配给制，凭票供应。

三、作业题解答

1. 下面的说法错在哪里？请用需求-供给分析图说明。

“经济学家认为，降低价格一定会使供给量下降是一条规律。可是这条规律也有例外。例如，2000年10位数字的计算器每台卖150元。到2010年，同样的计算器每台只卖50元，然而销售量却增加了3倍。可见，降低价格不一定会使供给量下降。”

解

2010年，由于科技进步导致计算器生产成本大幅下降，结果使计算器的供给曲线外移，这又导致价格下跌，销售量增加（见右图）。降低价格一定会使供给量减少是一条规律，但这是以非价格因素不变为前提的。在本题中，非价格因素已经发生了变化（科技进步）。

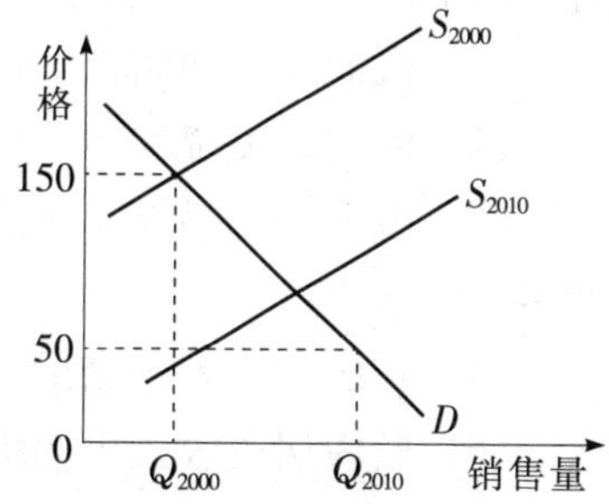

2. 请用需求-供给分析图分析下列事件对需求量、供给量和产品价格各有什么影响。

市场名称	事件
鞋	制鞋工人工资普遍提高了
汽车	从国外进口汽车受到了限制
租房	有更多青年人要成家立业，同时政府规定了房租的最高限价
苹果	政府开始对橘子征收消费税

解

（1）制鞋工人工资提高，导致鞋的供给曲线向左移动，结果使供给量和需求量均减少，鞋价上涨（见图1）。

（2）从国外进口汽车受到限制，使汽车的供给曲线向左移动，结果使汽车的供给量和需求量减少，价格上涨（见图2）。

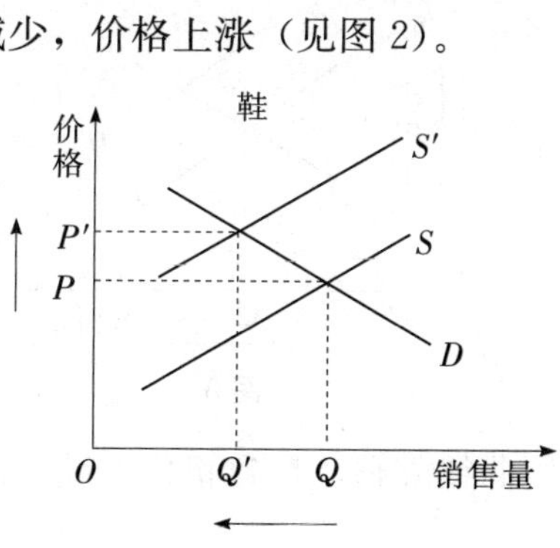

图1

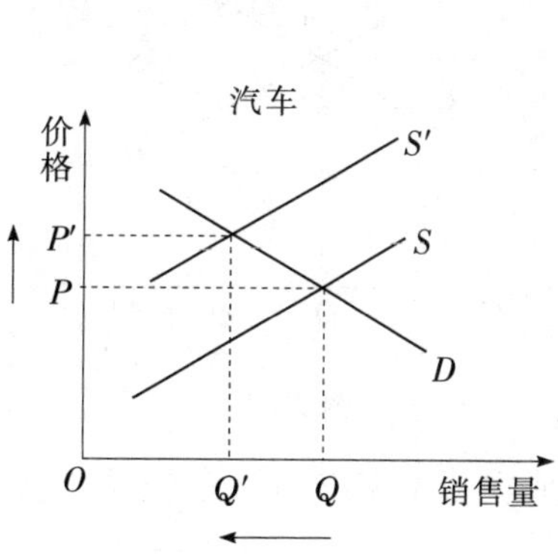

图2

（3）有更多青年人要成家立业，使住房的需求曲线向右移动，但国家规定了房租的最高限价，故使住房供不应求（见图3）。

（4）由于苹果与橘子之间有一定的替代性，因此政府对橘子征税，会使苹果的需求增加，使苹果的需求曲线外移，导致它的销售量和价格都提高（见图4）。

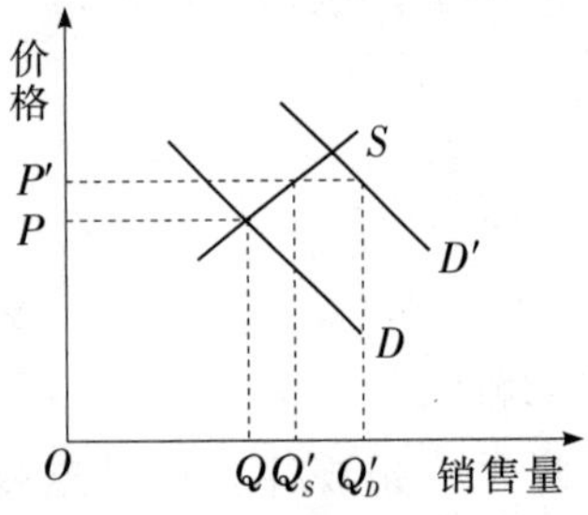

图3

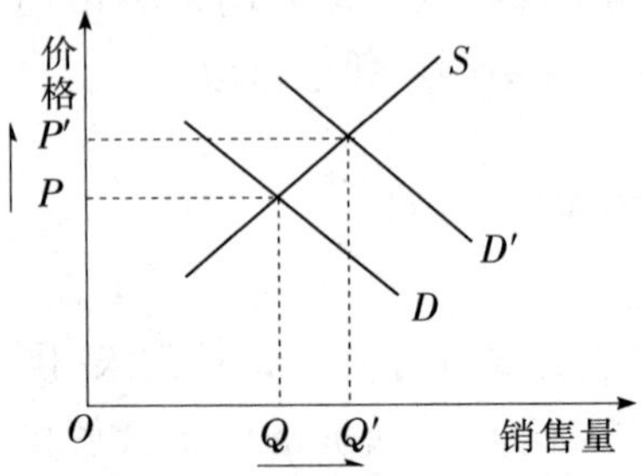

图4

3. 某地旅游汽车出租行业经营小轿车出租业务，预计明年会发生下列事件，它们对小轿车的租价、需求量和供给量分别会有什么影响？请逐一用需求-供给分析图加以说明。

（1）汽油涨价和司机工资提高；

（2）因进口关税税率降低，小轿车降价；

（3）由于我国政治和经济稳定，再加上对外宣传和广告的加强，预计来华旅游者增多；

（4）新成立了若干家出租汽车公司；

（5）国内居民收入大幅提高；

（6）政府统一规定的小轿车出租价格高于均衡价格；

（7）政府统一规定的小轿车出租价格低于均衡价格。

解

（1）汽油涨价和司机工资提高使出租车的供给曲线左移，导致租价上涨，出租量减少（见图1）。

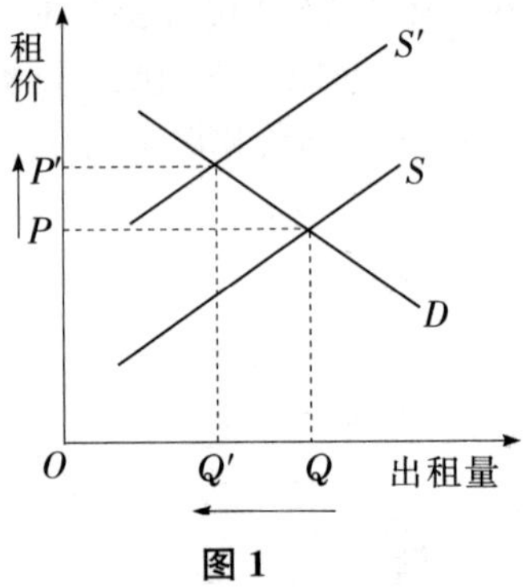

图1

（2）小轿车降价，会使成本降低，从而使供给曲线外移，使租价下跌，出租量增加（见图2）。

（3）来华旅游者增多，会使需求曲线外移，导致租价上涨，出租量增加（见图3）。

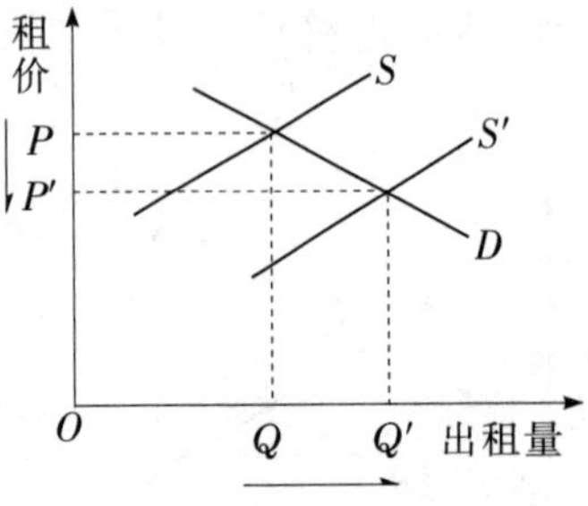

图2

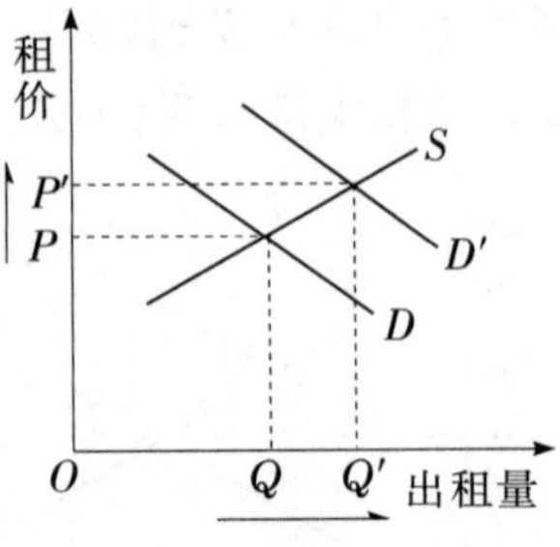

图3

（4）新成立若干家出租汽车公司，会使供给曲线外移，导致租价下跌，出租量增加（见图4）。

(5) 居民收入增加，会使需求曲线外移，导致租价上涨，出租量增加（见图 5）。

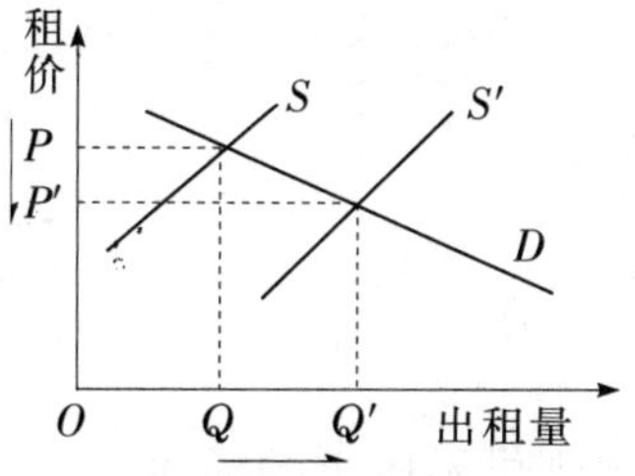

图 4

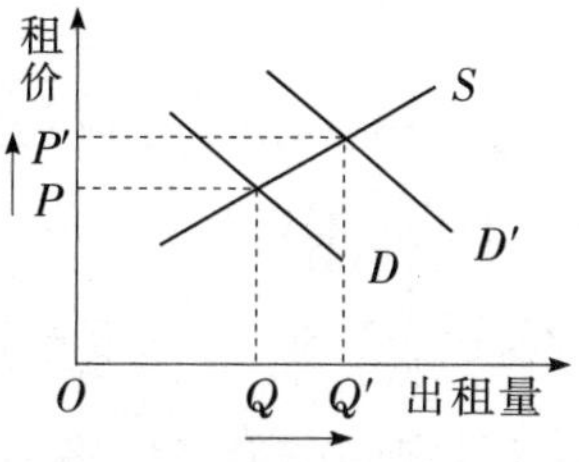

图 5

(6) 政府规定的租价高于均衡价格，会导致出租车供大于求（$Q_S > Q_D$）（见图 6）。

(7) 政府规定的租价低于均衡价格，会导致出租车供不应求（$Q_S < Q_D$）（见图 7）。

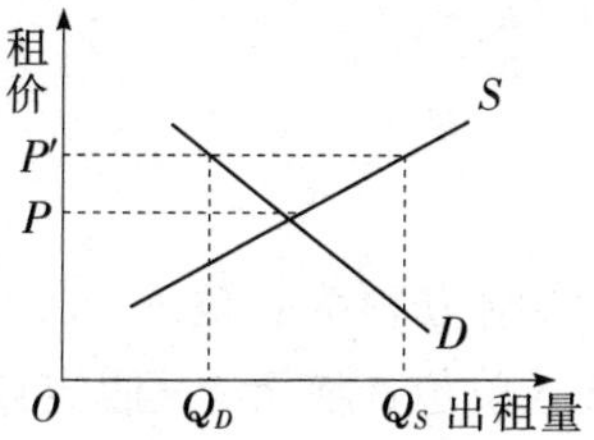

图 6

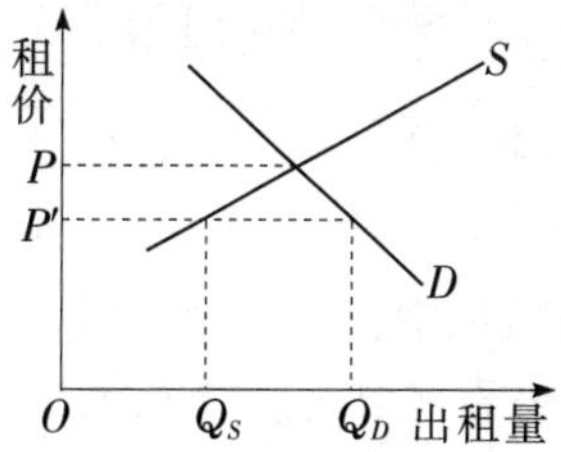

图 7

4. 某产品在三个地区中的需求曲线如下：

地区 1：$Q_1 = 307 - 5P$

地区 2：$Q_2 = 204 - 3P$

地区 3：$Q_3 = 500 - 9P$

求三个地区总的需求曲线。

解

假定三个地区的总需求量为 Q_T，则

$$\begin{aligned} Q_T &= Q_1 + Q_2 + Q_3 \\ &= (307 - 5P) + (204 - 3P) + (500 - 9P) \\ &= 1\ 011 - 17P \end{aligned}$$

故总的需求曲线为：

$$Q_T = 1\ 011 - 17P$$

5. 假定棉布的需求曲线为：$Q_D = 100 - 2P$，棉布的供给曲线为：$Q_S = \frac{1}{2}P$（Q_D 和 Q_S 均以万米为单位，P 以元/米为单位）。

(1) 棉布的均衡价格是多少？

(2) 棉布的均衡销售量是多少？

(3) 如果政府规定棉布的最高价格为 30 元/米，棉布的供求关系会发生什么变化？

(4) 如政府对棉布征税，税额为每米 10 元，征税后均衡价格应是多少？

解

(1) 供求均衡时，$Q_D = Q_S$，即

$$100-2P=\frac{1}{2}P$$

$$P=40(\text{元})$$

（2）$Q_D=Q_S=100-2P=100-2\times40=20$(万米)

（3）需求量：$Q_D=100-2\times30=40$(万米)

供给量：$Q_S=\frac{1}{2}\times30=15$(万米)

可见，如果政府规定棉布最高价格为 30 元，就会出现供不应求的局面。

（4）设税后价格为 P'，征税后新供给曲线就应为：$Q_S=\frac{1}{2}(P'-10)$，均衡时的条件为：$Q_D=Q_S$，即

$$100-2P'=\frac{1}{2}(P'-10)$$

$$P'=42(\text{元})$$

故税后均衡价格为 42 元。

6. 假定美国从中国进口个人计算机（PC）的供给方程为：$Q_S=0.031\ 25P$。这里，Q_S 为 PC 的销售量（单位：千台），P 为 PC 的价格（单位：美元）。假定该 PC 可以从网上购买，属完全弹性需求，价格为 800 美元，即它的需求曲线为一条价格为 800 美元的水平线。

（1）请画出 PC 的需求曲线和供给曲线。又如美国政府对从中国进口的 PC 按进口价加征 25%的关税，请在同一图上再画出一条新的（税后）供给曲线。

（2）加征关税会对 PC 的价格和销售量产生什么影响？如果需求是完全弹性的，谁将承担这一税负？

解

（1）税前供给曲线为：$Q_S=0.031\ 25P$，或 $P=32Q_S$。加征 25%的关税后，税前供给曲线将按逆时针方向旋转，斜率加大，形成税后供给曲线，其方程应变为：$P=1.25\times32Q_S=40Q_S$。两条供给曲线如下图所示。

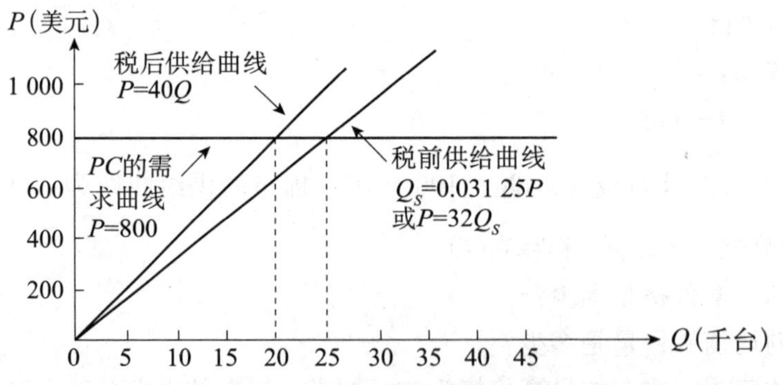

（2）从图中得知，征税后，价格将保持不变，需求量将从 25 千台下降到 20 千台。在完全弹性需求条件下，税金将全部由中国制造商承担。（中国制造商的净收入将从 800 美元/台降到 600 美元/台。）

7. 某市举办惠民音乐会，假定入场券的供给量是其价格的函数，即 $Q_S=P$。这里，Q_S 为入场券的出售量（单位：千张），P 为入场券价格。又假设入场券的需求是完全弹性的，价格保持 30 元不变。

（1）请画出入场券的需求曲线和供给曲线。如果地方政府为了补偿安保和清洁费用的支出，每张入场券加征税金 5 元，请在同一图上画出新的供给曲线。

（2）地方政府的征税对入场券的价格和销售量有何影响？在完全弹性需求情况下，谁承担这一税负？

解

（1）如果 $Q_S=P$，那么 $P=Q_S$，在完全弹性需求条件下，$P=30$ 元，需求曲线和供给曲线如下图所示。

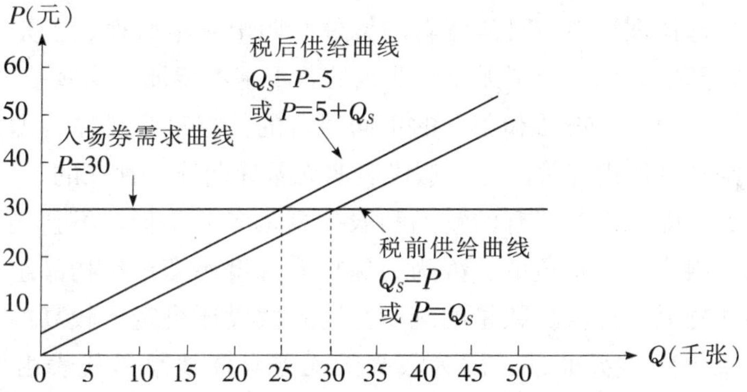

（2）从图中可看出，征税后的价格和销售量分别为 30 元和 25 千张。

或解联立方程：

$$\begin{cases}P=30\\Q_S=P-5\end{cases}$$

得　　$Q_S=25$(千张)

可见，如果征税后价格不变，销售量将从 30 千张降到 25 千张。

在完全弹性需求条件下，消费者不承担税负，因为价格没有变。税负将全部由供给者承担，即供给者税后销售净收入将从每张 30 元降为 25 元（30－5）。

8. 某产品的市场需求和供给曲线如下：

需求：$Q_D=200-2P$

供给：$Q_S=40+2P$

（1）该产品的均衡价格和均衡销售量是多少？

（2）如果政府限定该产品的最高价格为 30 元，此时会产生多大的过度需求（或过度供给）？

解

（1）均衡时，$Q_D=Q_S$，即

$200-2P=40+2P$

$P=40$(元)

$Q_D=200-2\times40=120$

$Q_S=40+2\times40=120$

此时，均衡销售量为120。

（2）$Q_D=200-2\times30=140$

$Q_S=40+2\times30=100$

此时，$Q_D>Q_S$，为供不应求，过度需求$=140-100=40$。

四、附录习题解答

（一）复习思考题参考答案

1. 消费者选择理论有哪些基本假设？请用这些假设来论证无差异曲线的基本特征。

答：在消费者选择理论中，对消费者的偏好有四个基本假设。正是这些假设构成了消费者选择理论的基础，也决定了无差异曲线的若干基本特征。这些基本假设是：

（1）人们能够将他们对物品和服务的不同组合的偏好进行排序，即人们能够对每个物品组合的相对满意度作出评价。这一假设表明无差异曲线是存在的。

（2）不满足性。即人们对拥有的物品和服务总是多多益善，不会满足。这一假设决定了无差异曲线的斜率一定是负的。因为为保持满意度不变，在物品组合中，一种物品数量的增加必然伴随另一种物品数量的减少。这一假设还决定了较高的无差异曲线的满意度一定大于较低的无差异曲线，因为较高的无差异曲线总是代表由较多物品组成的组合。

（3）转移性。即人们的偏好总是始终一贯的。如果组合D优于组合B，而组合B又优于组合A和C，那么，根据这一假设，组合D就一定优于组合A和C。这一假设决定了无差异曲线不可能相交。

（4）消费者为了再多得一单位的某种物品所愿意放弃的其他物品的数量总是不断减少。这一假设决定了无差异曲线的斜率（边际替代率）的绝对值是递减的，因而它的形状一定是凸向原点的。

2. 在消费者选择理论中，何谓“效用最大化”的物品组合？

答：对消费者来说，预算约束线和无差异曲线的切点代表的就是效用最大化的物品组合。

这一点既在预算约束线上，是消费者买得起的组合，又在尽可能高的无差异曲线上，是消费者能获得最大满足的组合，实现了效用最大化。

3. 为什么当市场上个人交换物品所必须用的比率刚好等于个人所愿意接受的替换比率时，效用能达到最大？

答：效用最大化的物品组合就是在预算约束线与无差异曲线的切点上的物品组合。在这一点上，预算约束线的斜率（$-\frac{P_x}{P_y}$）等于无差异曲线的斜率（即边际替代率）。前者表示市场要求消费者在交换两种物品时必须用的比率，后者则表示消费者在替代一种物品时愿意用的比率。所以，当两者相等时，物品组合的效用能达到最大。

（二）作业题解答

1. 假定某人只能买到两种物品，他的年收入为 100 000 元。牛肉的价格为每千克 70 元，土豆的价格为每千克 4 元。

（1）如果把牛肉的购买量当作因变量，请写出预算约束线的方程。

（2）预算约束线的斜率是多少？

（3）如果土豆价格涨到每千克 6 元，请写出新的预算约束线方程。

解

（1）假定牛肉购买量为 Q_B，土豆购买量为 Q_P，那么，预算约束线应为：

$$100\ 000=70Q_B+4Q_P$$

或

$$Q_B=\frac{100\ 000}{70}-\frac{4}{70}Q_P$$

（2）斜率应为 $-2/35$。

（3）$Q_B=\dfrac{100\ 000}{70}-\dfrac{6}{70}Q_P$。

2. 假定预算约束线的方程已知为：$Q_1=1\ 000-5Q_2$，这里，Q_1 和 Q_2 代表两种物品的数量。一般情况下，无差异曲线是凸向原点的，但在本题中，我们假定它是线性的，斜率是个常数，为 -2。

（1）请画出预算约束线（Q_1 在纵轴上）。

（2）画出一组无差异曲线，并标出效用最大化之点。

（3）如果无差异曲线的斜率为常数 -6，效用最大化之点应在何处？

解

（1）预算约束线方程已知为：$Q_1=1\ 000-5Q_2$，即

当 $Q_1=0$ 时，$Q_2=200$；

当 $Q_2=0$ 时，$Q_1=1\ 000$。

据此可画出预算约束线，如图 1 所示。

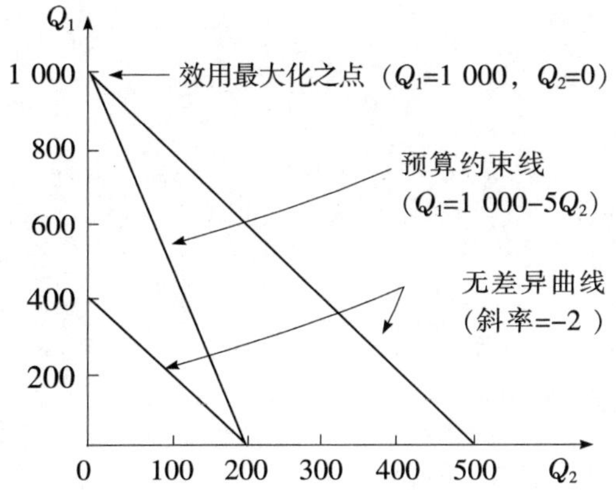

图 1

（2）画两条斜率为 -2 的无差异曲线分别交预算约束线于两端。因外侧的无差异曲线代表更大的效用，故效用最大化之点为：$Q_1=1\ 000$，$Q_2=0$（见图 1）。

（3）画两条斜率为-6的无差异曲线分别交预算约束线于两端。因外侧的无差异曲线代表更大的效用，故效用最大化之点为：$Q_1=0$，$Q_2=200$（见图2）。

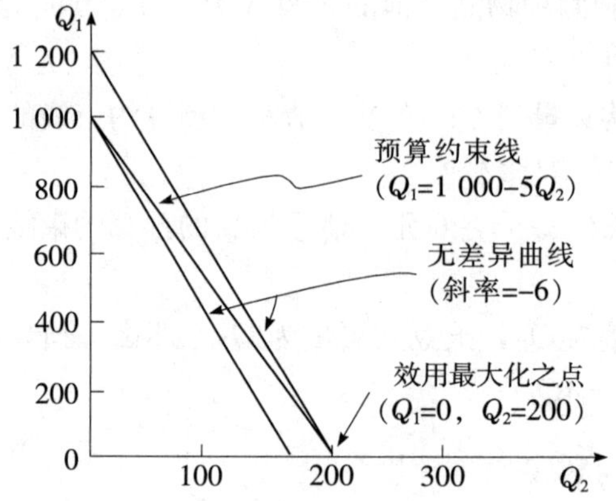

图 2

第2章

需求分析

为了搞好企业的经营管理，第一步就要研究、分析市场（顾客）对企业产品的需求状况，由此决定企业应该生产什么和生产多少。分析和估计企业的需求之所以十分重要，是因为：(1) 高需求是企业能够兴旺发达的前提。即使企业内部管理有方，各项工作井井有条，但如果产品没有销路，企业也是没有前途的。(2) 它是企业一切计划工作的基础和出发点。无论是生产计划、销售计划、劳动用工计划、基建计划还是财务计划，如果离开了对需求的准确分析，就会失去依据。为了分析需求，就要具体分析需求量与影响需求量的诸因素之间的数量关系，也就要使用需求弹性这一工具。本章重点探讨需求弹性及其应用。

一、名词解释

1. **需求弹性**反映需求量对某种影响因素变化的反应程度。其计算公式为：

$$E=\frac{Q\text{ 变动}\%}{X\text{ 变动}\%}$$

式中，E 为需求弹性；Q 为需求量；X 为影响需求量的某因素。

2. **价格弹性**反映需求量对价格变动的反应程度。其计算公式为：

$$\text{价格弹性}=\frac{\text{需求量变动}\%}{\text{价格变动}\%}=\frac{\Delta Q}{\Delta P}\cdot\frac{P}{Q}$$

式中，Q 为需求量；ΔQ 为需求量变动的绝对数量；P 为价格；ΔP 为价格变动的绝对数量。

3. **点弹性**是指需求曲线上某一点的弹性。点价格弹性的计算公式为：

$$\varepsilon_P=\frac{\mathrm{d}Q}{\mathrm{d}P}\cdot\frac{P}{Q}$$

式中，ε_P 为点价格弹性。

4. **弧弹性**是指需求曲线上两点之间的平均弹性。弧价格弹性的计算公式为：

$$E_P=\frac{Q_2-Q_1}{P_2-P_1}\cdot\frac{P_1+P_2}{Q_1+Q_2}$$

式中，E_P 为弧价格弹性。

5. **完全弹性**的需求曲线是指在这条需求曲线上，所有各点的价格弹性均为无穷大（$|\varepsilon_P|=\infty$）。这是一条水平的直线。

6. **完全非弹性**的需求曲线是指在这条需求曲线上，所有各点的价格弹性均为零（$|\varepsilon_P|=0$）。这是一条垂直的直线。

7. **弹性需求**是指价格弹性大于1时的需求。

8. **非弹性需求**是指价格弹性小于1时的需求。

9. **单元弹性**是指价格弹性等于1。

10. **总收入**即总的销售收入，等于价格和销售量的乘积。

11. **边际收入**是指在一定产量水平上，额外增加一单位产量能使总收入增加多少。

12. **平均收入**等于总收入除以销售量，也就是产品的价格。

13. **收入弹性**反映需求量对消费者收入水平变化的反应程度。其计算公式为：

$$\text{收入弹性}=\frac{\text{需求量变动\%}}{\text{消费者收入变动\%}}=\frac{\Delta Q}{\Delta I}\cdot\frac{I}{Q}$$

点收入弹性的计算公式为：

$$\varepsilon_I=\frac{\mathrm{d}Q}{\mathrm{d}I}\cdot\frac{I}{Q}$$

弧收入弹性的计算公式为：

$$E_I=\frac{Q_2-Q_1}{I_2-I_1}\cdot\frac{I_1+I_2}{Q_1+Q_2}$$

14. **低档品**是指收入弹性为负值（$\varepsilon_I<0$）的产品。

15. **高档品**是指收入弹性大于1（$\varepsilon_I>1$）的产品。

16. **正常品**是指收入弹性为正值（$\varepsilon_I>0$）的产品。

17. **交叉弹性**反映一种产品的需求量对另一种相关产品价格变化的反应程度。其计算公式为：

$$\text{交叉弹性}=\frac{\text{产品 Y 需求量变动\%}}{\text{产品 X 价格变动\%}}=\frac{\Delta Q_Y}{\Delta P_X}\cdot\frac{P_X}{Q_Y}$$

点交叉弹性的计算公式为：

$$\varepsilon_{P_X}=\frac{\mathrm{d}Q_Y}{\mathrm{d}P_X}\cdot\frac{P_X}{Q_Y}$$

弧交叉弹性的计算公式为：

$$E_{P_X}=\frac{Q_{Y_2}-Q_{Y_1}}{P_{X_2}-P_{X_1}}\cdot\frac{P_{X_1}+P_{X_2}}{Q_{Y_1}+Q_{Y_2}}$$

18. **替代品**是指对消费者来说，效用相似可以互相替代的产品。它们的交叉弹性为正值。

19. **互补品**是指两种必须合并使用，才能对消费者产生更大效用的产品。它们的交叉弹性为负值。

二、复习思考题参考答案

1. 价格弹性与销售收入之间存在什么关系？这一关系对于企业的价格决策有什么意义？举例说明。

答：价格弹性与销售收入之间存在以下关系：如果需求是弹性的（$|\varepsilon_P|>1$），那么提高（降低）价格会使销售收入减少（增加），即两者的运动方向是相反的；如果需求是单元弹性的（$|\varepsilon_P|=1$），那么变动价格不会影响销售收入；如果需求是非弹性的（$|\varepsilon_P|<1$），那么提高（降低）价格会使销售收入增加（减少），即两者的运动方向是一致的。因此，为谋求销售收入最大，企业在作出价格决策时必须考虑产品的价格弹性。

在教材中，案例2-1就是因涨价没有考虑价格弹性反而使销售收入减少的例子，案例2-2则是因在定价时考虑了价格弹性而把生意做大的例子。其他例子，如国际长途电话资费，一般的收费规律是白天价格高，晚上价格低。一个重要原因就是白天的电话主要供商务或公务使用，价格弹性小；晚上的电话主要是个人和家庭使用，价格弹性大。这种因弹性不同而定价不同的做法能使企业的销售收入和利润达到最大。

2. 请解释收入弹性和交叉弹性在企业经营决策中所起的作用，并各举一例说明。

答：在决定企业经营什么产品时，要考虑产品的收入弹性。如果预测国民经济或本地区的经济即将出现新的高涨，则经营收入弹性大的商品更有利，因为这种商品需求量的增长将超过国民收入的增长。但如果预测国民经济或本地区的经济发展将出现不景气，则最好经营收入弹性小的商品，因为这种商品的需求量受国民经济不景气的影响较小。例如，在我国当前经济快速发展的大环境中，旅游和高档汽车都是收入弹性较大的产品。因此，可以预期它们的市场将会以比经济增长更快的速度扩张。也正因为如此，许多投资者竞相在这两个行业投资。

研究产品之间的交叉弹性是为了寻找产品之间在需求上的相互联系：哪些产品是互补的？哪些产品是可以互相替代的？这对于企业的经营决策至关重要。超市经营者常常会对某些商品定超低的价格，目的就是招揽顾客。只要有许多顾客光顾超市，他们不仅会购买低价商品，而且会购买超市的其他各种商品，从而增加超市的营业额。这种定价策略就是以商品之间存在需求上的互补性为根据的。

如果产品之间替代性强，就说明它们之间互为竞争对手，在作出经营决策时就必须考虑到对方的长处和短处以及可能作出的反应。

3. 当企业处于非弹性需求时，它的边际收入是正值还是负值？为什么？此时总收入呈上升还是下降趋势？平均收入是大于还是小于边际收入？

答：下图是价格弹性与总收入、边际收入和平均收入之间相互关系的示意图。

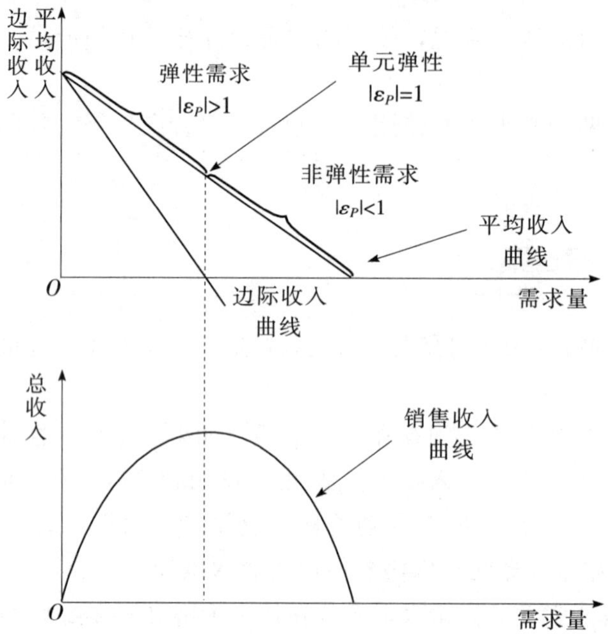

当企业处于非弹性需求时（$|\varepsilon_P|<1$），随着价格的降低，总收入会呈下降趋势，此时边际收入为负值。平均收入（价格）则总是大于边际收入。

4. 哪些因素影响需求的价格弹性？在四种产品（a. 棉布；b. 香烟；c. 电视机；d. 某企业生产的电视机（不是名牌））中，你认为哪种产品的价格弹性最大？哪种最小？为什么？

答：影响价格弹性的因素主要有四个：（1）商品是生活必需品还是奢侈品，生活必需品的价格弹性小，奢侈品的价格弹性大；（2）可替代品越多，性质越接近，弹性就越大；（3）购买商品的支出在人们收入中所占的比重，所占比重大的商品，其价格弹性就大；（4）时间因素，同样的商品，从长期看，其价格弹性就大，从短期看，其价格弹性就小。

在四种产品中，某企业生产的电视机价格弹性最大，因为它的支出在人们的收入中所占比重大，而且有其他企业生产的同种产品可以替代。香烟的价格弹性最小，因为吸烟者有烟瘾，如果提高价格，不会立刻导致销售量大幅下降。

5. 在四种产品（a. 优质大米；b. 棉布；c. 高级工艺品；d. 盐）中，哪种产品的收入弹性最大？哪种产品的收入弹性最小？为什么？

答：高级工艺品的收入弹性最大，因为它不是生活必需品。盐的收入弹性最小，因为它是生活必需品，且不能超量消费。

6. 假定某消费者认为物品 A 比任何其他物品都重要，他始终用全部收入购买这种物品，对这个消费者来说：

（1）物品 A 的价格弹性是多少？

（2）物品 A 的收入弹性是多少？

（3）物品 A 的交叉弹性（其他物品的价格变动对该物品销售量的影响）是多少？

答：（1）假定物品 A 的价格为 P，销售量为 Q，消费者的收入为 I，那么，根据题意，需求函数应为 $P \cdot Q=I$，或 $Q=I/P$。

$$\varepsilon_P=\frac{dQ}{dP}\cdot\frac{P}{Q}=-\frac{I}{P^2}\cdot\frac{P}{I/P}=-1$$

故价格弹性等于 1，为单元弹性。

（2）$\varepsilon_I=\frac{dQ}{dI}\cdot\frac{I}{Q}=\frac{1}{P}\cdot\frac{P\cdot Q}{Q}=1$

故收入弹性等于 1。

（3）因消费者全部收入只用来购买物品 A，故其他物品的价格变动与物品 A 的销售量无关，从而交叉弹性应为零。

7. 假定企业对香烟提价 80%会导致它的销售量减少 30%。问：此时价格的上涨会对企业利润产生什么影响？又假定政府对香烟征消费税，按销售量每盒征 2.00 元，也会导致香烟价格上涨 80%。问：此时价格的上涨会对企业利润产生什么影响？

答：香烟的价格弹性为－30%/80%＝－0.375，属非弹性需求。因此，价格上涨会使销售收入增加，同时因销售量下降而导致总变动成本下降。最终，香烟提价会使企业利润增加。但如果涨价是由政府征税引起的，涨价后销售量下降，会使企业的净销售收入（即税后销售收入）减少，从而导致企业利润减少。

8. 点价格弹性和弧价格弹性的主要区别在哪里？什么时候使用点弹性，什么时候使用弧弹性？

答：点弹性与弧弹性的区别仅在于自变量变化的大小不同。严格地说，点弹性适合衡量需求函数中因变量 Y 对自变量 Z 在某一点上的极小变化的反应程度。弧弹性则用来衡量 Z 的较大变化（仍然是小的）对 Y 的影响。弧弹性是需求函数上两点之间的平均弹性。在实践中，如果已知需求曲线方程计算弹性，就用点弹性。如果只知需求曲线上两个点的坐标（不知需求方程），就用弧弹性。弧弹性更为实用。

9. 企业需求曲线的价格弹性一般要大于整个行业的需求曲线。为什么？

答：企业需求曲线的价格弹性一般要大于行业需求曲线，除非是垄断行业（此时，企业的需求曲线也就是行业的需求曲线）。所以，企业需求曲线一般要比行业需求曲线平坦。原因是：整个行业的产品需求，只面临行业外的竞争；企业的产品需求，除了行业外的竞争外，还要面临行业内企业间的竞争，因此竞争性更强。

10. 2008 年发生次贷危机后，美国的汽车产业遭受重创，通用汽车公司和克莱斯勒汽车公司在 2009 年 6 月进入破产保护程序，接受美国联邦政府注资，福特汽车公司也陷入大规模亏损的境地；而在同样的次贷危机面前，美国的服装业遭受的损失却很小。这是为什么？

答：次贷危机导致消费者的收入下降。汽车属于收入弹性大的产品，收入下降会使多数消费者推迟购车计划，导致汽车的销售量大幅下降。服装属于必需品，需求弹性小，消费者的收入下降对服装产品的需求影响不大。

三、作业题解答

1. 市场调查表明，目前我国市场上汽车的价格弹性为1.2，收入弹性为3。问：

（1）如汽车价格下降3%，市场上的汽车销售量会出现什么变化？

（2）如居民收入提高2%，市场上的汽车销售量会出现什么变化？

解

（1）假定汽车销售量的变化为$\Delta Q\%$，那么

$$-1.2=\frac{\Delta Q\%}{-3\%}$$

$$\Delta Q\%=-1.2\times(-3\%)=3.6\%$$

（2）假定汽车销售量的变化为$\Delta Q\%$，那么

$$\Delta Q\%=3\times2\%=6\%$$

2. 胜利公司在决定扩大生产能力之前，对它的产品加湿器的需求进行了分析。初步的分析结果表明，每天的需求量Q（单位：台）是价格P的函数，其方程为：

$$Q=f(P)=1\,000-3P$$

（1）假定公司计划每天销售400台，价格应定为多少？

（2）如果公司按每台250元的价格出售，每天能销售多少台？

（3）按什么价格出售，销售量为零？

（4）如果价格为每台200元，求点价格弹性。

解

（1）$400=1\,000-3P$，$P=200$(元)

（2）$Q=1\,000-3\times250=250$(台)

（3）$0=1\,000-3P$，$P=333.3$(元)

（4）$$\varepsilon_P=\frac{\mathrm{d}Q}{\mathrm{d}P}\cdot\frac{P}{Q}$$

$$=-3\times\frac{200}{1\,000-3\times200}=-\frac{3}{2}$$

3. 某企业生产和销售一种按摩器，它的需求曲线方程是：

$$Q=400-2P$$

式中，Q为日销售量（单位：台）；P为价格（单位：元）。

（1）假定该企业计划每日销售按摩器180台，价格应是多少？

（2）画出按摩器的需求曲线、边际收入曲线和总收入曲线。

（3）求出按摩器价格$P=120$元时的点价格弹性。

解

（1）$180=400-2P$，$P=110$(元)

（2）当$Q=0$时，$P=200$；$P=0$时，$Q=400$。据此可画出需求曲线（如下图(a)所示），然后画出边际收入曲线（见下图(a)）和总收入曲线（见下图(b)）。

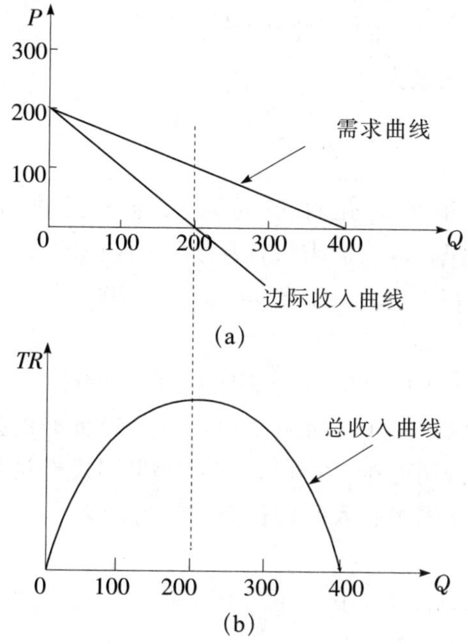

(3) $\varepsilon_P=\dfrac{\mathrm{d}Q}{\mathrm{d}P}\cdot\dfrac{P}{Q}$

$=-2\times\dfrac{120}{400-2\times120}$

$=-3/2$

4. 某产品的需求曲线方程为：

$P=20-2Q$

(1) 写出该产品的总收入、平均收入和边际收入方程。

(2) 平均收入和价格是什么关系？

(3) 平均收入曲线的斜率与边际收入曲线的斜率之间有什么关系？

解

(1) 总收入方程：$TR=P\cdot Q=(20-2Q)\cdot Q=20Q-2Q^2$

平均收入方程：$AR=20-2Q$

边际收入方程：$MR=\dfrac{\mathrm{d}(P\cdot Q)}{\mathrm{d}Q}=20-4Q$

(2) 两者相同。

(3) 边际收入曲线的斜率是平均收入曲线（即需求曲线）斜率的两倍。

5. 某产品的需求曲线方程为：

$P=20-Q$

(1) 请写出它的总收入和边际收入方程。

(2) 为使销售收入最大，应如何定价？销售量是多少？

解

(1) 总收入方程：$TR=20Q-Q^2$

边际收入方程：$MR=\frac{dTR}{dQ}=20-2Q$

（2）$MR=0$ 时销售收入最大。

$20-2Q=0$，$Q=10$

$P=20-10=10$（元）

6. 某纺织公司估计市场对化纤布的需求与居民收入之间的关系可用函数 $Q=100+0.2I$ 来表示。这里，Q 为需求量，I 为每一居民的收入。

（1）求收入水平分别在 2 000 元、3 000 元、4 000 元、5 000 元、6 000 元时的需求量。

（2）求收入水平在 4 000 元和 6 000 元时的点收入弹性。

（3）求收入范围为 2 000～3 000 元和 5 000～6 000 元时的弧收入弹性。

（4）假定化纤布是该公司的唯一产品，问：如果国民经济处于迅速发展时期，该公司生产的增长速度能否快于国民收入的增长速度？为什么？

解

（1）$Q=100+0.2\times 2\,000=500$

$Q=100+0.2\times 3\,000=700$

$Q=100+0.2\times 4\,000=900$

$Q=100+0.2\times 5\,000=1\,100$

$Q=100+0.2\times 6\,000=1\,300$

（2）点收入弹性公式为：

$\varepsilon_I=\frac{dQ}{dI}\cdot\frac{I}{Q}$，$\frac{dQ}{dI}=0.2$

当 $I=4\,000$ 时，$\varepsilon_I=0.2\times\frac{4\,000}{900}=0.89$

当 $I=6\,000$ 时，$\varepsilon_I=0.2\times\frac{6\,000}{1\,300}=0.92$

（3）收入为 2 000～3 000 元时：

$$弧弹性=\frac{700-500}{3\,000-2\,000}\times\frac{2\,000+3\,000}{500+700}=0.83$$

收入为 5 000～6 000 元时：

$$弧弹性=\frac{1\,300-1\,100}{6\,000-5\,000}\times\frac{5\,000+6\,000}{1\,100+1\,300}=0.92$$

（4）因化纤布的点收入弹性小于 1，该公司生产的增长速度不能快于国民收入的增长速度。

7. 甲公司和乙公司是机床行业的两个竞争者。这两家公司现在的销售量分别为 100 单位和 250 单位。两家公司的产品的需求曲线方程分别为：

甲公司：$P_{甲}=1\,000-5Q_{甲}$

乙公司：$P_{乙}=1\,600-4Q_{乙}$

（1）求这两家公司当前的点价格弹性。

（2）假定乙公司降价，使销售量增加到 300 单位，这一行动导致甲公司的销售量下降到 75 单位，甲公司产品的交叉价格弹性是多少？

（3）假定乙公司的目标是谋求销售收入最大，你认为它降价在经济上是否合理？

解

（1）经移项，甲公司的需求曲线方程为：

$$Q_{甲}=200-0.2P_{甲}$$

$$\frac{\mathrm{d}Q_{甲}}{\mathrm{d}P_{甲}}=-0.2，Q_{甲}=100，P_{甲}=500$$

$$甲公司的\ \varepsilon_P=-0.2\times\frac{500}{100}=-1$$

经移项，乙公司的需求方程为：

$$Q_{乙}=400-0.25P_{乙}$$

$$\frac{\mathrm{d}Q_{乙}}{\mathrm{d}P_{乙}}=-0.25，Q_{乙}=250，P_{乙}=600$$

$$乙公司的\ \varepsilon_P=-0.25\times\frac{600}{250}=-0.6$$

（2）$P_{乙_1}=1\,600-4\times250=600$

$P_{乙_2}=1\,600-4\times300=400$

$Q_{甲_1}=100$

$Q_{甲_2}=75$

甲公司的弧交叉弹性：

$$\begin{aligned}\varepsilon_{P_{乙}}&=\frac{Q_{甲_2}-Q_{甲_1}}{P_{乙_2}-P_{乙_1}}\cdot\frac{P_{乙_1}+P_{乙_2}}{Q_{甲_1}+Q_{甲_2}}\\&=\frac{75-100}{400-600}\times\frac{600+400}{100+75}\\&=0.714\end{aligned}$$

（3）乙公司的价格弹性为−0.6，为非弹性需求，降价会使销售收入减少，故在经济上不合理。

8. 甲公司生产普通运动鞋，现价每双 60 元。2021 年，它的销售量是每月约 10 000 双。2022 年 1 月，它的竞争对手乙公司把运动鞋的价格从每双 65 元降为 55 元，甲公司 2 月的销售量减少到只有 8 000 双。问：

（1）甲公司运动鞋和乙公司运动鞋价格之间的交叉弹性是多少？

（2）假设甲公司运动鞋的弧价格弹性是−2.0，乙公司把运动鞋价格保持在 55 元，若甲公司想把销售量恢复到每月 10 000 双的水平，每双需要降价到多少元？

解

（1）$Q_{甲_1}=10\,000$ 双，$Q_{甲_2}=8\,000$ 双，$P_{乙_1}=65$ 元，$P_{乙_2}=55$ 元，则

$$\begin{aligned}E_{P_{乙}}&=\frac{8\,000-10\,000}{55-65}\times\frac{65+55}{10\,000+8\,000}\\&=1.33\end{aligned}$$

（2）假定甲公司把运动鞋价格降到 $P_{甲_2}$，那么

$$\frac{10\ 000-8\ 000}{P_{甲_2}-60}\times\frac{60+P_{甲_2}}{8\ 000+10\ 000}=-2.0$$

$$P_{甲_2}=53.7(元)$$

9. 假定某企业产品 X 的需求函数为：

$$Q_X=34-8P_X+20P_Y+0.04I$$

式中，P_X 为产品本身的价格；P_Y 为相关产品的价格；I 为居民收入。

当 $P_X=10$ 元，$P_Y=20$ 元，$I=5\ 000$ 元时：

（1）产品 X 的价格弹性是多少？

（2）产品 X 的交叉弹性（产品 Y 的价格变动对产品 X 需求量的影响）是多少？两种产品是互补的还是可互相替代的？

（3）产品 X 的收入弹性是多少？X 是正常品还是低档品？

解

$$Q_X=34-8\times10+20\times20+0.04\times5\ 000=554$$

$$\frac{dQ_X}{dP_X}=-8,\ \frac{dQ_X}{dP_Y}=20,\ \frac{dQ_X}{dI}=0.04$$

（1）$\varepsilon_P=\dfrac{dQ_X}{dP_X}\cdot\dfrac{P_X}{Q_X}=-8\times\dfrac{10}{554}=-0.14$

（2）$\varepsilon_{P_Y}=\dfrac{dQ_X}{dP_Y}\cdot\dfrac{P_Y}{Q_X}=20\times\dfrac{20}{554}=0.72$

交叉弹性为正值，故为替代品。

（3）$\varepsilon_I=\dfrac{dQ_X}{dI}\cdot\dfrac{I}{Q_X}=0.04\times\dfrac{5\ 000}{554}=0.36$

收入弹性为正值，故为正常品。

第3章

需求估计和需求预测

在第 2 章中，我们探讨了需求函数、需求曲线和需求弹性等问题，在探讨这些问题时，假定需求函数或需求曲线和需求弹性是已知的。那么，企业是怎样得到它们，并根据它们对未来的市场需求进行预测的呢？这就是本章所要探讨的问题，即需求估计和需求预测问题。需求估计和需求预测属于市场调查和统计学等专门的学科领域，本章仅介绍其梗概。

一、名词解释

1. **需求估计**是指通过调查、实验或统计等手段来对需求量与影响需求量的诸因素之间的相互关系进行估计。

2. **需求预测**是指在过去的销售量数据（和其他相关数据）的基础上，对将来的销售量进行预测。

3. **访问调查法**是将拟调查的项目，以面谈、电话、电子邮件或书信等形式向消费者提问，以获得所需的资料。

4. **市场实验法**是指在实际的或模拟的市场环境中研究消费者的购买行为。

5. **需求估计的回归分析法**就是依据多组观察数据，根据最小二乘法的基本原理，找出关于这些数据点的最佳拟合曲线，从而确定影响需求量变化的诸因素对需求量变化的影响的关系式，并用一个确定的需求函数描绘出来。

6. **可决系数**（R^2）可以定义为在因变量的全部变动中，可由回归模型中全部自变量来解释的比例有多大。这一统计量说明整个回归方程能在多大程度上解释因变量的变化。

7. **估计标准误差**（S_e）是用来测定整个回归模型的准确程度的。如果自变量的值给定，它可用来估计所预测的因变量的值的置信区间。

8. **系数标准误差**（S_β）是用来测定回归模型中每个自变量的回归系数的准确程度的。系数标准误差越小，回归系数就越能可靠地说明该自变量和因变量之间的边际关系。

9. 如果随着时间的推移，由于非价格因素的变化，供给曲线和需求曲线都发生了位移，这时根据观察到的时间序列数据来进行需求估计，就存在**鉴别问题**。解决这个问题，通常要求助于市场调查。

10. 在多元回归分析中，如果在两个或两个以上的自变量之间呈高度相关关系（不是互相独立，而是一起变化），就会产生**多重共线性问题**。

11. 在回归分析中，如果误差项的分布违背了回归分析对它的假设（随机假设），就会产生**自相关**问题。

12. **德尔菲法**又称专家调查法，是一种专家们背靠背地进行预测，经过多次反复修正，最终得出预测结果的方法。

13. **时间序列分解法**假定时间序列的各因子间呈乘法关系，即销售量的预期值（Q）等于长期趋势值（T）、季节性因子（S）、周期性因子（C）和不规则因子（I）的乘积。当数据序列的长期趋势受上述因素影响时，就可用这种方法来预测销售量。

14. **指数平滑法**就是通过对过去所有各期的实际值和预测值进行加权平均来预测未来。其模型为：$F_{t+1}=WA_t+(1-W)F_t$。式中，A_t 为当期的实际销售量，F_t 为过去对当期销售量的预测，W 为权值，F_{t+1}为对下一期的预测销售量。

二、复习思考题参考答案

1. 什么是需求估计？主要采用哪些方法？什么是市场调查的访问调查法和市场实验法？各有什么特点？

答：需求估计就是对需求曲线和需求函数进行估计，也就是说，人们通过需求估计，来寻找需求量与影响需求量的诸因素之间存在的相互关系。

进行需求估计的方法主要有两种：（1）市场调查法；（2）统计法。市场调查就是通过对消费者直接进行调查，来估计某种产品的需求量与各变量之间的关系，即通过调查来了解顾客在不同的价格、不同的收入以及不同的相关产品的价格等条件下，愿意购买某种产品的数量。它又可分为访问调查法和市场实验法。访问调查法就是将拟调查的项目，以面谈、电话、电子邮件或书信等形式向消费者提问，以获得所需的资料。访问调查法的主要问题是：从调查中得到的关于消费者需求量的信息一般不太准确，因为有些问题往往令被调查者感到无法回答。市场实验法则是在现实的或模拟的市场环境中研究消费者的行为。其做法是：改变需求函数中的一些变量（如价格等），然后观察这些改变在一段时间里或不同市场里会对需求量产生多大影响。这种方法的主要问题是：如果有些企业本身所不能控制的因素在实验期间发生了变化，就会影响实验的结果。

2. 用回归分析法估计需求主要有哪几个步骤？请给出解释。

答：运用回归分析法估计需求，一般可以分为四个步骤：（1）确定自变量，即确定有哪些因素会影响需求量；（2）取得观察数据，这又可分为两种，即时间序列数据和剖面数据；（3）选择回归方程的形式，主要有线性函数和幂函数两种，究竟用哪一种，可以根据经验确定，也可以通过统计检验来确定；（4）估计回归参数。

3. 需求函数的形式主要有哪两种？各有什么特点？

答：需求函数的形式主要有两种：

（1）线性函数，其表达式为：

$$y=\alpha+\beta_1x_1+\beta_2x_2+\cdots+\beta_nx_n$$

式中，y 为需求量；x_1，x_2，…，x_n 为函数中的诸自变量，分别代表影响需求量的诸因素。

线性函数有两个重要的性质：每个自变量的边际需求量是一个常数；它是最便于用最小二乘法来估计诸参数的一种方程形式。

（2）幂函数，其表达式为：

$$Q=\alpha X^{\beta_1}Y^{\beta_2}Z^{\beta_3}$$

式中，Q 为需求量；X，Y，Z 为函数中的诸自变量，分别代表影响需求量的诸因素。

幂函数有几个有用的性质：（1）每个自变量的弹性都是一个常数，它的值等于该自变量的指数。（2）可以通过对数形式转化为线性关系，因而仍可以用最小二乘法来估计它的参数。

4. 在回归分析中，怎样测定回归模型和每个回归系数对因变量的解释能力？

答：先谈怎样测定整个回归模型对因变量的解释能力。这里有两个统计量：可决系数（R^2）和估计标准误差（S_e）。可决系数用来说明在因变量的全部变动中，可由回归模型中全部自变量来解释的比例有多大。R^2 可以从 0（表示求得的回归模型完全不能解释因变量的变动）到 1.0（表示回归模型能够解释因变量的全部变动，也就是说，所有的数据都落在回归线上）。估计标准误差（S_e）也是用来测定整个回归模型的准确程度的，也就是说，它可用来确定在不同的统计置信度下，因变量预期将会落在多大的区间内。如果置信度为 95%，则置信区间为 $\hat{y}\pm2S_e$。

为了测定每个自变量的回归系数的准确程度，则要使用系数标准误差（S_β）。它是用来衡量某自变量和因变量之间的边际关系（由自变量的系数表示）分布的分散程度的。这个值越小越好。如果置信度为 95%，则用 S_β 可求得系数 β 的置信区间为 $\beta\pm2S_\beta$。

5. 在回归分析中应防止出现哪些问题？

答：在进行回归分析时应注意的问题主要包括：（1）鉴别问题；（2）模型设定上的问题；（3）多重共线性问题；（4）自相关问题。

6. 需求预测有哪几种主要方法？请给出解释。

答：需求预测的主要方法有以下几种：

（1）德尔菲法。又称专家调查法，就是把专家集中到一起，背靠背征求预测意见，这些意见经过整理再分发给各参与者，供其考虑是否要修正以前的预测结果，这一过程反复进行多次，直到大家的意见基本一致，或不想再对自己的意见进行修改时为止。

（2）时间序列分解法。有些数据序列的长期趋势往往受季节性、周期性和一些不规则因素的影响，在这种情况下，对销售量数据的预测就可以通过时间序列分解法来进行。按照这一方法，销售量预期值（Q）就等于长期趋势值（T）、季节性因子（S）、周期性因子（C）和不规则因子（I）的乘积。

这里，长期趋势值一般可以在销售量数据消除季节性因素后，以线性函数形式，用回归分析法来估计。季节性因子反映在一年内数据重复的、有规则的变动。在具体计算时，其大小可用季节指数（SI）来表示。周期性因子反映数据围绕长期趋势线的上下波动。其大小可通过计算或预测周期性系数（CF）来确定。

（3）指数平滑法。如果一个销售量的数据序列相当平稳，就可以用指数平滑法来进行预测。其模型为：

$$F_{t+1}=WA_t+(1-W)F_t$$

式中，A_t 为当期的实际销售量；F_t 为过去对当期销售量的预测；W 为权值；F_{t+1} 为下一期的预测销售量。

（4）在预测中使用回归模型。即先估计出某种产品的需求函数，然后对函数中的诸自变量进行预测，再据此确定预计销售量。

三、作业题解答

1. 大地电子有限公司最近生产一种新式的录音笔。该公司销售部门对数千名顾客做了一次调查，在5种不同的价格水平上，不同销售量的概率如下表所示。

价格（元）	销售量（件）	销售概率
100	7 500	0.20
	6 000	0.25
	4 500	0.40
	3 000	0.10
	1 500	0.05
125	6 000	0.10
	5 000	0.20
	4 000	0.45
	2 500	0.20
	1 000	0.05
150	4 500	0.10
	4 000	0.20
	3 000	0.40
	2 000	0.20
	750	0.10
175	3 500	0.05
	3 000	0.10
	2 500	0.50
	1 000	0.20
	500	0.15
200	3 000	0.05
	2 500	0.15
	1 500	0.30
	1 000	0.25
	500	0.25

（1）请计算每一种价格水平上的期望销售量。

（2）根据这些期望销售量，用回归分析法估计这种新产品的需求曲线。

（3）通过计算可决系数，说明这一回归方程是否可接受。

解

（1）价格为100元时，期望销售量＝7 500×0.20＋6 000×0.25＋4 500×0.40＋

3 000×0.10+1 500×0.05=5 175（件）。

同样，可算出其他价格水平上的期望销售量：

价格（元）	期望销售量（件）
100	5 175
125	3 950
150	2 925
175	2 000
200	1 350

（2）假定回归方程为 $y=\alpha+\beta x$，式中，x 为价格，y 为销售量。可算得各种数据（见下表）。

x_i	y_i	$x_i y_i$	x_i^2	y_i^2
100	5 175	517 500	10 000	26 780 625
125	3 950	493 750	15 625	15 602 500
150	2 925	438 750	22 500	8 555 625
175	2 000	350 000	30 625	4 000 000
200	1 350	270 000	40 000	1 822 500
$\sum_{i=1}^{n} x_i = 750$	$\sum_{i=1}^{n} y_i = 15\ 400$	$\sum_{i=1}^{n} x_i y_i = 2\ 070\ 000$	$\sum_{i=1}^{n} x_i^2 = 118\ 750$	$\sum_{i=1}^{n} x_i^2 = 56\ 761\ 250$

$$\bar{y}=\frac{\sum_{i=1}^{n} y_i}{n}=\frac{15\ 400}{5}=3\ 080$$

$$\bar{x}=\frac{\sum_{i=1}^{n} x_i}{n}=\frac{750}{5}=150$$

$$\begin{aligned}\beta&=\frac{n\sum_{i=1}^{n} x_i y_i-\sum_{i=1}^{n} x_i\sum_{i=1}^{n} y_i}{n\sum_{i=1}^{n} x_i^2-(\sum_{i=1}^{n} x_i)^2}\\&=\frac{5\times 2\ 070\ 000-750\times 15\ 400}{5\times 118\ 750-750^2}\\&=-38.4\end{aligned}$$

$$\begin{aligned}\alpha&=\bar{y}-\beta\bar{x}\\&=3\ 080-(-38.4\times 150)\\&=8\ 840\end{aligned}$$

因此，回归方程应为：$Q=8\ 840-38.4P$ 或 $P=230.21-0.026Q$。

$$(3)R^2=\frac{(n\sum xy-\sum x\sum y)^2}{[n\sum x^2-(\sum x)^2][n\sum y^2-(\sum y)^2]}$$

$$=\frac{(5\times 2\ 070\ 000-750\times 15\ 400)^2}{(5\times 118\ 750-750^2)(5\times 56\ 761\ 250-15\ 400^2)}$$

$$=0.988$$

R^2 接近 1.0，说明这条回归曲线是可靠的。

2. 某企业生产一种儿童玩具，通过调查，其不同价格水平下的销售量数据如下表所示。

价格（元）	日销售量（件）
10	64
15	53
17	43
20	37
27	29
30	23

（1）请根据以上数据在直角坐标系上画出散点图，并用手描法画一条需求曲线，从这些点的中间穿过。

（2）用回归分析法求这条需求曲线的方程并计算其可决系数。

（3）如果价格为 23 元，估计销售量应是多少？请对这一估计的准确性作出评价（计算估计销售量和回归系数 95%的置信区间）。

解

（1）手描的需求曲线见下图。

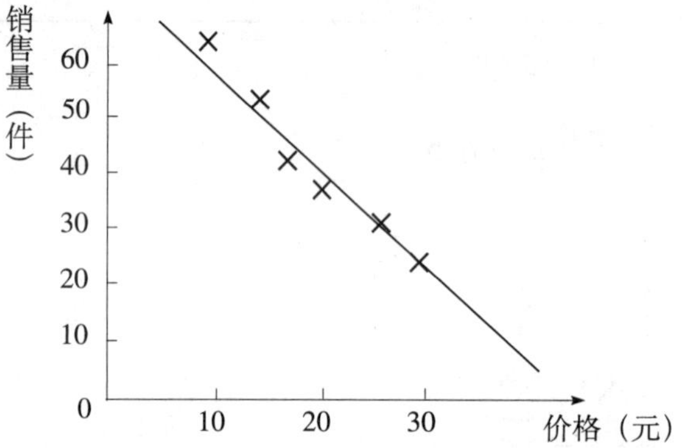

（2）需求曲线方程的计算见下表。

价格 x	销售量 y	xy	x^2	y^2
10	64	640	100	4 096
15	53	795	225	2 809
17	43	731	289	1 849
20	37	740	400	1 369
27	29	783	729	841
30	23	690	900	529
$\sum x=119$	$\sum y=249$	$\sum xy=4\ 379$	$\sum x^2=2\ 643$	$\sum y^2=11\ 493$

$\bar{x}=119/6=19.833$，$\bar{y}=249/6=41.50$

$$\beta=\frac{n\sum xy-\sum x\sum y}{n\sum x^2-(\sum x)^2}=\frac{6\times 4\ 379-119\times 249}{6\times 2\ 643-119^2}$$

$$=-1.978\ 2$$

$$\alpha=\bar{y}-\beta\bar{x}=41.5-(-1.978\,2\times19.833)$$
$$=80.734$$

故需求方程应为：$Q=80.734-1.978\,2P$ 或 $P=40.816-0.505Q$。

$$R^2=\left\{\frac{n\sum xy-\sum x\sum y}{\sqrt{[n\sum x^2-(\sum x)^2][n\sum y^2-(\sum y)^2]}}\right\}^2$$
$$=\left\{\frac{6\times4\,379-119\times249}{\sqrt{(6\times2\,643-119^2)(6\times11\,493-249^2)}}\right\}^2$$
$$=0.954\,55$$

(3) 如果价格定在23元，那么，销售量为：

$$Q=80.734-1.978\,2\times23$$
$$=35.236$$

为了对这一估计的准确性作出评价，我们需要计算 S_e 和 S_β：

$$S_e=\sqrt{\frac{\sum y^2-\alpha\sum y-\beta\sum xy}{n-2}}$$
$$=\sqrt{\frac{11\,493-80.734\times249-(-1.978\,2\times4\,379)}{4}}$$
$$=3.601\,9$$
$$S_\beta=\frac{S_e}{\sqrt{\sum x^2-n\bar{x}^2}}=\frac{3.601\,9}{\sqrt{2\,643-6\times19.833^2}}$$
$$=0.214\,2$$

故所估计的销售量的95%置信区间将在35.236+2×3.601 9和35.236−2×3.601 9之间，即42.439 4和28.031 8之间。

系数标准误差相对于系数本身来说很低。系数的95%置信区间在−1.978 2+2×0.214 2和−1.978 2−2×0.214 2之间，即−1.549 8和−2.406 6之间。

3. 大昌公司生产一种汽车上用的自动控速器，它有可能使汽车保持最优速度，以节省燃料。该公司的销售部门经过调查分析，估计该产品的需求函数为：

$$Q_x=125\,062.85-1\,862.52P_x+1\,226.94P_s+524.18A_x+28\,672.74y+0.035S$$

式中，Q_x 为自动控速器的需求量（单位：件）；P_x 为自动控速器的价格（单位：元）；P_s 为竞争对手销售这类产品的平均价格（单位：元）；A_x 为该公司每月广告费（单位：千元）；y 为居民平均收入水平（单位：千元）；S 为新汽车月销售量（单位：辆）。

回归分析还提供了以下数据：

可决系数(R^2)=0.867 5

估计标准误差(S_e)=6 432.75

系数标准误差(S_β)：P_x 的为725.6；P_s 的为482.8；A_x 的为106.2；y 的为188.1；S 的为0.015

大昌公司生产这种产品的成本比较稳定，其边际成本为常数，即132.50元/件。目前自变量的值分别为：$P_x=189.95$；$P_s=195.00$；$A_x=12.65$；$y=1.53$；$S=895\,645$。

（1）请计算这种产品的价格弹性、交叉弹性和收入弹性。这些数值说明了什么问题？

（2）请求出这种产品的需求曲线和边际收入曲线的方程。

（3）这种产品的最优产量和最优价格应为多少？

（4）请计算在最优价格水平上，估计销售量的置信度为95%的置信区间。

解

（1）$Q_x = 125\ 062.85 - 1\ 862.52 \times 189.95 + 1\ 226.94 \times 195.00 + 524.18 \times 12.65 + 28\ 672.74 \times 1.53 + 0.035 \times 895\ 645 = 92\ 378.22$

价格弹性：$\varepsilon_{P_x} = \frac{dQ_x}{dP_x} \cdot \frac{P_x}{Q_x} = -1\ 862.52 \times \frac{189.95}{92\ 378.22} = -3.83$

交叉弹性：$\varepsilon_{P_s} = \frac{dQ_x}{dP_s} \cdot \frac{P_s}{Q_x} = 1\ 226.94 \times \frac{195.00}{92\ 378.22} = 2.59$

收入弹性：$\varepsilon_y = \frac{dQ_x}{dy} \cdot \frac{y}{Q_x} = 28\ 672.74 \times \frac{1.53}{92\ 378.22} = 0.475$

价格弹性较大，属弹性需求，说明降低价格可使销售收入增加。交叉弹性也较高且为正值，说明这两种物品替代性很强。收入弹性小于1，说明这种产品属于必需品。

（2）$Q_x = 125\ 062.85 - 1\ 862.52P_x + 1\ 226.94 \times 195.00 + 524.18 \times 12.65 + 28\ 672.74 \times 1.53 + 0.035 \times 895\ 645 = 446\ 163.89 - 1\ 862.52P_x$

或 $P_x = 239.549 - 0.000\ 537Q_x$

$MR = 239.549 - 2 \times 0.000\ 537Q_x = 239.549 - 0.001\ 074Q_x$

（3）$MR = MC$ 时，产量和价格最优。

$239.549 - 0.001\ 074Q_x = 132.50$

$Q_x = 99\ 674$

$P_x = 239.549 - 0.000\ 537 \times 99\ 674 = 186.02$（元）

（4）销售量95%的置信区间应为：$99\ 674 \pm 2 \times 6\ 432.75$，即在112 539.5和86 808.5之间。

4. 某企业2016年第四季度到2020年第三季度的销售量如表1所示。

表 1 某企业 2016 年第四季度至 2020 年第三季度销售数据

时期（年/季度）	实际销售量	期数	移动平均数（*MA*）	移动平均中心值（*CMA*）	季节系数（*SF*）	长期趋势值（*CMAT*）	周期系数（*CF*）
2016/4	2	1	—	—	—	—	—
2017/1	5	2	—	—	—	—	—
2017/2	9	3					
2017/3	3	4					
2017/4	4	5					
2018/1	9	6					
2018/2	17	7					
2018/3	6	8					
2018/4	7	9					
2019/1	13	10					
2019/2	24	11					
2019/3	6	12					
2019/4	8	13					
2020/1	15	14					
2020/2	26	15		—	—		
2020/3	6	16	—	—	—		
2020/4	—	17	—	—	—		
2021/1	—	18	—	—	—		
2021/2	—	19	—	—	—		
2021/3	—	20	—	—	—		
2021/4	—	21	—	—	—		

（1）计算四个时期的移动平均值（*MA*）和移动平均中心值（*CMA*），填入表 1 的适当栏内。

（2）用销售量的实际值以及移动平均中心值计算季节系数（*SF*），填入表 1 的适当栏内。

（3）请计算该企业销售量各季度的季节指数（*SI*），填入表 2。

表 2 2017—2020 年各季度的季节指数

年份	第一季度	第二季度	第三季度	第四季度	
2017	—				
2018					
2019					
2020		—	—	—	
合计					
均值					均值合计：
SI					

（4）用最小二乘法估计移动平均中心值的线性长期趋势（估计方程 $CMAT=a+bt$ 中 a 和 b 的值，这里 t 为期数），并把算出的 *CMAT* 值填入表 1 中 2020 年第四季度至 2021

年第四季度的相应栏中。

（5）计算周期系数 CF（用 CMA 除以对应季度的 $CMAT$），把这些值标在下图上，并在图上对 2021 年各季度的 CF 值作出推测或估计。

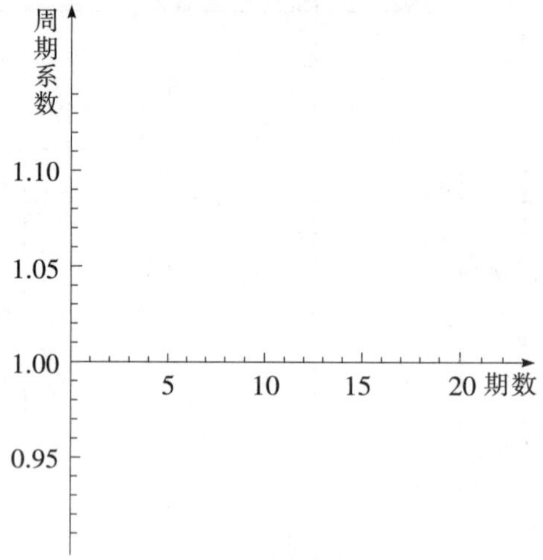

（6）用上面求得的 $CMAT$，SI 和 CF，预测该企业各季度的销售量，并填入表 3 中。

表 3

时间（年/季度）	长期趋势值（CMAT）	季节指数（SI）	周期系数（CF）	预测销售量
2020/4				
2021/1				
2021/2				
2021/3				
2021/4				

解

表 1 填入的数据见下表。

时期（年/季度）	实际销售量	期数	移动平均数（MA）	移动平均中心值（CMA）	季节系数（SF）	长期趋势值（CMAT）	周期系数（CF）
2016/4	2	1	—	—	—	—	—
2017/1	5	2	—	—	—	—	—
2017/2	9	3	4.75	5.000	1.800	5.714	0.875
2017/3	3	4	5.25	5.750	0.522	6.543	0.879
2017/4	4	5	6.25	7.250	0.552	7.372	0.983
2018/1	9	6	8.25	8.625	1.043	8.201	1.052
2018/2	17	7	9.00	9.375	1.813	9.030	1.038
2018/3	6	8	9.75	10.250	0.585	9.859	1.040
2018/4	7	9	10.75	11.625	0.602	10.688	1.088

续表

时期（年/季度）	实际销售量	期数	移动平均数（*MA*）	移动平均中心值（*CMA*）	季节系数（*SF*）	长期趋势值（*CMAT*）	周期系数（*CF*）
2019/1	13	10	12.50	12.500	1.040	11.517	1.085
2019/2	24	11	12.50	12.625	1.901	12.346	1.023
2019/3	6	12	12.75	13.000	0.462	13.175	0.987
2019/4	8	13	13.25	13.500	0.593	14.004	0.964
2020/1	15	14	13.75	13.750	1.091	14.833	0.927
2020/2	26	15	13.75	—	—	15.662	0.92*
2020/3	6	16	—	—	—	16.491	0.93*
2020/4	—	17	—	—	—	17.320	0.99*
2021/1	—	18	—	—	—	18.149	1.04*
2021/2	—	19	—	—	—	18.978	1.03*
2021/3	—	20	—	—	—	19.807	1.03*
2021/4	—	21	—	—	—	20.636	1.08*

* 指预测值。

（1）$MA_t=\frac{Q_{t-2}+Q_{t-1}+Q_t+Q_{t+1}}{4}$

例如，在上表中，$MA_3=\frac{2+5+9+3}{4}=4.75$；其余各期的 *MA* 值见表中的 *MA* 栏。

$$CMA_t=\frac{MA_t+MA_{t+1}}{2}$$

例如，在上表中，$CMA_3=\frac{4.75+5.25}{2}=5.000$；其余各期的 *CMA* 值见表中的 *CMA* 栏。

（2）$SF_t=\frac{Q_t}{CMA_t}$

例如，在上表中，$SF_3=\frac{9}{5.000}=1.800$；其余各期的 *SF* 值见表中的 *SF* 栏。

（3）根据各季度的季节系数可计算季节指数（*SI*），如下表所示。

年份	第一季度	第二季度	第三季度	第四季度	
2017	—	1.800	0.522	0.552	
2018	1.043	1.813	0.585	0.602	
2019	1.040	1.901	0.462	0.593	
2020	1.091	—	—	—	
合计	3.174	5.514	1.569	1.747	
均值	1.058	1.838	0.523	0.582	均值合计：4.001
SI	1.058	1.838	0.523	0.582	

说明：季节指数（*SI*）＝季节系数均值×$\frac{4}{均值合计}$。

（4）用回归分析法可估计出移动平均中心值的长期趋势方程为：$CMAT=3.227+0.829t$，式中，t 为期数。由此可算出每一期的长期趋势值，见表 1 中填入数据的

CMAT 栏。

（5）$CF=\frac{CMA}{CMAT}$，例如，$CF_5=\frac{7.250}{7.372}=0.983$。依此方法可算出各期实际的周期系数，把它们画在下图上，然后预测第15～21期的周期系数。注意，允许学生的预测值与这里的预测值不同。

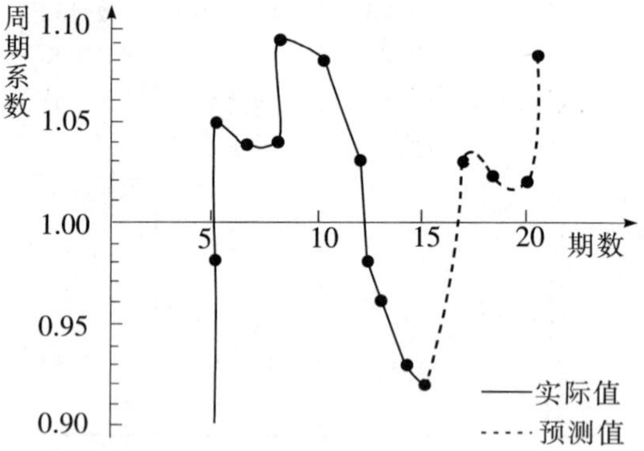

这里，周期系数的预测值为：$CF_{15}=0.92$，$CF_{16}=0.93$，$CF_{17}=0.99$，$CF_{18}=1.04$，$CF_{19}=1.03$，$CF_{20}=1.03$，$CF_{21}=1.08$。

（6）表3填入的数据见下表。

时间（年/季度）	长期趋势值（*CMAT*）	季节指数（*SI*）	周期系数（*CF*）	预测销售量
2020/1	14.833	1.058	0.93	14.55
2020/2	15.662	1.838	0.92	26.48
2020/3	16.491	0.523	0.93	8.02
2020/4	17.320	0.582	0.99	9.98
2021/1	18.149	1.058	1.04	19.97
2021/2	18.978	1.838	1.03	35.93
2021/3	19.807	0.523	1.03	10.67
2021/4	20.636	0.582	1.08	12.97

$$销售量的预测值=CMAT\times SI\times CF$$

例如，2020年第三季度的预测销售量$=16.491\times0.523\times0.93=8.02$。计算出的全部数据见上表。

5. 已知某企业产品2015—2020年各季度的销售数据如下表所示。

年份	季度			
	一	二	三	四
2015	835	1 102	794	502
2016	793	1 089	777	511
2017	804	987	725	487
2018	808	1 015	820	487
2019	789	1 262	923	739
2020	1 156	1 336	944	696

（1）以销售量作为时间 t 的函数，求销售量的时间趋势模型。（在 $Q=a+bt$ 模型中，

估计 a 和 b 的值，这里 t 为期数，2015 年第一季度的 t 等于 1。)

（2）按上表作图，并观察是否存在季节性因素。

（3）运用指数平滑法按 $W=0.3$ 和 $W=0.8$ 分别预测 2021 年度的销售量。

解

（1）以销售量作为时间 t 的函数，销售量的时间趋势模型估计为：$Q=752.25+7.59t$，式中，t 为期数，2015 年第一季度的 t 等于 1。但这一回归方程的可决系数 $R^2=0.009$。说明这一回归方程并不能很好地预测销售量。

（2）可作图如下图所示，从图中数据可看出，存在明显的季节性因素。

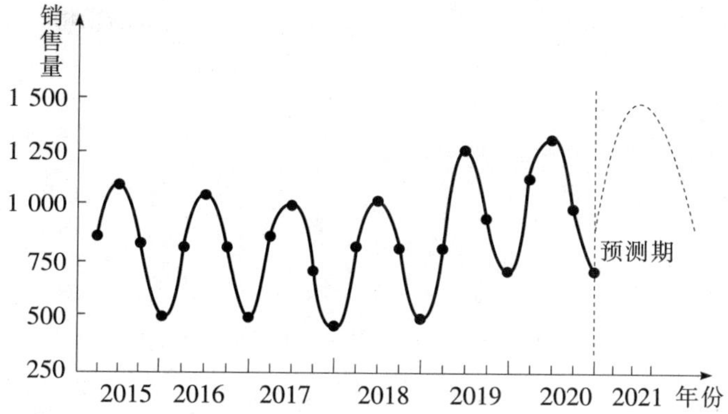

（3）2021 年度的销售量预测见下表。

年份	实际销售量	销售量预测值	
		$W=0.3$	$W=0.8$
2015	3 233	3 233	3 233
2016	3 170	3 233	3 233
2017	3 003	3 214	3 183
2018	3 130	3 151	3 039
2019	3 713	3 145	3 112
2020	4 132	3 315	3 593
2021	—	3 560	4 024

销售量预测值的估计公式为：$F_{t+1}=WA_t+(1-W)F_t$

如果 $W=0.3$，2021 年的销售量预测值为：

$$0.3\times 4\,132+(1-0.3)\times 3\,315=3\,560$$

如果 $W=0.8$，2021 年的销售量预测值为：

$$0.8\times 4\,132+(1-0.8)\times 3\,593=4\,024$$

第4章
生产决策分析

对需求进行分析和估计，主要是为了解决企业生产什么、生产多少的问题，接着就要解决怎样组织生产才能使生产效率最高的问题。

生产是指把投入物（如原材料、设备、劳动力等）转变为产出（如产品或服务）的过程。研究生产效率的高低，就是要研究如何用最少的投入生产出同样多的产出，或用同样多的投入生产出最大的产出。这就要研究生产的投入与产出之间的关系。本章的目的就是研究这一关系以谋求生产效率最高（或利润最大）。

一、名词解释

1. **生产函数**是生产中投入与产出之间相互关系的数学表达式，它表明在生产过程中，在一定的技术条件下，各种投入要素组合所能产生的最大产量。

2. **短期生产函数**是指至少有一种投入要素的投入量固定的生产函数。

3. **长期生产函数**是指所有投入要素的投入量都可变的生产函数。

4. **总产量**（TP）是指给定的一组投入要素所能生产出的最大产量。一种投入要素的**平均产量**（AP）等于总产量除以该投入要素的投入量。例如，劳动力的平均产量等于总产量除以劳动力投入量（$AP_L=TP/L$）。一种投入要素的**边际产量**（MP）是指该投入要素的投入量增加一单位所引起的总产量的变化。例如，劳动力的边际产量等于总产量的增量除以劳动力投入量的增量（$MP_L=\Delta TP/\Delta L$）。

5. **边际收益递减规律**可表述为：如果技术不变，增加生产要素中某个要素的投入量，而其他要素的投入量不变，投入量的增加起初会使该要素的边际产量递增，增加到一定点之后，再进一步增加就会使边际产量递减。

6. **边际产量收入**是指在单一可变投入要素投入量一定的基础上，再增加一单位的投入量会使企业的总收入增加多少。

7. **等产量曲线**是指这样一条曲线，曲线上的各点代表投入要素的各种组合比例，其中的每一种组合比例所能得到的产量都是相等的。

8. **边际技术替代率**（$MRTS$）是指一种投入要素的投入量如减少一单位，另一种投入要素需要增加多少才能使产量保持不变。在等产量曲线的某一点上劳动力和资本之间的边际技术替代率等于等产量曲线上该点斜率的绝对值，也等于在该点上两种投入要素边际产量之比，即

$$MRTS=\frac{\Delta K}{\Delta L}=\frac{MP_L}{MP_K}$$

9. **等成本曲线**是指这样一条曲线，曲线上所有的投入要素组合的总成本均是相等的。假定有两种投入要素 x 和 y，它们的价格分别为 P_x 和 P_y，E 为总成本，那么，等成本曲线的一般表达式为：

$$y=\frac{E}{P_y}-\frac{P_x}{P_y}\cdot x$$

式中，E/P_y 为等成本曲线在 y 轴上的截距；$-P_x/P_y$ 为等成本曲线的斜率。

10. **生产扩大路线**是指随着生产规模的扩大，投入要素最优组合比例发生变化的轨迹。如果各种投入要素的投入量都是可变的，这一轨迹称为长期生产扩大路线。如果至少有一种投入要素的投入量是不变的，则这一轨迹称为短期生产扩大路线。

11. 规模收益探讨的问题是：当所有投入要素的使用量都按同样的比例增加时，这种增加会对总产量有什么影响。**规模收益递增**是指产量增加的倍数大于投入要素增加的倍数。**规模收益不变**是指产量增加的倍数等于投入要素增加的倍数。**规模收益递减**是指产量增加的倍数小于投入要素增加的倍数。

12. **柯布-道格拉斯生产函数**的形式为：

$$Q=aK^bL^c$$

式中，Q 为产量；K 为资本；L 为劳动力；a，b，c 为常数。

这种生产函数形式有很多优点，因而是一种常用的生产函数形式。

13. **劳动节约型技术进步**是指这样一种技术进步，它能使劳动的节约大于资本的节约。

14. **资本节约型技术进步**是指这样一种技术进步，它能使资本的节约大于劳动的节约。

15. **中立型技术进步**是指这样一种技术进步，它节约劳动和节约资本的比例相等。

二、复习思考题参考答案

1. 请解释总产量、平均产量和边际产量三者之间的相互关系。

答：总产量、平均产量和边际产量三者之间的关系可表述如下（见下图）：

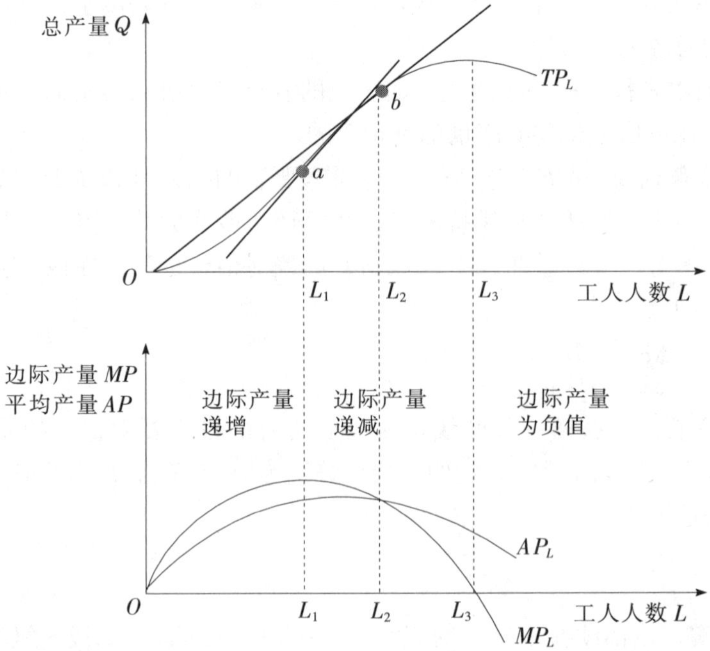

（1）工人人数取某值时的边际产量等于总产量曲线上该点的切线的斜率。因此，在总产量曲线上的拐点（见上图中的 a 点），边际产量最大。在这之前，边际产量呈上升趋势，在这之后，边际产量呈下降趋势。当总产量最大时，边际产量下降到零。再以后，总产量呈下降趋势，边际产量为负值。

（2）工人人数取某值时的平均产量等于总产量曲线上该点与原点的连接线的斜率。因此，当总产量曲线上某点的切线和该点与原点的连接线重合时，平均产量就等于边际产量（见上图中的 b 点）。这时，平均产量最大。

（3）当边际产量大于平均产量时，平均产量呈上升趋势；当边际产量小于平均产量时，平均产量呈下降趋势；当边际产量与平均产量相等时，平均产量最大。

2. 请举两个例子，说明边际收益递减规律的实际存在。如果生产中用的某种投入要素是免费的，而且取之不尽、用之不竭，那么企业使用这种投入要素是否越多越好？为什么？

答：举例一：在农业生产中曾发现过因过度密植反而导致亩产减少的情况，这说明，如果土地面积不变、技术不变，仅仅不断地增加种子的投入量，那么增投的每一千克种子带来的产量增加会越来越少，甚至变为负值。

举例二：如果技术不变，耕地面积不变，一个国家人口（劳动力）的不断增加就会使粮食的边际产量下降，导致人均粮食产量下降。

即使生产中的某种投入要素是免费的，可以取之不尽，也不应无限制地使用，因为边际收益递减规律告诉我们：任何一种投入要素，不管是否付费，只要使用量超过一定限度，边际产量就会递减，最终甚至会使总产量越来越少。

3. 边际收益递减规律和规模收益递增原理是否矛盾？为什么？

答：边际收益递减规律假定其他投入要素的投入量是固定的，只有一种投入要素是可变的，因此是一个短期的规律。规模收益递增原理则假定各种投入要素的投入量都是可变的，且都按同一比例增加，因此是一个长期的规律。可见，这两个规律发生作用的条件不同，相互之间不存在矛盾。

4. 什么是单一可变投入要素的最优利用问题？怎样确定单一可变投入要素的最优投入量？

答：单一可变投入要素的最优利用问题是指在其他投入要素的投入量固定的条件下，如何确定某一种可变投入要素的投入量最优（使总利润最大）。单一可变投入要素的投入量最优的条件是：$P=MRP$。式中，P 为该可变投入要素的价格，MRP 为边际产量收入。

5. 边际产量、边际收入和边际产量收入三者的区别和联系是什么？

答：边际收入是产量的函数，它指产量增加一单位引起的总销售收入的变化（$MR=\frac{\Delta TR}{\Delta Q}$）。边际产量和边际产量收入则都是可变投入要素投入量的函数，前者是指可变要素增投一单位引起的总产量的变化（$MP=\Delta Q/\Delta L$），后者是指可变要素增投一单位引起的总销售收入的变化（$MRP=\Delta TR/\Delta L$）。前者用实物形态衡量，后者则是前者的价值形态；边际产量收入＝边际产量×边际收入（$MRP=MP\cdot MR$）。

6. 什么是多种投入要素最优组合问题？怎样确定多种投入要素的最优组合比例？

答：由于投入要素之间可以互相替代，因此存在多种投入要素的最优组合问题。即在成本一定的条件下，投入要素之间怎样组合才能使产量最大；或在产量一定的条件下，投入要素之间怎样组合才能使成本最低。

如果产量给定，成本最低的投入要素组合可以由等产量曲线和等成本曲线的切点来确定。在这一点上，两条曲线的斜率相等，也就是两种投入要素的边际技术替代率等于它们的价格比，即

$$\frac{MP_L}{MP_K}=\frac{P_L}{P_K}$$

换一种方式表达，实现成本最低化的投入要素组合必须满足以下条件：

$$\frac{MP_L}{P_L}=\frac{MP_K}{P_K}$$

这表示，在产量一定的条件下，为使成本最低，所有投入要素每单位投入的边际产量都必须相等。

7. 劳动力、资本和能源等投入要素之间的组合比例如果是固定的，是否意味着该生产函数的规模收益不变？请给出解释。

答：不是。投入要素组合比例固定，并不意味规模收益一定不变。规模收益的类型取决于产量的增加速度是快于还是慢于所有投入要素投入量的增加速度。如果前者快于后者，就是规模收益递增；如果前者慢于后者，就是规模收益递减；如果两者的增加速度相同，就意味着规模收益不变。

8. 什么是利润最大化的投入要素组合？怎样确定利润最大化的投入要素组合比例？

答：需要说明的是，第 6 题中谈到的投入要素最优组合，是指成本最低的组合，不是利润最大化的组合。因为企业可以安排不同的产量，每种产量都可有自己的成本最低的投入要素组合。能使企业利润最大的组合只是其中的一种。假如企业只有两种可变投入要素 K 和 L，利润最大化的投入要素组合必须同时满足下列条件：

$$MRP_K=P_K，MRP_L=P_L$$

9. 使成本最低的最优投入要素组合是不是利润最大化的必要条件？是不是利润最大化的充分条件？请给出解释。

答：成本最低的最优组合是利润最大化的必要条件，但不是充分条件。之所以是必要条件，是因为在任一产量上如果成本不是最低，就有可能通过改变组合来进一步降低成本使利润增加。之所以不是充分条件，是因为在确定这一最优组合时，并没有把需求因素考虑进去，它的产量水平不一定最优。成本最低的最优组合是指一定产量上的最优组合，利润最大化的投入要素组合则是最优产量上的最优组合。

三、作业题解答

1. 下面列出的是每亩地土豆的产量和所用人工数：

人工数	产量
0	0
1	100
2	107
3	112
4	116
5	119
6	120
7	110

（1）请计算各人工数上的边际产量收入（假定土豆的单位价格为 10 元）。

（2）假如工人工资为每人 40 元，最优的人工数应是多少？为什么？

解

（1）计算结果见下表。

人工数	产量	边际产量	边际产量收入
0	0	—	—
1	100	100	1 000
2	107	7	70
3	112	5	50
4	116	4	40
5	119	3	30
6	120	1	10
7	110	−10	−100

（2）最优人工数为 4 人，因为此时 $MRP_L=P_L$。

2. 某生产过程中劳动力的边际产量为 $MP_L=10(K^{0.5}/L^{0.5})$，资本量是固定的，为 64 单位，工资为每人 10 元，产品售价为每件 5 元。请找出最优的人工投入量。

解

$$MRP_L=MP_L\cdot MR$$

$$=10\times\frac{\sqrt{64}}{\sqrt{L}}\times5=400/\sqrt{L}$$

已知　$P_L=10$

令 $MRP_L=P_L$，即 $400/\sqrt{L}=10$，$L=1\ 600$ 人。

3. 某加油站用两种方式提供加油服务。一为自助方式（由顾客自我服务），一为全程服务方式（由加油站服务人员提供服务）。两种方式收费不同。前者每升收费 8.00 元，后者每升收费 8.10 元。加油站观察到，服务人员的人数与全程服务的日销售量存在以下关系：

服务人员人数	全程服务日销售量（升）
0	0
1	2 000
2	3 800
3	5 400
4	6 800
5	8 000

（1）请列表表示加油站服务人员的净边际产量收入。

（2）如果服务人员的工资为每天 160 元，加油站雇用多少人员为最优？

（3）当雇用 4 人时，加油站可付的最高日工资应是多少？

解

（1）与自助方式相比，全程服务方式的溢价为 0.10 元，因此，服务人员的净边际产量收入如下表所示。

服务人员人数 (1)	全程服务销售量（升） (2)	服务人员的边际产量（升） (3)	净边际产量收入（元） (4)=(3)×0.10
0	0	—	—
1	2 000	2 000	200
2	3 800	1 800	180
3	5 400	1 600	160
4	6 800	1 400	140
5	8 000	1 200	120

（2）当净边际产量收入等于工资支出时，人数为最优。从表中可以看出，当净边际产量收入为 160 元时，雇用人数为 3 人，因此 3 人为最优人数。

（3）雇用 4 人时的净边际产量收入为 140 元，此时加油站愿意支付的最高工资为 140 元/天。

4. 某出租汽车公司有小型轿车 20 辆、大型轿车 3 辆。当司机分别为 15 人、20 人、25 人、30 人、35 人时，每月营业收入分别为 1 100 000 元、1 175 000 元、1 225 000 元、1 250 000 元、1 260 000 元。如果司机每月平均工资为 4 000 元，因增加一名司机而引起的其他支出（如燃料费等）为 1 000 元。该公司应聘用多少司机，才能使公司利润最大？

解

当司机人数为 15～20 人时：

$$MRP_L=\frac{1\ 175\ 000-1\ 100\ 000}{20-15}=15\ 000(\text{元})$$

当司机人数为 20～25 人时：

$$MRP_L=\frac{1\ 225\ 000-1\ 175\ 000}{25-20}=10\ 000(元)$$

当司机人数为 25～30 人时：

$$MRP_L=\frac{1\ 250\ 000-1\ 225\ 000}{30-25}=5\ 000(元)$$

当司机人数为 30～35 人时：

$$MRP_L=\frac{1\ 260\ 000-1\ 250\ 000}{35-30}=2\ 000(元)$$

增加一名司机引起成本增加 5 000 元（4 000＋1 000）。当司机的人数为25～30人时，边际产量收入（5 000 元）等于边际成本（5 000 元）。因此，最优的司机人数为 25～30 人。

5. 假如资本的价格（P_K）为每小时 80 元，人工的价格（P_L）为每小时 40 元。企业在劳动力和资本上的总支出为 1 600 元。

（1）请写出其等成本曲线方程。

（2）假如把资本画在纵轴上，如果资本的价格上涨了 50%，等成本曲线会发生什么变化？

（3）假如资本和劳动力的价格都上涨了 50%，等成本曲线会发生什么变化？

解

（1）等成本曲线（C_1）方程为：$1\ 600=80K+40L$，或 $K=20-\frac{L}{2}$。

（2）上述等成本曲线的斜率为$-\frac{P_L}{P_K}=-\frac{1}{2}$，如果资本的价格上涨 50%，即从 80 元上涨到 120 元，新的等成本曲线（C_2）在纵轴上的截距将变为 13.3，斜率则变为$-\frac{1}{3}$。等成本曲线将以横轴上的劳动力截距点为轴，按逆时针方向转动（见下图）。

（3）假如资本和劳动力的价格都上涨 50%，新的等成本曲线（C_3）将为：$1\ 600=120K+60L$，或 $K=13.3-\frac{L}{2}$。与 C_1 相比，截距减小了，但斜率仍为$-\frac{1}{2}$，故等成本曲线将向左下方平行移动（见下图）。

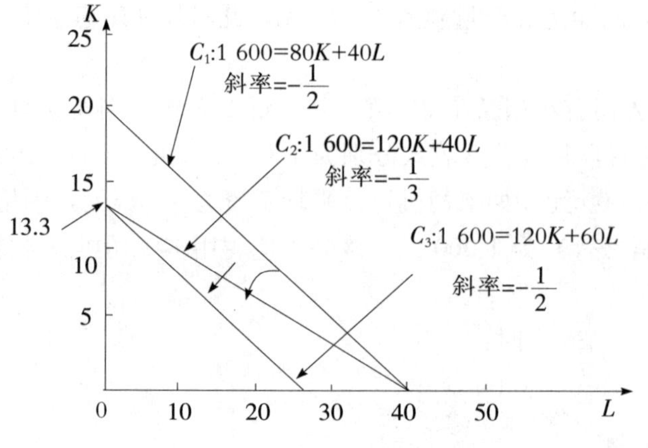

6. 某公司计划建新厂生产某种产品，根据对消费者的需求估计，希望每月生产产品 100 单位。假定为了达到这一产量，可以选择不同的投入组合（见下表）。工人工资是每人每月 3 200 元，资本成本（即利息）为每万元每月 200 元。请画出等产量曲线和等成本曲线，并从图上求出劳动力和资本的最优组合方式。

产量	资本（万元）	劳动力（人）
100	1 000	30
100	800	40
100	400	80
100	200	150

解

先在图上画出资本-劳动力组合的各点，连接起来，即得到产量为 100 的等产量曲线。等成本曲线的斜率应为 $-\frac{P_L}{P_K}$，即 $-\frac{3\ 200}{200}=-16$。先画一任意等成本曲线 C，使其斜率为 -16，然后推平行线到 C'，使之与等产量曲线相切，切点 a（资本 800 万元，劳动力 40 人）即产量为 100 的投入要素最优组合（见下图）。

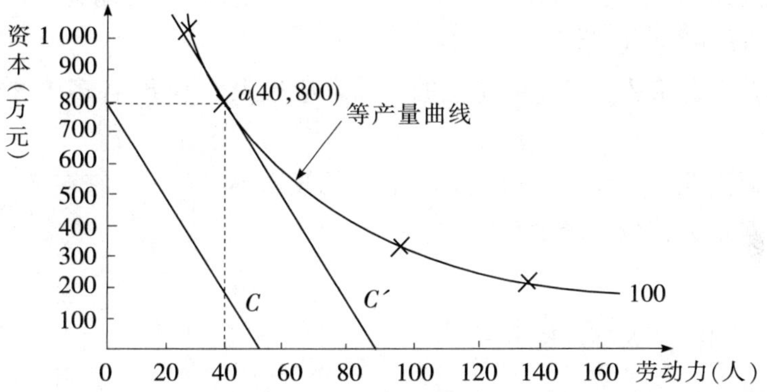

7. 大华混凝土公司正在考虑一台混凝土搅拌机的技术改造问题。目前该机器由两名工人操作，每小时共配料 30 立方米。如再增加一名工人，可使配料速度提高到 40 立方米/小时。如果不增加工人（仍维持两名工人），而是对机器进行技术改造，则可使配料速度提高到 48 立方米/小时。该机器经技术改造后，估计会使公司成本每年增加 80 000 元（包括折旧费、燃料费和利息支出）。工人每小时的工资为 32 元。该公司每年有 300 个工作日，每个工作日按 8 小时计。为了提高搅拌机的配料速度，是增加工人合算，还是进行技术改造合算？

解

$$MP_{工人}=40-30=10(立方米/小时)$$

$$P_{工人}=32(元/小时)$$

$$MP_{工人}/P_{工人}=10/32=0.31$$

$$MP_{机器}=48-30=18(立方米/小时)$$

$$P_{机器}=\frac{80\ 000}{300\times 8}=33.3(元/小时)$$

$MP_{机器}/P_{机器}=18/33.3=0.54$

因为 0.54>0.31，故进行技术改造合算。

8. 某钢铁厂的生产函数为 $Q=5LK$，Q 是它的年产量，L 是使用的劳动力数量，K 为使用的资本数量。假定劳动力成本为每单位 1 元，资本成本为每单位 2 元。如果该厂打算每年生产 20 单位产品，当投入劳动力和资本各多少时，成本最低？

解

$$\because Q=5LK,\ 20=5LK \qquad \therefore K=\frac{4}{L}$$

$$MP_K=\frac{\mathrm{d}Q}{\mathrm{d}K}=5L,\ MP_L=\frac{\mathrm{d}Q}{\mathrm{d}L}=5K$$

成本最低的劳动力和资本组合必须满足下列条件：$\frac{MP_K}{P_K}=\frac{MP_L}{P_L}$，即

$$\frac{5L}{2}=\frac{5K}{1} \text{或} \frac{5L}{2}=\frac{20}{L}$$

则 $L=2.8$，$K=\frac{4}{2.8}=1.4$

9. 假定某企业的生产函数为：$Q=10L^{0.5}K^{0.5}$，其中，劳动力（L）的价格为 50 元，资本（K）的价格为 80 元。

（1）如果企业希望生产 400 单位的产品，应投入 L 和 K 各多少才能使成本最低？此时成本是多少？

（2）如果企业打算在劳动力和资本上总共投入 6 000 元，它在 K 和 L 上各应投入多少才能使产量最大？最大产量是多少？

解

（1）$400=10L^{0.5}K^{0.5}$，$K=\frac{1\ 600}{L}$ （1）

$$\frac{\mathrm{d}Q}{\mathrm{d}L}=5\times\frac{K^{0.5}}{L^{0.5}},\ \frac{\mathrm{d}Q}{\mathrm{d}K}=5\times\frac{L^{0.5}}{K^{0.5}}$$

$$\frac{MP_L}{P_L}=\frac{5K^{0.5}/L^{0.5}}{50},\ \frac{MP_K}{P_K}=\frac{5L^{0.5}/K^{0.5}}{80}$$

$$\frac{5K^{0.5}/L^{0.5}}{50}=\frac{5L^{0.5}/K^{0.5}}{80}$$

或 $80K=50L$ （2）

解联立方程（1）和（2），得

$L=50.6$，$K=31.6$

此时成本为：

$C=80\times31.6+50\times50.6=5\ 058$(元)

（2）$6\ 000=80K+50L$ （3）

解联立方程（2）和（3），得

$L=60$，$K=37.5$

将 K 和 L 代入生产函数，得

$Q=10\times\sqrt{60}\times\sqrt{37.5}=474.3$

10. 假定某大型多种经营的企业有三种主要产品 X，Y，Z，已知这三种产品的生产函数分别为：

$Q_X=1.6L^{0.4}K^{0.4}M^{0.1}$

$Q_Y=\sqrt{0.4L^2KM}$

$Q_Z=10L+7K+M$

式中，Q 为特定时期内的产量；L 为投入的劳动力数量；K 为投入的资本数量；M 为投入的管理人员数量。

这三种产品的规模收益各属于什么类型？

解

（1）产品 X：所有投入要素都增至 k 倍后，得

$Q_X=1.6\cdot k^{0.9}L^{0.4}K^{0.4}M^{0.1}$

因 k 的指数（0.9）小于 1，故此函数为规模收益递减类型。

（2）产品 Y：所有投入要素都增至 k 倍后，得

$Q_Y=k^2\sqrt{0.4L^2KM}$

因 k 的指数（2）大于 1，故此函数为规模收益递增类型。

（3）产品 Z：所有投入要素都增至 k 倍后，得

$Q_Z=k(10L+7K+M)$

因 k 的指数等于 1，故此函数为规模收益不变类型。

11. 假定某国在 2000—2020 年期间，国民生产总值每年增长 6%，资本（生产基金）每年增加 9%，劳动力每年增加 3%。又据测算，在该国，资本的产量弹性（α）为 0.2，劳动力的产量弹性（β）为 0.8。在此期间，技术进步使国民生产总值增长了多少？它在国民生产总值的增长中所做的贡献有多大？

解

因技术进步引起的产量增长率为：

$$\begin{aligned}G_A&=G_Q-\alpha G_K-\beta G_L\\&=6\%-0.2\times9\%-0.8\times3\%\\&=1.8\%\end{aligned}$$

技术进步在国民生产总值中所做的贡献为：

$$\frac{1.8\%}{6\%}=30\%$$

12. 假定某林场种树 A 棵，每棵树的经验生产函数为 $Q=t^{\alpha}$。式中，Q 为 t 年之后木料的立方米数；α 为参数，因树种不同而不同，而且 $0<\alpha<1$。又假定树的成本为：$F+WQ+rP\int_0^t Q\mathrm{d}t$。式中，$F$ 为种树的成本；W 为维护成长中的树每立方米所需的费用；r 为利息率；P 为每立方米木料的价格；$rP\int_0^t Q\mathrm{d}t$ 为到砍树时为止因占用资金引起的机会成本。什么时候砍树利润最大？（即求 t 的最优值）

解

假定利润为 π：

$$\pi = P \cdot Q - \left(F + W \cdot Q + rP\int_0^t Q\mathrm{d}t\right)$$

$$= P \cdot t^{\alpha} - F - W \cdot t^{\alpha} - rP\int_0^t t^{\alpha}\,\mathrm{d}t$$

利润最大时，$\frac{\mathrm{d}\pi}{\mathrm{d}t} = 0$，即

$$\alpha \cdot P \cdot t^{\alpha-1} - \alpha W t^{\alpha-1} - rPt^{\alpha} = 0$$

$$t = \frac{\alpha(P - W)}{rP}$$

第5章

成本利润分析

成本利润分析在管理经济学中占有重要地位，因为任何管理决策都要对成本和利润进行分析，只有能降低成本和增加利润的方案，才是可接受的方案。本章将探讨管理决策中几个重要的成本概念、企业的成本函数与其估计、规模经济以及对企业经营进行成本利润分析的科学方法。在阐明决策的经济学原理的同时，着重介绍它们在企业经营中的具体应用，并说明为什么有些习以为常的计算成本和利润的方法实际上是不科学的。

一、名词解释

1. **相关成本**是指在某一特定决策问题中，因与决策相关而应使用的成本。

非相关成本是指在某一特定决策问题中，因与决策不相关而不应使用的成本。

2. **机会成本**（也称经济成本）是指一种资源用于次佳使用方案时的价值。它代表因决定把某种资源用于某个方案而必须放弃的（实施次佳方案本来可以得到的）收益或补偿。

会计成本是会计师在账簿上记录下来的成本。它只反映使用企业资源的实际货币支出，没有反映为此而付出的总代价。

3. **增量成本**是指因作出某一特定的决策而引起的全部成本的变化，属于相关成本。

沉没成本是指决策前已经支出，或承诺要支出，因而不受将来决策影响的成本，属于非相关成本。

4. **边际成本**是指在一定产量水平上，产量增加一单位，给总成本带来的变化（$MC=\Delta TC/\Delta Q$）。它等于总成本曲线上相应的点的切线的斜率。

5. **变动成本**是指企业在可变投入要素上的支出，是随产量的变化而变化的成本。

固定成本是指企业在固定投入要素上的支出，是不受产量变化影响的成本。

6. **成本函数**反映产品的成本 C 与产量 Q 之间的关系。其数学表达式为：$C=f(Q)$。成本函数取决于产品的生产函数和投入要素的价格。

7. 如果在企业的诸种投入要素中，至少有一种投入要素的数量固定不变，这种情况下的成本函数称为**短期成本函数**。它主要用于日常经营决策。

8. 如果企业所有投入要素的数量都是可变的，这种情况下的成本函数称为**长期成本函数**。它主要用于长期规划。

9. **短期总变动成本曲线**（TVC）的形状由总产量曲线的形状决定，归根结底，又由边际收益递减规律决定。当产量较小时，成本曲线向左上方凸出，说明总变动成本的增长慢于产量的增长；当产量较大时，成本曲线向右下方凸出，说明总变动成本的增长快于产量的增长（见下图（c））。

10. **短期总固定成本曲线**（TFC）是一条平行于横轴的直线，因为固定成本是不随产量变化而变化的（见下图（c））。

11. **短期总成本曲线**（TC）是总固定成本曲线与总变动成本曲线的垂直相加，因为总成本等于总变动成本加总固定成本（$TC=TVC+TFC$）（见下图（c））。

12. **短期平均固定成本曲线**（AFC）由左上方向右下方伸展，渐渐与横轴接近。因为平均固定成本等于总固定成本除以产量（$AFC=TFC/Q$），所以它随产量的增加而递减（见下图（d））。

13. **短期平均变动成本曲线**（AVC）呈 U 形（见下图（d））。这是因为某一产量水平上的平均变动成本等于总变动成本曲线上相应点与原点的连线的斜率。这一斜率随产量的增加先趋于变小，达到一定点后，又趋于变大。

14. **短期平均成本曲线**也称平均总成本曲线（AC 或 ATC）呈 U 形（见下图（d））。它等于平均变动成本曲线和平均固定成本曲线的垂直相加。

15. **短期边际成本曲线**（MC）呈 U 形（见下图（d））。它的最低点对应于总成本曲线上的拐点，并分别在 ATC 和 AVC 曲线的最低点与两条曲线相交。

16. **长期总成本曲线**（LTC）说明，如果企业能够选择最优企业规模（即可以自由选定自己所需的投入要素的组合比例），在各个产量水平上可能的最低的总成本是多少。在长期总成本中不含固定成本。

17. **长期平均成本曲线**（LAC）说明，如果企业能够自由选择最优规模，在各个产量水平上可能的最低平均成本是多少。它是各个产量水平上许多短期平均成本曲线的包络线，呈 U 形。它的最低点代表最优规模。

18. **长期边际成本曲线**（LMC）表示，如果企业能够自由选择最优规模（即企业所有投入要素的投入量都是可变的），在每一个产量水平上，再增加一单位产量会使总成本增加多少。LMC 曲线通过 LAC 曲线的最低点。

19. 如果扩大企业规模能使产品的单位成本下降，生产就具有**规模经济**，这时的长期平均成本曲线呈向下倾斜趋势。

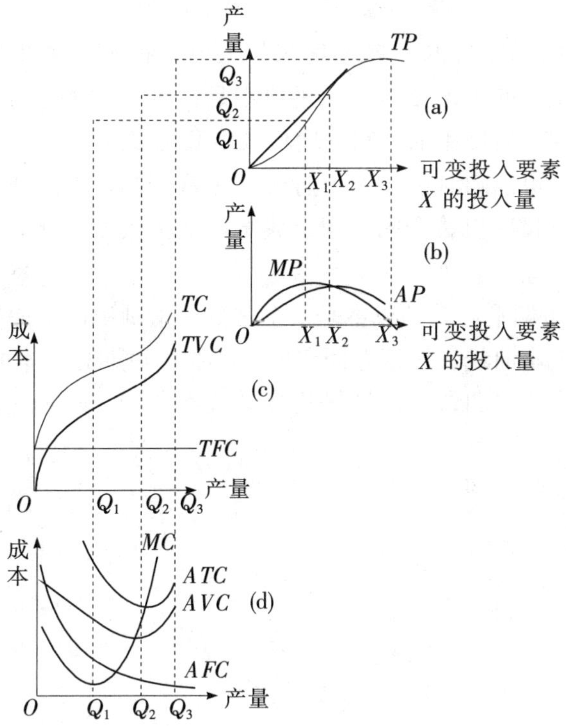

20. **范围经济**是指企业生产多种产品的总成本低于这些产品中每种产品分别由一家企业来生产所需成本的总和。

21. 贡献是指增量利润。通过贡献的计算和比较来判断一个方案是否可以被接受的方法，称为**贡献分析法**。其计算公式为：

贡献（增量利润）＝增量收入－增量成本

贡献分析法主要用于短期决策。

22. **盈亏分界点分析法**也称量-本-利分析法。它研究产量、成本和价格等因素对利润的影响，并把重点放在寻找盈亏分界点产量上，以便为决策提供依据。

23. 企业的成本中包括变动成本和固定成本，固定成本和变动成本的比率称为**经营杠杆**。如果一家企业的固定成本和变动成本的比值较大，则认为企业的杠杆作用大。

24. **利润弹性**（E_π）是指由产量变化百分之一所带来的利润变动的百分比。

二、复习思考题参考答案

1. 假定两年前购买一辆轿车，价格为 120 000 元，使用 5 年期的无息贷款。现在，尚未归还的贷款余额为 70 000 元。此车如果现在出售只值 60 000 元。问：此车现在的机会成本是多少？请讨论此车放贷人（出借方）面临的风险。

答：此车现在的机会成本为 60 000 元，即此车现在的重置价值，也是现在使用此车的相关经济成本。120 000 元为此车的历史成本，是沉没成本，属于非相关成本。70 000 元与决策不相关。由于此车的市值 60 000 元小于贷款余额 70 000 元，因此放贷人已面临坏账风险。

2. 光明饭店打算租用邻近的一幢楼房来扩大营业面积。如果这幢楼房是按月租用的，每个月都可以停租，使用该楼房的增量成本是多少？如果这幢楼房是在签订了长期（比如20年）租赁合同之后使用的，它的增量成本又是多少？

答：如果租房合同可以随时中止，租房成本是可变的，增量成本应为合同中规定的每月租价。如果签订了长期租赁合同，租金成本就成为沉没成本，使用楼房的增量成本就等于零。

3. 假如某企业的短期平均变动成本是一个常数，请画出以下曲线：

（1）短期总变动成本曲线、短期总固定成本曲线和短期总成本曲线；

（2）短期平均固定成本曲线、短期平均变动成本曲线、短期边际成本曲线和短期平均成本曲线。

答：（1）画出的曲线见图1。

（2）画出的曲线见图2。

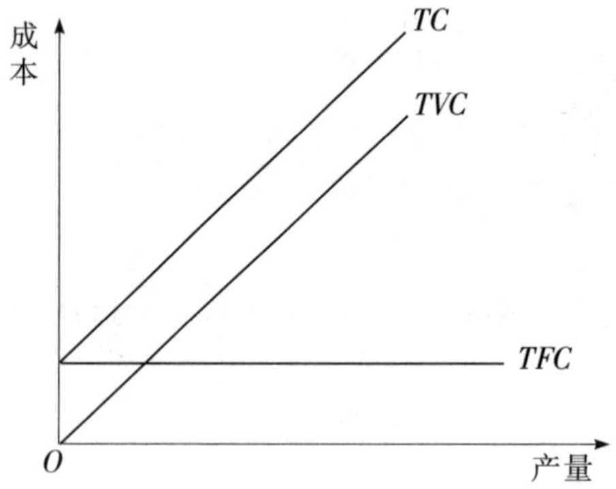

图1

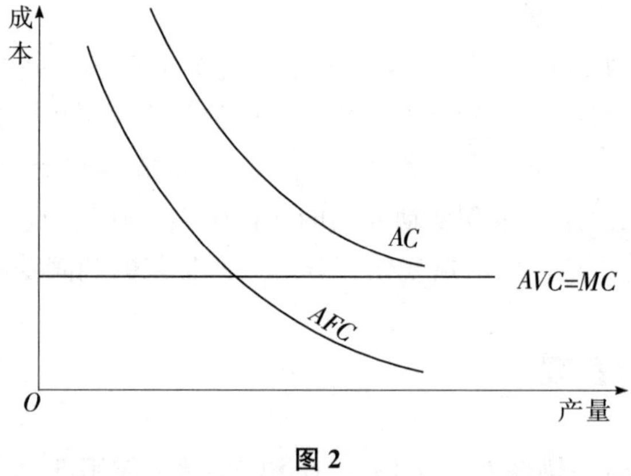

图2

4. 假如某企业的生产函数属规模收益递增类型，请画出以下曲线：

（1）总产量曲线；

（2）总成本曲线；

（3）平均成本曲线；

（4）边际成本曲线。

以上曲线属短期成本曲线还是长期成本曲线？为什么？

答：（1）因规模收益递增，投入要素（K 和 L）投入量的增加倍数要小于产量的增加倍数，总产量曲线凸向右下方（见图1）。

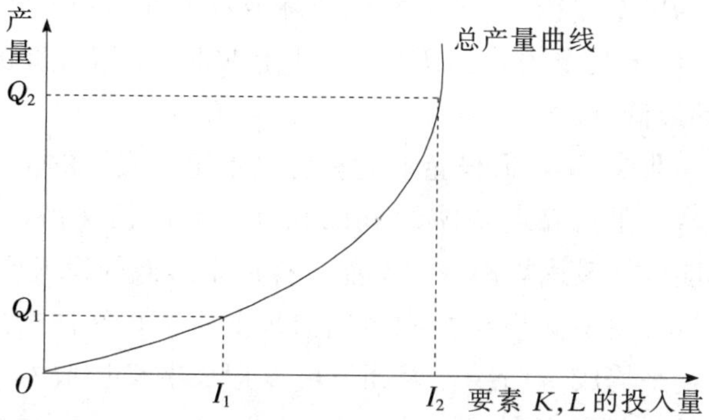

图1

（2）成本的增加倍数要小于产量的增加倍数，总成本曲线凸向左上方（见图2）。

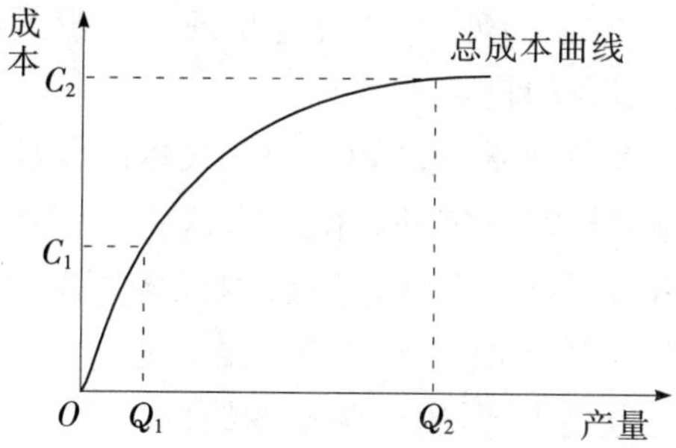

图2

（3）平均成本等于总成本曲线上相应的点与原点连线的斜率，呈下降趋势（见图3）。

（4）边际成本等于总成本曲线上相应点的斜率，也呈下降趋势，但位于平均成本曲线之下（见图3）。

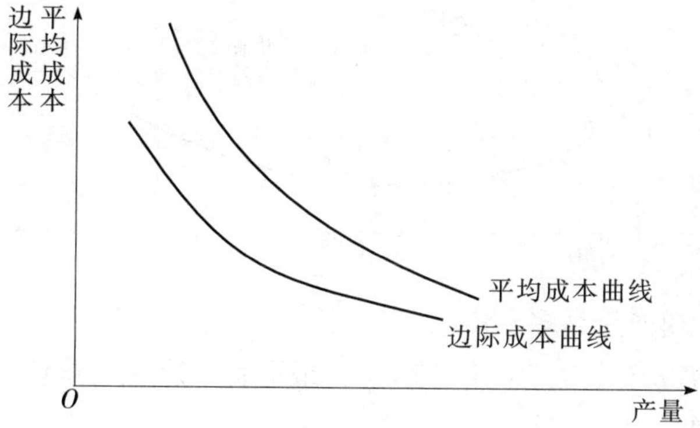

图3

以上成本均属长期成本，因为这里 K 和 L 两种投入要素都是可变的。

5. 请解释下列成本曲线之间的相互关系：

（1）长期平均成本曲线与长期边际成本曲线；

（2）长期平均成本曲线与不同规模的短期平均成本曲线；

（3）长期边际成本曲线与短期边际成本曲线。

答：（1）长期平均成本曲线 *LAC* 和长期边际成本曲线 *LMC* 均呈 U 形。当 *LAC* 曲线下降时，*LMC* 曲线位于其下方；当 *LAC* 曲线上升时，*LMC* 曲线位于其上方；*LMC* 曲线通过 *LAC* 曲线的最低点。

（2）短期平均成本曲线 *SAC* 假设企业规模已经给定，表示的是某一特定规模（即某一特定的投入要素组合）下产量与成本之间的相互关系。长期平均成本曲线 *LAC* 则假定，在每一产量上都能选择最优规模（即都能选择成本最低的投入要素组合），因而每一产量上的成本都是通过实现最优规模所能达到的最低成本。这样形成的产量与成本之间的关系，就反映为长期平均成本曲线。因此，可以把长期平均成本曲线看成是假定在每一产量上都能实现最优规模的条件下，产量与短期平均成本组合的轨迹。从图形上看，*LAC* 曲线就是众多不同规模的 *SAC* 曲线的包络线。

（3）短期边际成本曲线 *SMC* 表示的是，某一特定规模条件下，产量与边际成本之间的相互关系。长期边际成本曲线 *LMC* 则是假定在每一产量上都能实现最优规模的条件下，产量与短期边际成本的组合的轨迹。

6. 请解释为什么短期平均成本曲线和短期边际成本曲线都呈 U 形。

答：这是由边际收益递减规律决定的。由于有这一规律在起作用，随着可变要素的增加，边际产量先递增，然后递减，因此边际成本就会先递减，然后递增，结果是边际成本曲线一定呈 U 形。这一规律也决定了平均产量会先递增，然后递减，从而使平均成本先递减，然后递增，因而也是 U 形的。两条曲线的关系是：当 *AC* 曲线向下倾斜时，*MC* 曲线在 *AC* 曲线的下方；当 *AC* 曲线向上倾斜时，*MC* 曲线一定位于 *AC* 曲线的上方；两者相交于 *AC* 曲线的最低点。

7. 下图是某企业的长期成本曲线，请根据图形回答以下问题。

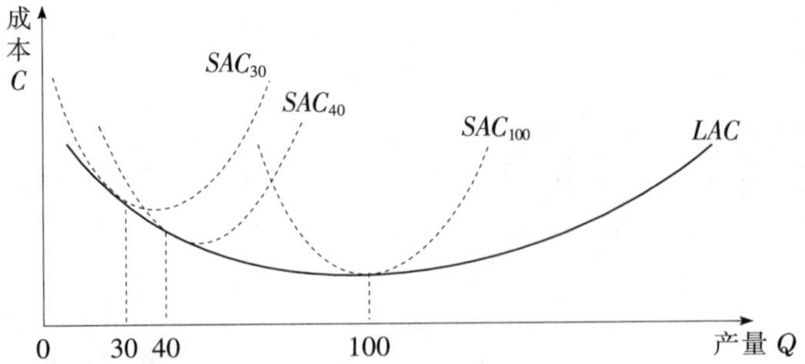

（1）它的最优规模产量是多少？

（2）如果产品的需求量为 30，40 和 100，最适宜（能使成本最低）的企业规模应分别是多大？（可用 $SAC_{生产能力}$ 来表示。）

答：（1）100。

（2）需求量为 30，40 和 100 时，能使成本最低的企业规模应分别为：SAC_{30}，SAC_{40} 和 SAC_{100}。

8. 请区别下面几个概念，并分别用成本曲线图加以说明：

（1）一定规模的工厂的最优产量；

（2）一定产量条件下的最优工厂规模；

（3）最优工厂规模。

答：（1）指这样一种产量，在此产量上该规模工厂的平均总成本最低。在图1中，假定 *SATC* 为该规模工厂的短期平均成本曲线，其最低点的产量 *Q* 即为该规模工厂的最优产量。

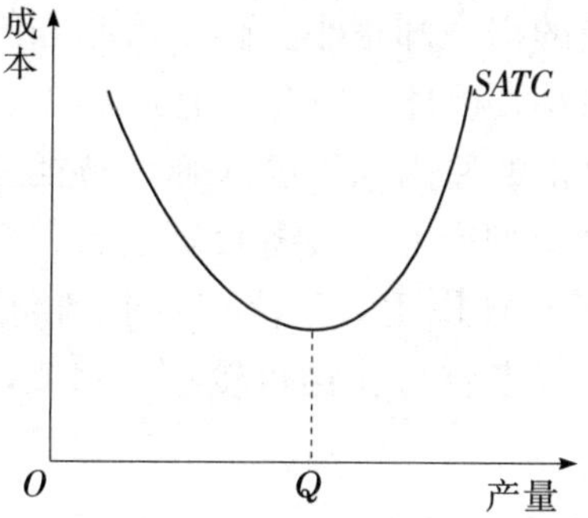

图 1

（2）指这样一种规模，在许多不同规模的工厂中，这种规模能使该产量的平均成本最低。在图2中，短期平均成本曲线 *SATC* 与长期平均成本曲线 *LATC* 相切于产量 *Q* 处，*SATC* 即代表产量为 *Q* 时的最优工厂规模。

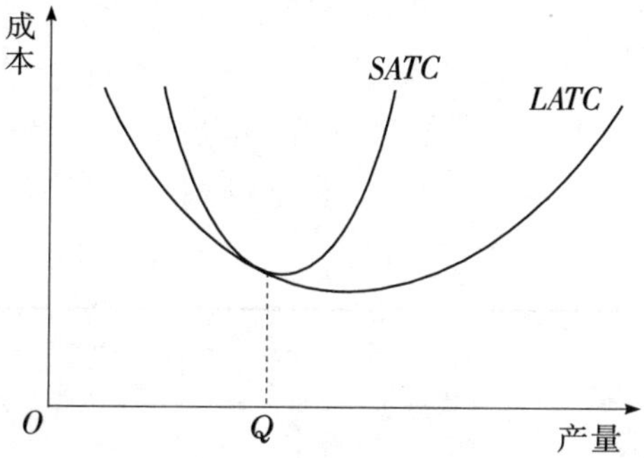

图 2

（3）指在各种工厂规模中，能使平均成本最低的工厂规模。在图3中，与 *LATC* 曲线最低点（产量为 *Q*）相切的 *SATC* 曲线，即代表这种最优工厂规模。

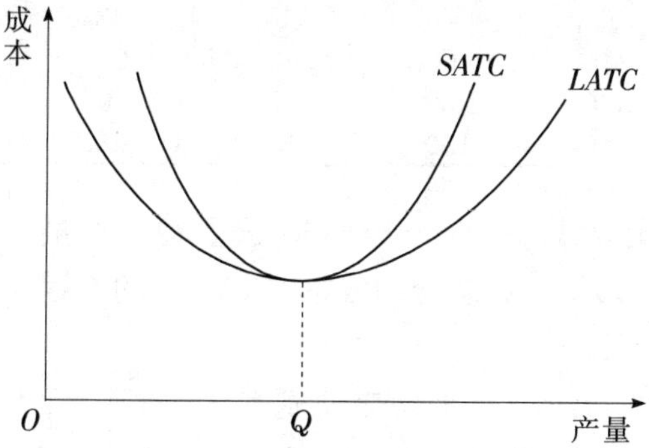

图 3

9. 利润与贡献这两个概念有什么区别？在管理决策中应如何正确使用？

答：利润是指全部销售收入和全部成本之差，贡献则是增量收入和增量成本之差，故利润是个全值概念，贡献则是个增量概念（即利润的变化量）。贡献概念主要用于短期决策（在这里，固定成本是沉没成本）；利润概念则主要用于长期决策（在这里，固定成本也可以变动，因而不是沉没成本）。

10. 第2章的复习思考题第10题提到，2008年发生次贷危机后，美国的汽车产业遭受重创，而美国的服装业遭受的损失却很小。除了汽车和服装的收入弹性不同（汽车的收入弹性大，服装的收入弹性小）以外，还有其他原因吗？

答：汽车产业遭受巨大打击的原因除了收入弹性特征外，还与该产业的经营杠杆效果相关。汽车产业属于资金密集型产业，设备投资巨大，杠杆作用大。当消费者收入下降导致汽车需求下降后，由于杠杆作用大，汽车企业利润损失很大，导致大规模亏损。服装业的固定资产投资较少，经营杠杆作用也较小，因此，即使需求出现下降，企业利润损失也不大。

三、作业题解答

1. 已知下列数据，请完成下面的表格：

Q	*TC*	*TFC*	*TVC*	*ATC*	*AFC*	*AVC*	*MC*
0	100						
1							20
2			35				
3	145						
4				40			
5						17	
6							45

解

表格填入的数据见下表。

Q	*TC*	*TFC*	*TVC*	*ATC*	*AFC*	*AVC*	*MC*
0	100	100	—	—	—	—	—
1	120	100	20	120	100	20	20
2	135	100	35	67.5	50	17.5	15
3	145	100	45	48.3	33.3	15	10
4	160	100	60	40	25	15	15
5	185	100	85	37	20	17	25
6	230	100	130	38.3	16.7	21.7	45

2. 假定已知总成本函数 $TC=10\,000+9Q$，这里 Q 为产量。

（1）求总固定成本（TFC）和总变动成本（TVC）的方程，并画图说明 TFC，TVC 和 TC 成本曲线之间的关系；

（2）求平均固定成本（AFC）、平均变动成本（AVC）、平均总成本（ATC）和边际成本（MC）的方程，并画图说明这些成本曲线之间的相互关系。

解

（1）总固定成本：$TFC=10\ 000$

总变动成本：$TVC=9Q$

这些成本曲线之间的关系见图1。

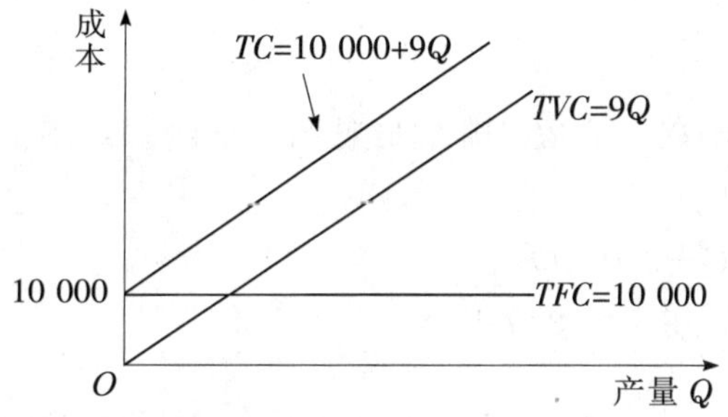

图1

（2）$AFC=10\ 000/Q$，$AVC=9$

$$ATC=\frac{10\ 000}{Q}+9，MC=9$$

这些成本曲线之间的关系见图2。

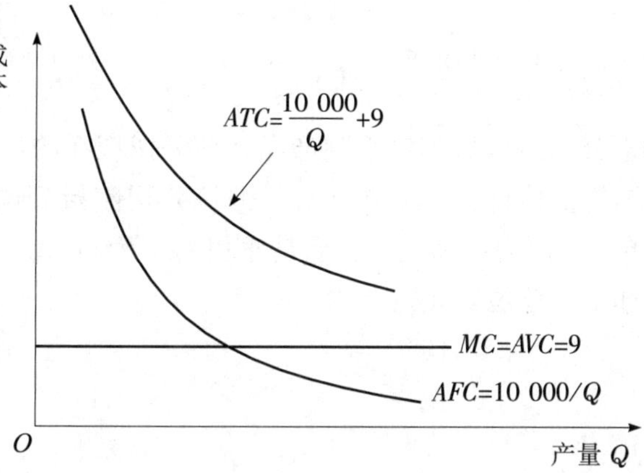

图2

3. 大地仪器公司的总变动成本函数为：$TVC=50Q-10Q^2+Q^3$（Q为产量）。

（1）边际成本最低时的产量是多少？

（2）平均变动成本最低时的产量是多少？

（3）在问题（2）的产量上，平均变动成本和边际成本各为多少？

解

（1）$MC=\frac{\mathrm{d}TVC}{\mathrm{d}Q}=50-20Q+3Q^2$

当MC最低时，$\frac{\mathrm{d}MC}{\mathrm{d}Q}=0$

$$\frac{\mathrm{d}MC}{\mathrm{d}Q}=-20+6Q=0，Q=\frac{10}{3}$$

（2）$AVC=50-10Q+Q^2$

当 AVC 最低时：$\frac{dAVC}{dQ}=-10+2Q=0$，$Q=5$

（3）当 $Q=5$ 时：

$AVC=50-10\times5+5^2=25$

$MC=50-20\times5+3\times5^2=25$

4. 下面有两个成本函数，请指出哪个是短期成本函数，哪个是长期成本函数，并解释原因。

（1）$TC=120+0.5Q+0.002Q^2$

（2）$TC=120Q+0.5Q^2+0.002Q^3$

解

（1）短期成本函数，因为总成本中含有固定成本。

（2）长期成本函数，因为总成本中不含固定成本。

5. 某企业生产两种产品：鞋和袜子。如果企业只生产其中一种产品，生产 10 000 双鞋的成本为 50 000 元，生产 10 000 双袜子的成本为 5 000 元。如果同时生产两种产品，实现这些产量的总成本为 52 000 元。请计算它的范围经济是多大。

解

$$SC=\frac{50\ 000+5\ 000-52\ 000}{52\ 000}=0.06$$

6. 一家剪草机制造公司出售剪草机系列产品，该公司现在的生产能力为年产 400 000 台剪草机。第二年的销售量估计为 360 000 台，但该公司刚接到国外一家公园设备推销商 100 000 台的订货单。在国内市场上，每台剪草机售价为 50 元，而外商出价 40 元。剪草机的单位制造成本如下（单位：元）：

原材料	15
直接人工	12
变动间接费用	6
固定间接费用	2
全部单位成本	35

如公司接受这笔订货，利润会增加还是减少？要不要接受这笔订货？

解

如接受国外订货：

增量收入＝100 000×40－(460 000－400 000)×50＝1 000 000(元)

增量成本＝(400 000－360 000)×(15＋12＋6)＝1 320 000(元)

贡献＝1 000 000－1 320 000＝－320 000(元)

说明如接受国外订货，利润将减少 320 000 元，故不应接受国外订货。

7. 大昌工具厂生产一种精密量具。以前，它所生产的产品卖给其他厂商进一步加工，然后卖给各研究所实验室。大昌工具厂这种产品的销售量为每年 5 000 件，售价为 250 元/件。现大昌工具厂考虑：如果这种量具全部由工厂自己加工，然后直接卖给各研究所实验室，售价是300元/件。为此，虽不需要进一步投资，但需要增加成本支出如下：

直接人工	20元/件
变动间接费用	5元/件
变动销售费用	2元/件
固定销售费用	20 000元/年

大昌工具厂要不要自己来完成进一步加工？

解

如大昌工具厂自己完成进一步加工：

增量收入=(300−250)×5 000=250 000(元)

增量成本=(20+5+2)×5 000+20 000=155 000(元)

贡献=250 000−155 000=95 000(元)

所以大昌工具厂应自己完成进一步加工。

8. 假定丽华公司使用一台机器既可生产甲产品，也可生产乙产品。如机器的最大生产能力为10 000定额工时，生产甲产品每件需100定额工时，生产乙产品需40定额工时，甲产品最大销售量为80件，乙产品最大销售量为150件。这两种产品的销售单价和成本数据如下：

	甲产品	乙产品
销售单价（元）	200	120
单位变动成本（元）	120	80
固定成本总额（元）	20 000	

根据以上资料，该企业应生产甲、乙两种产品各多少？

解

在本题中，机器生产能力为有限资源。

甲产品单位产品贡献=200−120=80(元)

甲产品单位工时贡献=80/100=0.80(元)

乙产品单位产品贡献=120−80=40(元)

乙产品单位工时贡献=40/40=1.0(元)

因为1.0>0.8，所以应优先生产乙产品，在满足其最大销售量150件之后，再生产甲产品。150件乙产品消耗6 000工时（150×40），尚剩余4 000工时（10 000−6 000）可用来生产甲产品40件（4 000/100）。所以，应生产甲产品40件，乙产品150件。

9. 分公司R需要某种零件1 200件，既可以从外部市场（公司Y）购买，又可以从公司内部分公司S购买。如向公司Y购买，单价为9元/件。分公司S的生产能力为1 600件，其中1 000件可在外部市场上出售，单价为10元/件，变动成本为4元/件。现在，分公司R提出获得该批零件的三个方案：(1) 全部从公司Y处购买；(2) 全部从分公司S处购买；(3) 分别从公司Y和分公司S处各购进600件。如果你是总公司的总经理，应选择哪个方案？为什么？

解

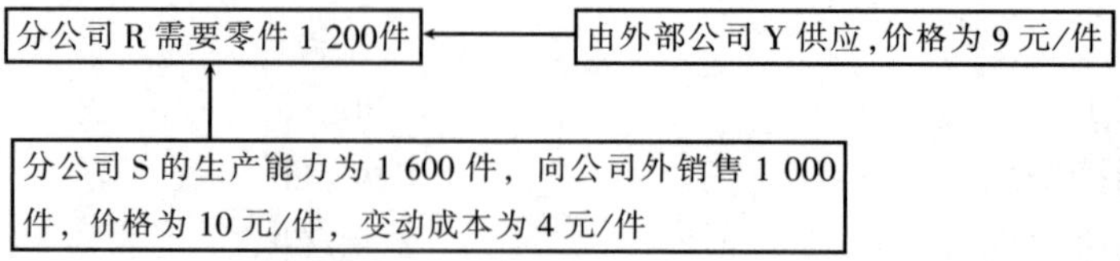

本题需要从总公司的角度来计算哪个方案净支出最少。

（1）全部从公司Y处购买：

增量收入(S的销售收入)＝1 000×10＝10 000(元)

增量成本＝14 800(元)

其中： S的变动成本＝4×1 000＝4 000(元)

R的购买成本＝9×1 200＝10 800(元)

从总公司的角度看，净支出4 800元。

（2）全部从分公司S处购买：

增量收入(S的销售收入)＝(1 600－1 200)×10 ＝4 000(元)

增量成本(S的变动成本)＝1 600×4＝6 400(元)

从总公司的角度看，净支出2 400元。

（3）分别从公司Y和分公司S处各购进600件：

增量收入(S的销售收入)＝(1 600－600)×10＝10 000(元)

增量成本＝11 800(元)

其中： S的变动成本＝1 600×4＝6 400(元)

R的购买成本＝600×9＝5 400(元)

从总公司的角度看，净支出1 800元。

从总公司的角度看，方案3净支出最少，故应采用方案3。

10. 有人愿意向大华公司订购一批产品，出价300 000元。大华公司估计，如承接这一生产任务，将发生以下成本：

人工费用：需A级工人2 000小时，每小时40元，但目前这种工人的任务已经饱和。另需B级工人1 000小时，每小时30元，这种工人目前空闲，但工资照付。

变动间接费用：按A级工工时每小时20元计算。

固定间接费用：按A级工工时每小时30元计算。另外，需增加一台专用设备，使固定成本增加30 000元。

材料：需用材料C 1 000单位，这批材料的价款根据协议将于下月支付，价格议定为40元/单位（假定这个协定价格与现在的市价相符）。另需用材料D 1 000单位。这批材料是以前购进的，现在的账面价格为20元/单位，现在的变卖价值为10元/单位。但材料D也可用来替代材料E生产其他产品（1单位D可替代1单位E），材料E目前的市价为30元/单位。

由于A级工人的供应数量有限，如果公司接受这笔订货，必须从执行其他任务的A级工人中抽调。A级工人在其他任务中每小时能为公司带来50元的贡献。

问：大华公司应否承接这笔订货？

解

本题可以有两种解法。

第一种解法：对从执行其他任务的工人中抽调A级工人使用机会成本概念。

如接受订货：

增量收入（这里就是销售收入）		300 000元
增量成本		320 000元
其中：		
A级人工费（2 000×40）	80 000元	
B级人工费（原来闲置，故机会成本为零）	0元	
材料C（已承诺支出，属沉没成本，但因有市价，应算机会成本）	40 000元	
材料D（1 000×30）	30 000元	
（账面价值20元是沉没成本，可变卖价值10元，因小于替代品E的市价30元，故选用30元计算机会成本）		
变动间接费用（2 000×20）	40 000元	
增加的固定成本	30 000元	
抽调A级工人的机会成本（2 000×50）	100 000元	
贡献		−20 000元

贡献为−20 000元，说明接受订货比不接受订货（即从事其他任务）将使利润减少20 000元，故大华公司不应接受订货。在此题中，固定间接费用60 000元（2 000×30）为沉没成本。

第二种解法：对抽调A级工人不使用机会成本概念。

如接受订货：

增量收入（这里就是销售收入）		300 000元
增量成本		220 000元
其中：		
A级人工费	80 000元	
材料C	40 000元	
材料D	30 000元	
变动间接费用	40 000元	
增加的固定成本	30 000元	
贡献		8 000元

因A级工人是“瓶颈”，它既可用于接受这笔订货，也可用于其他任务。如接受这笔订货，A级人工每小时贡献＝80 000/2 000＝40元；如不接受这笔订货（即仍执行其他任务），A级人工每小时的贡献＝50元。

因为50＞40，所以大华公司不应接受这笔订货，仍应执行其他任务，后者比前者共可多得利润（50−40）×2 000＝20 000元。

11. 某公司生产手动剃须刀，生产能力为10 000个/年，预计明年的销售量为8 000

个。全部固定间接费用为 48 000 元。其单位成本、利润数据如下（单位：元）：

原材料	10
直接人工	10
变动间接费用	4
固定间接费用	6
单位全部成本	30
价格	32
单位利润	2

（1）该公司的盈亏分界点产量是多少？

（2）如果该公司的目标利润为 72 000 元，保目标利润的产量是多少？

（3）如果该公司增加了 10 500 元的广告投入，同时由于改进了劳动组织，使直接人工费用下降 10%，此时盈亏分界点的产量是多少？

解

（1）$盈亏分界点产量=\frac{F}{P-V}=\frac{48\ 000}{32-24}=6\ 000(件)$

（2）$保目标利润产量=\frac{F+\pi}{P-V}=\frac{48\ 000+72\ 000}{32-24}=15\ 000(件)$

（3）$盈亏分界点产量=\frac{48\ 000+10\ 500}{32-(24-1)}=6\ 500(件)$

12. 大华出版社出版一本经济学教材，下面是有关的一些数据：

固定成本（元）	
编辑费用	15 750
促销费用	32 750
排版费用	51 500
总固定成本	100 000
变动成本（元/册）	
印刷、装订和纸张费用	22.50
给书店的折扣	25.00
作者稿酬	10.00
变动的管理费用	34.50
总变动成本	92.00

该书定价为每册 100 元。

（1）请计算出版社的盈亏分界点销售量。

（2）如果出版社希望获得 20 000 元利润，它的销售量至少应为多少册？

（3）如果有一家读书俱乐部直接向出版社订购该书 3 000 册，但价格压低到每册 77 元。出版社应否接受这笔订货？

解

（1）$Q=\frac{100\ 000}{100-92}=12\ 500(册)$

（2）$Q=\frac{100\ 000+20\ 000}{100-92}=15\ 000$（册）

（3）如果直接卖给读书俱乐部，就可免去书店的折扣（每册25元）。每本书的变动成本可降到67元（92－25）。

贡献＝3 000×(77－67)＝30 000(元)

有贡献就说明应该接受这笔订货。

13. 长安饮料公司打算在华南地区建厂。有两个方案：

方案Ⅰ：建1家大厂，地址选在广西某地，计划生产能力为300 000箱/月，月固定成本为2 625 000元，变动成本为每箱32.5元。

方案Ⅱ：建3家小厂，地点分别选在广东、广西和海南。生产能力分别为每月120 000箱、100 000箱和80 000箱。月固定成本分别为1 200 000元、1 100 000元和950 000元。因各厂主要满足本地需求，运输费用较低，故变动成本为每箱30元。

预计广东、广西和海南三地总销售量为200 000箱，三地之间的分配为：广东80 000箱、广西70 000箱和海南50 000箱。各地的批发价均为50元/箱。

（1）请分别计算两个方案的盈亏分界点产量。

（2）假定销售量在各地均能达到预期水平，哪个方案利润较大？

（3）如果销售量能达到生产能力水平，哪个方案利润较大？

解

（1）大厂的盈亏分界点产量：

$$Q=\frac{F}{P-V}=\frac{2\ 625\ 000}{50-32.5}=150\ 000(\text{箱/月})$$

小厂的盈亏分界点产量：

$$Q_{\text{广东}}=\frac{1\ 200\ 000}{50-30}=60\ 000(\text{箱/月})$$

$$Q_{\text{广西}}=\frac{1\ 100\ 000}{50-30}=55\ 000(\text{箱/月})$$

$$Q_{\text{海南}}=\frac{950\ 000}{50-30}=47\ 500(\text{箱/月})$$

多家小厂的盈亏分界点总产量为：

60 000＋55 000＋47 500＝162 500(箱/月)

（2）大厂方案：

$$\begin{aligned}\pi &= TR-TC\\ &=50\times 200\ 000-2\ 625\ 000-32.5\times 200\ 000\\ &=875\ 000(\text{元})\end{aligned}$$

小厂方案：

$$\begin{aligned}\pi &= TR-TC\\ &=50\times 200\ 000-1\ 200\ 000-1\ 100\ 000-950\ 000-30\times 200\ 000\\ &=750\ 000(\text{元})\end{aligned}$$

如果销售量在各地均能达到预期水平，则大厂方案的利润大于小厂方案。

（3）大厂按生产能力生产时：

$\pi = TR - TC$

$= 50 \times 300\ 000 - 2\ 625\ 000 - 32.5 \times 300\ 000$

$= 2\ 625\ 000$（元）

小厂按生产能力生产时：

$\pi = TR - TC$

$= 50 \times 300\ 000 - 1\ 200\ 000 - 1\ 100\ 000 - 950\ 000 - 30 \times 300\ 000$

$= 2\ 750\ 000$（元）

如果销售量能达到生产能力水平，则小厂方案的利润大于大厂方案。

14. 长城公司生产和销售圆珠笔。现在的价格为每罗（1罗＝12打＝144支）200元，每罗的贡献是80元。由于目前圆珠笔的销售不太理想，该公司打算用提高产品质量的办法来扩大销路。提高产品质量的费用为每罗10元，为了宣传产品质量提高还要多支出广告费1 000 000元。现有的利润为1 000 000元，现在的销售量为200 000罗。

（1）现在总的固定成本是多少？

（2）产品质量提高后，销售量必须增加多少，才能使长城公司的利润翻番？

解

（1）总固定成本＝总贡献－总利润

$= 80 \times 200\ 000 - 1\ 000\ 000 = 15\ 000\ 000$（元）

（2）使利润翻番的销售量应为：

$$\frac{(15\ 000\ 000 + 1\ 000\ 000) + 1\ 000\ 000 \times 2}{200 - (120 + 10)} = \frac{18\ 000\ 000}{70} = 257\ 143 \text{（罗）}$$

$257\ 143 - 200\ 000 = 57\ 143$（罗）

即销售量必须增加57 143罗，才能使利润翻番。

第6章

市场结构和企业行为

在前面几章中，讨论了企业在需求、生产和成本等情况已知的条件下进行决策的原理与方法，但没有把企业的外部市场环境考虑进去。本章将考察不同的市场结构对企业行为的影响。

一、名词解释

1. **完全竞争**的市场结构具有以下四个基本特征：(1) 买者和卖者很多；(2) 产品同质；(3) 企业进出行业自由；(4) 企业和顾客掌握的市场信息很充分。这些基本特征决定了在完全竞争的市场里，产品的价格完全由市场决定，企业只是价格的接受者，对定价无能为力。

2. **企业短期供给曲线**反映从短期看，企业的价格与产量之间的关系。它是在 AVC 曲线以上的 MC 曲线部分。

3. **行业短期供给曲线**反映从短期看，在整个行业里价格与产量之间的关系。它等于行业内各企业短期供给曲线的横向相加。

4. **完全竞争条件下企业的长期均衡**的实现条件是：$P=MR=MC$（短期和长期）$=AC$（短期和长期）。这时，企业在长期平均成本的最低点生产，经济利润为零，不再有企业进入或离开这个行业。

5. **成本不变行业的长期供给曲线**是一条水平的完全弹性的供给曲线。它表示，从长期看，随着需求的增加，产品价格仍将保持不变，但行业供给量可无限增大。

6. **成本递增行业的长期供给曲线**是一条斜率为正值的供给曲线。它表示，从长期看，产品的价格将会随行业产量的增加而上涨。

7. **完全垄断**是指一个行业只有一家企业，而且它所生产的产品没有其他产品可以替代。

8. 在完全垄断市场条件下，由于存在市场进入障碍，垄断企业在短期内所获得的经济利润在长期条件下也能够保持下来，这就是**垄断利润**。

9. **垄断竞争**的市场结构有三个主要特征：(1) 行业中的企业数量多；(2) 企业进出行业是自由的；(3) 各企业生产的同种产品是有差别的。

10. **垄断竞争条件下企业的长期均衡**要求同时满足下列两个条件：(1) $P=AC$（短期和长期），此时企业利润为零；(2) $MR=MC$（短期和长期），此时企业利润最大。

11. **产品差异化竞争**就是为自己的产品增加新的、与竞争对手不同的、能更加迎合顾客需要的特征，以吸引更多的消费者。其内容包括：提高产品质量，改进产品性能和结构，增加产品用途，为顾客提供更加周到的服务等。

12. **广告竞争**是产品差异化竞争的重要补充。广告具有提供产品信息，显示乃至强化产品差异的作用。通过广告等促销手段，产品之间的差异往往能更好地为购买者所认识。

13. **寡头垄断**是指几家大企业生产和销售了整个行业的绝大多数产品。

14. **纯寡头垄断（无差别的寡头垄断）**是指在寡头垄断行业中，几家企业生产和销售的产品都是同质的。

15. **有差别的寡头垄断**是指在寡头垄断行业中，几家企业生产和销售的产品在顾客看来是有差别的。

16. **弯折的需求曲线模式**假设：如果一家企业提价，其他企业一般不会跟着提价；但如果一家企业降价，其他企业一般会跟着降价。根据这一假设，寡头垄断企业的需求曲线是一条弯折的需求曲线，相应地，它的边际收入曲线是一条中断的折线。这种模式从理论上说明了为什么在寡头垄断条件下，产品的价格通常具有刚性。

17. **价格领导模式**假设由一家领袖企业首先定价，然后其他企业跟上。领袖企业根据自己的企业需求曲线作出价格和产量决策。在不同价格水平上，领袖企业的需求量等于市场总需求量与其他企业的全部供给量之差。

18. **卡特尔模式**是指几家寡头垄断企业联合起来，共同确定一个价格，以谋求整个行业的总利润最大。

19. **非价格竞争**是指企业利用非价格手段进行竞争，包括产品差异化竞争和促销竞争。

20. **吓阻进入策略**是指现有企业采取策略，人为地为市场设置进入障碍，以阻止新企业的进入。

21. 有些寡头企业尽管规模较大，但只要新企业进入的沉没成本很低，它的进入和退出就会变得容易。这样，这个行业就依然能保持其竞争性，价格仍有可能保持在长期平均成本最低点附近的水平。这样的市场称为**可竞争市场**。

22. **销售收入最大化的企业行为模式**假定企业的目标是在保证获得一定利润的条件下，追求销售收入的最大化。对这种企业来说，如果企业的目标利润低于最大化利润，那么企业的价格就应定得比与利润最大化目标对应的价格低，产量则应定得比与利润最大化目标对应的产量高。

二、复习思考题参考答案

1. 垄断竞争和完全竞争最主要的区别是什么？寡头垄断和这两种市场结构最主要的区别是什么？什么是完全垄断？请从现实生活中找出一些企业，说明它们分别属于（或接近）哪种市场结构。

答：垄断竞争和完全竞争最主要的区别是：前者的产品是有差异的，后者的产品则是同质的。所以，前者的需求曲线是向下倾斜的，后者的需求曲线则是水平的。这一重大区别决定了两类企业控制价格的能力不同，采取的竞争方式也不同。

寡头垄断和上述两种市场结构的最主要区别是：前者卖者的数量少，后者卖者的数量多。数量少就决定了寡头垄断企业之间在行为上的相互依存关系。一家企业的决策必须考虑到其他企业对此可能作出的反应。而在完全竞争和垄断竞争的市场里，因企业数量多，每家企业所占的市场份额很少，它们的决策对其他企业的影响微不足道。

完全垄断是指一个行业只有一家企业，而且它所生产的产品没有其他产品可以替代。

在现实生活中，农产品市场接近完全竞争市场；餐饮业、美容美发业属于垄断竞争市场结构；钢铁业、汽车制造业属于寡头垄断市场结构；铁路和邮政行业则属于完全垄断结构。

2. 请解释在完全竞争行业和垄断竞争行业中，从长期看经济利润的消失过程。

答：完全竞争行业和垄断竞争行业的共同特点是企业进出行业比较容易，因此，当短期有经济利润时，新的企业就会进入，现有企业的市场份额会减少，其需求曲线就会向下移动，直到与长期平均成本曲线相切，这时，价格等于平均成本，经济利润趋于消失。要说明的是，因完全竞争企业的需求曲线是水平的，故它与长期平均成本曲线相切于后者的最低点；垄断竞争企业的需求曲线则是向下倾斜的，它与长期平均成本曲线相切于后者的左侧。

3. 下图中的曲线是完全竞争企业的短期成本曲线。

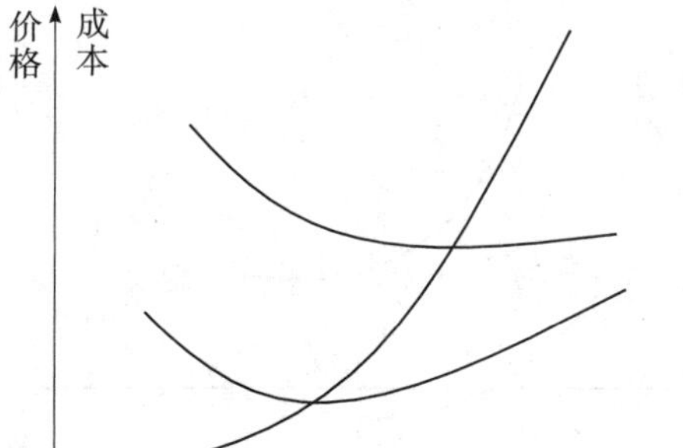

（1）请标出每条曲线的成本种类。

（2）价格是多少时企业能有经济利润？此时它的产量是多少？能获得多少利润？请在图中标出。

（3）价格为多少时企业从短期看仍应继续生产但有亏损？此时产量是多少？亏损是多少？请在图中标出。

（4）价格低于多少时企业必须停产？请在图中标出。

答：（1）每条曲线的成本种类见图1。

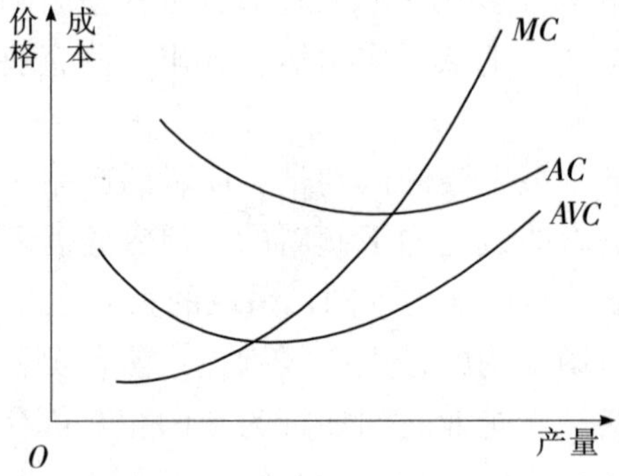

图 1

（2）当价格＝P 时，产量＝Q，经济利润＝四边形 $Pabc$ 的面积（见图 2）。

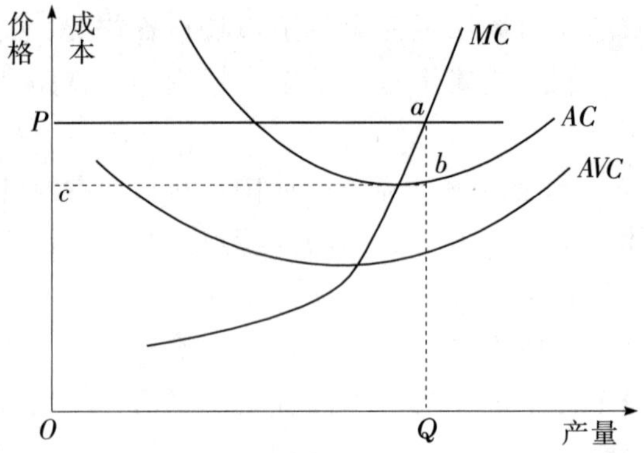

图 2

（3）当价格＝P'时，产量＝Q'，经济亏损＝四边形 $P'a'b'c'$ 的面积，但此时仍应继续生产（见图 3）。

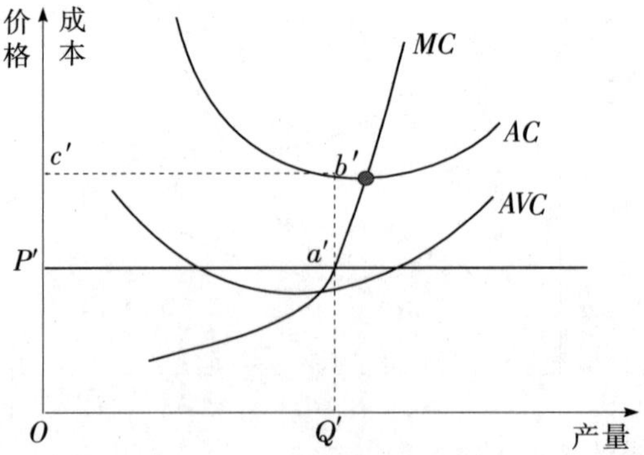

图 3

（4）当价格低于 P''时，企业必须停产（见图 4）。

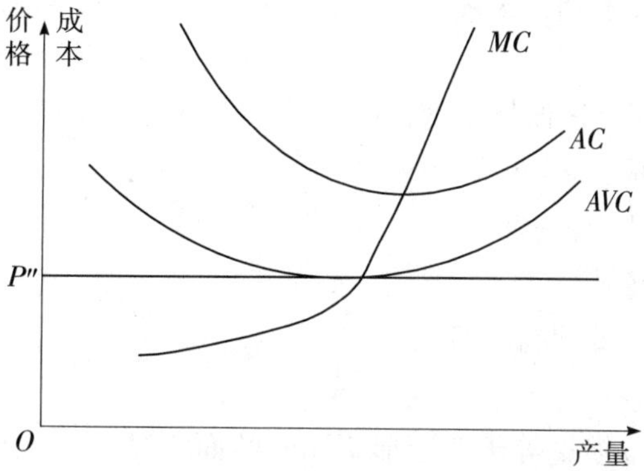

图4

4. 完全竞争企业的短期供给曲线是怎样的？长期供给曲线呢？

答：在完全竞争条件下，企业为追求最大利润，按 $P=MC$ 的规则确定产量，它的边际成本反映的是它在不同价格水平上的供给量。从短期看，如果 $P<AVC$，企业就要停产，因此，完全竞争企业的短期供给曲线应是 AVC 曲线以上的 MC 曲线部分。

但从长期看，企业所有的成本都是变动的（因为企业可以选择退出市场，所以固定成本也是可变的）。因此，只要 $P<ATC$，企业就会退出市场。所以，从长期看，企业的供给曲线是 ATC 曲线以上的 MC 曲线部分。

5. 假定某一完全竞争行业（属于成本不变行业）原来处于长期均衡，现在有一种替代品降价。问：从短期看和从长期看，下列项目将分别发生什么变化？

（1）行业需求曲线；

（2）行业供给曲线；

（3）市场价格；

（4）整个行业的产量；

（5）单个企业的产量；

（6）企业的利润。

答：替代品降价，将引起下列变动（见下图）。

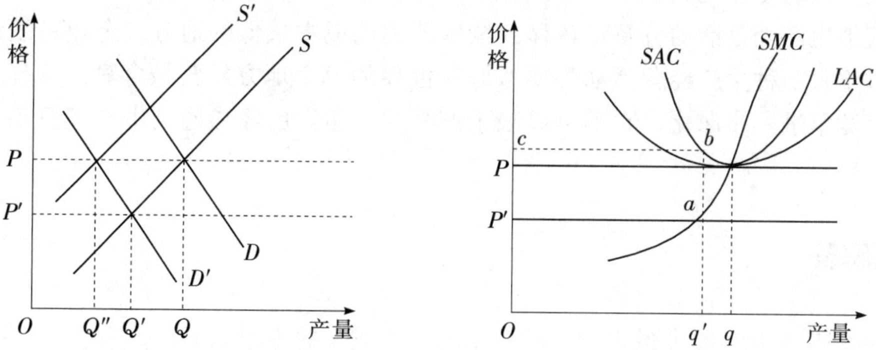

（1）行业需求曲线：

短期：$D\to D'$；长期：$D\to D'$。

（2）行业供给曲线：

短期：S 保持不变；长期：$S \to S'$。

（3）市场价格：

短期：$P \to P'$；长期：P 保持不变。

（4）整个行业的产量：

短期：$Q \to Q'$；长期：$Q \to Q''$。

（5）单个企业的产量：

短期：$q \to q'$；长期：q 保持不变。

（6）企业的利润：

短期：发生亏损（亏损量等于四边形 $P'abc$ 的面积）。

长期：经济利润仍为零。

6. 简述可竞争市场理论。

答：可竞争市场理论认为，尽管有些寡头垄断企业规模较大，但只要新企业进入的沉没成本较低，它的进入和退出就会变得容易。这样，这个行业就依然能保持其竞争性，价格仍有可能保持在长期平均成本最低点附近的水平。此理论把这样的市场称为可竞争市场。在可竞争市场里，大企业所具有的控制价格的能力被大大削弱，很难把价格定得远高于成本。

7. 经济学家认为，如果政府需要把垄断企业的超额利润全部抽走，而不影响社会资源的分配效率（指不影响该产品的产量决策），可以实行一次性总付的税收来替代销售税。请用本章学到的理论来支持这一说法。

答：因为一次性总付的税收只影响企业的固定成本，不影响企业的边际收入、边际成本和边际利润，所以在短期内不会影响企业的产量决策。当然，一次性总付的税收会降低企业的利润水平。一旦利润水平降到正常回报之下，威胁到企业的长期生存，也就有可能影响产量。

8. 经济全球化对市场竞争有什么影响？

答：经济全球化使竞争加剧。一家公司原来只需面对国内的竞争者，现在还必须面对国外的竞争者。竞争者数量的增加加大了企业生存的难度，使竞争更加激烈。经济全球化与全球范围内的专业化和进一步分工分不开。企业往往在本国保留一部分生产经营活动，而把其他生产经营活动分解，转移到全球范围内成本最低的地方。企业在组织生产活动时，对于每一种生产经营活动都要考虑在世界的哪个地方经营最合算。这样，经济全球化又使竞争进一步深化，它不再局限于产品的竞争，已经渗透到生产经营活动的方方面面。

三、作业题解答

1. 假如一家完全竞争企业的平均变动成本和边际成本的方程如下：

$$AVC = 10 - 2Q + 0.5Q^2$$

$$MC = 10 - 4Q + 1.5Q^2$$

（1）AVC 最低时的产量是多少？

（2）AVC 的最低值是多少？

（3）假如该企业的产品市场价格为每件 7 元，该企业应当生产还是停产？

解

（1）AVC 最低时：

$$\frac{dAVC}{dQ}=-2+Q=0,\ Q=2$$

（2）AVC 的最低值 $=10-2\times2+0.5\times2^2=8$

（3）价格低于 AVC 的最低值（$7<8$），所以应停产。

2. 大明公司是生产胡桃的一家小公司（这个行业属完全竞争市场结构）。胡桃的市场价格是每单位 640 元。公司的长期总成本函数为：$LTC=240Q-20Q^2+Q^3$。正常利润已包括在成本函数中。

（1）利润最大时的产量是多少？此时的平均单位成本、总利润各为多少？

（2）假定该企业在行业中具有代表性，这一行业是否处于长期均衡状态？为什么？

（3）如果该行业目前尚未达到长期均衡，那么在达到均衡时：

1）这家企业的产量是多少？

2）单位产量的成本是多少？

3）单位产品的价格是多少？

解

（1）利润最大时，$P=MC$

$$MC=240-40Q+3Q^2=640$$

或

$$3Q^2-40Q-400=0$$

解 Q，得

$$Q=20 \text{ 或 } Q=-20/3$$

式中，Q 为负值是不合理的，故取 $Q=20$。

此时的平均单位成本 AC 为：

$$AC=240-20Q+Q^2$$
$$=240-20\times20+20^2=240(\text{元})$$

总利润 π 等于总销售收入减去总成本：

$$\pi=640\times20-240\times20=8\ 000(\text{元})$$

（2）是否处于长期均衡状态需看价格是否等于平均成本的最低值。

AC 函数为：$AC=240-20Q+Q^2$

AC 最低时：$\frac{dAC}{dQ}=-20+2Q=0$

$$Q=10$$

AC 的最低值 $=240-20\times10+10^2=140(\text{元})$

$140\neq640$，说明此时未处于长期均衡状态。

（3）长期均衡时，P 等于 AC 的最低值，此时，产量为 10，平均成本为 140 元，价格为 140 元。

3. 戴明公司是中等规模的电子公司，专门生产警报器。它的需求曲线估计为$Q=4\ 500-P$。会计部门在与生产经理和销售经理商议之后，提出近期的短期总成本函数为：$STC=150\ 000+400Q$（包括正常利润在内）。

（1）利润最大时的产量是多少件？

（2）此时的利润是多少？

（3）此时的价格是多少？

（4）如果企业不再对最大利润感兴趣，而是追求最大销售收入，应如何定价？此时的利润是多少？

（5）假定戴明公司处于垄断竞争行业，它在行业中具有代表性，那么这一行业是否处于长期均衡状态？如果不是，那么长期均衡时的产量、价格和利润是多少？

（提示：长期均衡时，短期成本曲线和长期成本曲线与需求曲线相切于同一点。另外，假定需求曲线有平行移动，可画图说明。）

解

（1）$TR=P\cdot Q=(4\ 500-Q)Q=4\ 500Q-Q^2$

$TC=150\ 000+400Q$

$\pi=TR-TC=4\ 500Q-Q^2-150\ 000-400Q$

$=4\ 100Q-Q^2-150\ 000$

利润最大时，$\frac{d\pi}{dQ}=4\ 100-2Q=0$，则

$Q=2\ 050$(件)

即利润最大时的产量为 2 050 件。

（2）$\pi=4\ 100\times 2\ 050-2\ 050^2-150\ 000$

$=4\ 052\ 500$(元)

（3）$P=4\ 500-Q=4\ 500-2\ 050=2\ 450$(元)

（4）销售收入最大时：

$\frac{dTR}{dQ}=4\ 500-2Q=0$

$Q=2\ 250$(件)

$P=4\ 500-2\ 250=2\ 250$(元)

$\pi=4\ 100\times 2\ 250-2\ 250^2-150\ 000$

$=4\ 012\ 500$(元)

即销售收入最大时的价格为 2 250 元，此时的利润为 4 012 500 元。

（5）为了考察该行业是否处于长期均衡状态，可检查其 P 是否等于 AC：

$P=2\ 450$(元)

$AC=\frac{TC}{Q}=\frac{150\ 000+400\times 2\ 050}{2\ 050}=473$(元)

因为 $2\ 450\neq 473$，说明该行业未处于长期均衡状态。假定在趋于均衡的过程中，需求曲线发生平行移动，新需求曲线为：$Q=a-P$ 或 $P=a-Q$（见下图）。

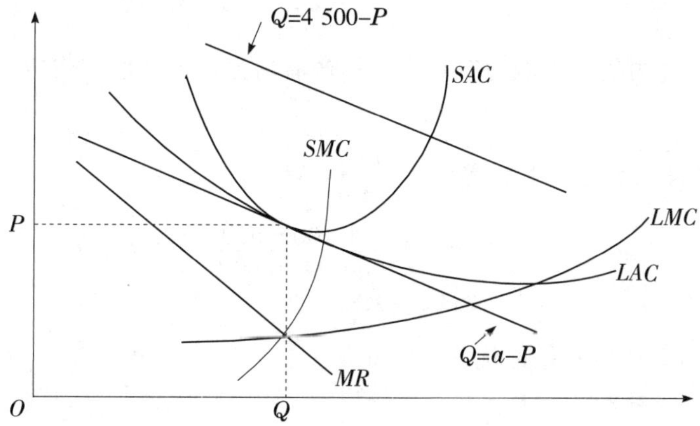

$$AC=\frac{TC}{Q}=\frac{150\ 000}{Q}+400$$

在均衡时应满足下列两个条件：$P=AC$；$MC=MR$。即

$$a-Q=\frac{150\ 000}{Q}+400$$

或 $$Q^2+(400-a)Q+150\ 000=0 \quad (1)$$

$$MC=\frac{\mathrm{d}STC}{\mathrm{d}Q}=400$$

$$MR=\frac{\mathrm{d}TR}{\mathrm{d}Q}=a-2Q$$

$$a-2Q=400 \quad (2)$$

解联立方程（1）和（2），得

$$Q=387.3，a=1\ 174.6$$

则 $$P=a-Q=1\ 174.6-387.3=787.3(元)$$

$$\pi=787.3\times387.3-(150\ 000+400\times387.3)\approx0$$

所以，长期均衡时，产量为 387.3 件，价格为 787.3 元，经济利润为 0。

4. 永安公司的销售经理估计公司产品的广告投入和销售量之间的关系如下表所示。

广告投入（元）	销售量（件）
200 000	600
300 000	900
400 000	1 100
500 000	1 200
600 000	1 200

该产品价格为每件 2 000 元，平均变动成本为每件 1 000 元。问：

（1）如果该公司目前的广告投入为 300 000 元，此时多增加 1 元广告投入引起企业的毛利增加多少？

（2）300 000 元是否为该公司的最优广告投入？

（3）如果 300 000 元不是最优的广告投入，那么，该公司应增加还是减少广告投入为好？

（4）假定永安公司的生产能力有富余，增产有潜力，最优的广告投入应是多少？

解

（1）1元广告投入引起的毛利增加$=\dfrac{\Delta Q}{\Delta A}\cdot CM$

$$=\frac{1\,100-900}{400\,000-300\,000}\times(2\,000-1\,000)$$

$$=2(\text{元})$$

（2）因为$2>1$，所以不是最优。

（3）应增加广告投入。

（4）当广告投入在400 000～500 000元时，1元广告投入引起的毛利增加为：

$$\frac{1\,200-1\,100}{500\,000-400\,000}\times(2\,000-1\,000)=1(\text{元})$$

因此，400 000～500 000元是最优广告投入。

5. 大地仪器公司存在以下两段需求曲线：

$P=25-0.25Q$（当产量为0～20时）

$P=35-0.75Q$（当产量超过20时）

公司的总成本函数为：$TC=200+5Q+0.125Q^2$

（1）请画出需求曲线、边际收入曲线和边际成本曲线。

（2）公司所属行业的市场结构是什么类型的？为什么它的需求曲线的形状是这样的？

（3）公司的最优价格和产量是多少？这时利润（亏损）多大？

（4）如果成本曲线方程改为$TC_2=200+8Q+0.125Q^2$，最优的价格和产量是多少？

（5）如果成本曲线方程改为$TC_3=200+8Q+0.25Q^2$，最优的价格和产量是多少？

解

（1）画出需求曲线、边际收入曲线和边际成本曲线，如下图所示。

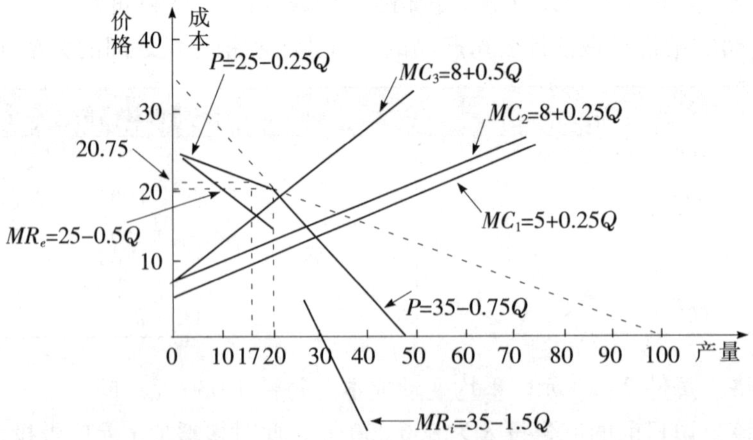

（2）这是寡头垄断市场结构。它的需求曲线是弯折的，因为企业之间存在以下相互关系：一家企业提价，其他企业不跟着提价，导致弹性较大的需求曲线；一家企业降价，其他企业也跟着降价，导致弹性较小的需求曲线。

（3）价格、产量最优时，$MR=MC$

$MR_e=25-0.5Q$，$MR_i=35-1.5Q$

$MC_1=5+0.25Q$

$MR_e=MC_1$，即

$25-0.5Q=5+0.25Q$

$Q=26.7$

$MR_i=MC_1$，即

$35-1.5Q=5+0.25Q$

$Q=17.1$

$26.7>20$，$17.1<20$，说明 MR 和 MC 的交点正好在 MR 曲线的中断处，因此，最优产量 $Q^*=20$，最优价格 $P^*=25-0.25\times20=20$ 元。

$\pi=P\cdot Q-TC=20\times20-(200+5\times20+0.125\times20^2)=50$(元)

故这时利润为 50 元。

（4）根据新的成本曲线，$MC_2=8+0.25Q$

$MR_e=MC_2$，即

$25-0.5Q=8+0.25Q$

$Q=22.7$

$MR_i=MC_2$，即

$35-1.5Q=8+0.25Q$

$Q=15.4$

$22.7>20$，$15.4<20$，说明 MR 和 MC 的交点仍然在 MR 曲线的中断处，因此，最优产量 Q^* 不变，仍为 20，最优价格 P^* 也不变，仍为 20 元。

（5）根据新的成本曲线，$MC_3=8+0.5Q$

$MR_e=MC_3$，即

$25-0.5Q=8+0.5Q$

$Q^*=17$（此产量在 0～20 相关范围内）

$P^*=25-0.25\times17=20.75$(元)

故此时最优产量为 17，最优价格为 20.75 元。

6. 一家垄断企业的需求方程为 $P=200-4Q$，固定成本为 100 元，总变动成本为 $TVC=2Q^2$。

（1）利润最大化的价格和产量是多少？

（2）企业此时的经济利润是多少？

解

（1）垄断企业利润最大时，$MR=MC$

$MR=200-8Q$，$MC=4Q$

$200-8Q=4Q$，$Q^*=16.7$

$P^*=200-4\times16.7=133.3$(元)

（2）$\pi=16.7\times133.3-(100+2\times16.7^2)$

$=1\,568.33$(元)

7. 一家垄断竞争企业的需求方程为：$P=4.75-0.2Q$。该企业产品的平均成本为：$AC=5-0.3Q+0.01Q^2$。该企业正处于长期均衡状态。

（1）利润最大化的价格和产量是多少？

（2）企业此时的经济利润是多少？

解

（1）长期均衡时，需求曲线与平均成本曲线相切，因此，在切点处两条曲线的斜率相等，即

$$\frac{dAC}{dQ}=\frac{dP}{dQ}$$

或
$$-0.3+0.02Q=-0.2$$

$$Q=5$$

$$P=4.75-0.2\times 5=3.75(\text{元})$$

（2）因需求曲线与平均成本曲线相切，经济利润应为零。

$$\pi=5\times 3.75-5\times(5-0.3\times 5+0.01\times 5^2)=0$$

8. 某垄断企业下有两家工厂 A 和 B，其边际成本函数分别为：$MC_A=20+2Q_A$；$MC_B=10+5Q_B$。该产品的需求曲线为：$P=30-Q$（这里，$Q=Q_A+Q_B$）。问：该企业的最优产量是多少？两家各应生产多少？最优价格是多少？（提示：先找出整个企业的边际成本曲线，方法可参见教材中的例 6－4。）

解

先找出整个企业的边际成本曲线：

$$Q_A=\frac{MC_A}{2}-10$$

$$Q_B=\frac{MC_B}{5}-2$$

$$Q_T=Q_A+Q_B=\frac{7}{10}MC_T-12$$

或
$$MC_T=\frac{10}{7}Q_T+\frac{120}{7}$$

$$MR=30-2Q_T$$

利润最大时，$MR=MC_T$，则

$$\frac{10}{7}Q_T+\frac{120}{7}=30-2Q_T$$

$Q_T=3.75$，然后求 Q_A 和 Q_B：

$$Q_A+Q_B=3.75 \qquad (1)$$

为了使总成本最低，$MC_A=MC_B$，即

$$20+2Q_A=10+5Q_B \qquad (2)$$

解联立方程（1）和（2），得

$$Q_A=1.25，Q_B=2.5$$

最优价格 $P=30-3.75=26.25$(元)

9. 假定某个行业由五家企业组成。每家企业的边际成本曲线都是水平的，也就是

说，它们的边际成本是个常数，均为2元。

（1）如果该行业建立卡特尔，该卡特尔的边际成本曲线是什么样的？

（2）如果卡特尔的边际收入在产量为每月100单位时是3元，在产量为每月200单位时是2元，在产量为每月300单位时是1元，该卡特尔的最优产量应是多少？

解

（1）该卡特尔的边际成本也是常数，为2元，故边际成本曲线是水平的。

（2）边际收入等于边际成本时为最优产量，故最优产量应为每月200单位。

10. 某卡特尔由三家企业组成，它们的总成本函数如下表所示。

产量（件）	总成本（元）		
	企业A	企业B	企业C
0	20	25	15
1	25	35	22
2	35	50	32
3	50	80	47
4	80	120	77
5	120	170	117

如果卡特尔打算总共生产11件产品，它应如何在企业之间分配产量，才能使整个卡特尔的总成本最低？

解

先算出三家企业的边际成本数据（见下表）。

产量（件）	企业A		企业B		企业C	
	总成本	边际成本	总成本	边际成本	总成本	边际成本
0	20	—	25	—	15	—
1	25	5	35	10	22	7
2	35	10	50	15	32	10
3	50	15	80	30	47	15
4	80	30	120	40	77	30
5	120	40	170	50	117	40

从表中可以找出，当三家企业的边际成本均为30元时，企业A的产量为4件，企业B的产量为3件，企业C的产量为4件，总共生产11件。这时总成本最低，为237元（80+80+77）。

11. 企业A和企业B是某种电力设备仅有的两家制造商。每一家都可采取两种不同的产品开发策略，其收益矩阵如下（表中括号前面的数字为企业A的利润数，后面的数字为企业B的利润数）。

		企业B的策略	
		B_1	B_2
企业A的策略	A_1	（5，6）	（4，5）
	A_2	（6，5）	（5，4）

（1）企业A的最优策略应是哪一个？

（2）企业B的最优策略应是哪一个？

（3）如果两家企业都选择自己的最优方案，将各自得到多少利润？

解

（1）企业A的最优策略是 A_2。

（2）企业B的最优策略是 B_1。

（3）企业A 600万元；企业B 500万元。

12. 在可竞争市场里，即使只有几家企业，也存在激烈的竞争，在这里，利润最大化的条件仍然是 $P=MC$。现假定在这个行业里有三家企业，它们的边际成本曲线方程如下：

企业1：$MC_1=5+0.0004Q_1$

企业2：$MC_2=15+0.002Q_2$

企业3：$MC_3=1+0.0002Q_3$

（1）求每家企业的短期供给曲线方程。

（2）求该行业的短期市场供给曲线方程。

解

（1）因利润最大化的条件仍然是 $P=MC$，故每家企业的供给曲线方程应为：

企业1：$P=5+0.0004Q_1$

企业2：$P=15+0.002Q_2$

企业3：$P=1+0.0002Q_3$

（2）行业（市场）的短期供给曲线为行业内各企业短期供给曲线的水平相加。把各企业的供给方程进行移项，使价格成为供给量的函数，得

企业1：$Q_1=-12\,500+2\,500P$

企业2：$Q_2=-7\,500+500P$

企业3：$Q_3=-5\,000+5\,000P$

$$Q_T=Q_1+Q_2+Q_3=-25\,000+8\,000P$$

或

$$P=3.125+0.000\,125Q_T$$

13. 假定有一家企业，它的需求曲线为 $P=20-Q$，总成本函数为 $TC=0.5Q^2$。

（1）求利润最大化时的价格（P_1）和产量（Q_1）。此时它的总利润（π_1）是多少？销售收入（TR_1）是多少？

（2）求销售收入最大化时的价格（P_2）和产量（Q_2）。此时它的总利润（π_2）是多少？销售收入（TR_2）是多少？

（3）假定该企业希望在获得总成本的140%的利润额的前提下追求销售收入最大，问：

1）它的价格（P_3）和产量（Q_3）应各定多少？

2）此时它的总利润（π_3）是多少？销售收入（TR_3）是多少？

解

（1）利润最大时，$MR=MC$。

$MR=20-2Q$，$MC=Q$

$20-2Q=Q$，$Q_1=6.67$

$P_1=20-6.67=13.33$(元)

$\pi_1=13.33\times6.67-0.5\times6.67^2=66.67$(元)

$TR_1=P\cdot Q=13.33\times6.67=88.91$(元)

(2) 销售收入最大时，$MR=0$。

$MR=20-2Q=0$，$Q_2=10$

$P_2=20-10=10$(元)

$\pi_2=10\times10-0.5\times10^2=50$(元)

$TR_2=10\times10=100$(元)

(3)

1) $\pi=0.5Q^2\times140\%=0.7Q^2$

$0.7Q^2=(20-Q)Q-0.5Q^2$ 或 $20Q-2.2Q^2=0$

$Q_3=9.09$

$P_3=20-9.09=10.91$(元)

2) $\pi_3=9.09\times10.91-0.5\times9.09^2$

$=99.17-41.31=57.86$(元)

$TR_3=9.09\times10.91=99.17$(元)

第7章

博弈理论

第6章分析了市场结构的分类和不同市场结构下的企业行为，最后讨论了寡头垄断条件下的企业行为模式。寡头垄断市场结构的特点是，企业数量较少，每一家企业在进行决策时都必须考虑自己的决策对于其他企业的影响。博弈论是一种决策理论，因为博弈论可以很好地解释寡头垄断企业之间的竞争行为。因此，经济学家就将博弈论引入管理经济学中，用于研究寡头垄断企业的决策行为。

一、名词解释

1. **一次性静态博弈**是指博弈只进行一次，且博弈参与者同时作出策略的决策的博弈形式。

2. **占优策略**，即对于博弈的某一参与者来说，无论其他博弈参与者采取何种策略，某一策略都优于其他策略。

3. **安全策略**，也称最大最小策略，其具体做法是，首先找到每种策略可能获得的最小收益，接下来从所有的最小收益中选择带来最大收益的策略。

4. **纳什均衡**，是指在一个博弈参与者的策略确定的情况下，其他博弈的参与者都不能通过单方面改变策略提高自己收益的状态。

5. **合作博弈**是博弈参与者之间开展合作，结成联盟，采取对于所有的博弈参与者都有利的共同策略的博弈形式。

6. **重复博弈**是指反复进行多次博弈，每一次博弈中博弈参与者都要决定自己的策略，同时会获得相应的收益的博弈形式。

7. **无限重复博弈**是指重复进行且博弈的次数是无限的博弈形式。

8. **触发策略**是指为了保证合作的协议可以落实和执行，博弈参与者会预先约定好惩罚措施，即如果博弈的一个参与者违背了协议，采取了不合作的策略，则其他博弈参与者也采取不合作的策略，并且永远采取不合作策略。

9. **针锋相对策略**也称“以牙还牙策略”，其策略包括这样几个特点：(1) 策略明确简单，不会引发其他博弈者的误解；(2) 谋求合作，信守协议，决不背信食言，首先表现出合作的善意；(3) 一旦对方背信弃义，不遵守协议，则立即针锋相对地加以惩罚；(4) 针锋相对是宽容的，如果对方重新采取合作的态度，仍然允许对方恢复合作。

10. **有限重复博弈**是指博弈是重复进行的，但博弈的次数是有限的博弈形式。

11. **动态博弈**，即一些博弈参与者提前确定了自己的策略，其他参与者随后选择策略，而且提前作出决策的参与者的决策内容是公开的，后续进行决策的博弈参与者可以根据已知的先行决策的参与者的策略作出自己的策略选择的博弈。

二、复习思考题参考答案

1. 博弈有哪些种类?

答：根据分类的标准不同，博弈可以有多种分类。按照博弈参与者决策的次序，博弈可以分为静态博弈和动态博弈；根据博弈的次数不同，博弈可以分为一次性博弈和重复博弈；根据博弈参与者在作出策略决策之前是否通过协商达成共同策略的一致意见，博弈可以分为合作性博弈和非合作性博弈；根据博弈参与者对于博弈信息的掌握程度，博弈可以分为完全信息博弈和非完全信息博弈；根据博弈的收益不同，博弈可以分为零和博弈和非零和博弈。

2. 何谓零和博弈、正和博弈、负和博弈？对现实社会中的零和博弈、正和博弈、负和博弈各举一例。

答：所谓零和博弈，是指一个博弈参与者的收益就是另一个博弈参与者的损失，即博弈参与者的收益之和为零。零和博弈意味着一个博弈参与者的收益必定是另一个参与者的损失。如果博弈参与者的收益之和并非为零，这种博弈称作非零和博弈。非零和博弈又可以细分为正和博弈和负和博弈。如果博弈的结果使所有的博弈参与者都会受到损失，即没有出现赢家(所谓的“双输”)，这种博弈称作负和博弈；如果博弈的结果使所有的博弈参与者都获得了收益(所谓的“双赢”)，则称作正和博弈。

象棋比赛就是一种零和博弈，一方赢棋，另一方就一定会输棋。企业的市场份额竞争也是一种零和博弈，市场的大小是固定的，一家企业的市场份额增加，就意味着另一家企业的市场份额减少。企业之间的价格战是一种负和博弈，价格战的结果是所有企业的利润都会受到损失。反过来，博弈双方进行合作，共同提高价格，避免价格战，结果带来双方利润的提高，则是正和博弈。

3. 在案例7-1的智猪博弈中，大猪有没有办法摆脱被小猪搭便车的困境?

答：大猪之所以被小猪搭便车，主要原因是在小猪触碰按钮时，大猪吃光了落在食槽中所有的食物，使得小猪没有触碰按钮的动力，即等待成为小猪的占优策略。因此，大猪要想摆脱被小猪搭便车的困境，就需要克制自己的贪欲，当小猪触碰按钮时，不要吃掉全部两份食物，而是给小猪剩下一部分食物。这样对于小猪来说，就有了主动触碰按钮的动力，等在石槽边就不再是唯一的占优策略。

4. 为什么安全策略是企业决策的重要策略？

答：安全策略的具体做法是，首先找到每种策略可能获得的最小收益，接下来从所有的最小收益中选择带来最大收益的策略。安全策略可能不是收益最大的策略，但它是损失最小化的策略。选择安全策略的逻辑是，即使出现了最坏的情况，也要获得最好的结果。对于参与博弈的企业来说，既然不知道怎样选择策略可以获得最大的收益，就要改变决策的原则，以风险最小为决策目标，努力把风险降到最低。对于企业决策来说，降低风险是一个十分重要的决策原则。

5. 试用囚徒困境理论解释政府制定行业标准的意义。

答：许多行业存在技术的兼容性问题，如果没有行业标准的干预，企业会各自选择对于自己有利或者可能被大多数消费者接受的技术进行开发，其结果是顾客和配套企业不知道选择哪种产品更好，会采取观望态度，使得所有企业的产品销售都受到影响，带来囚徒困境的结果。但如果政府首先制定行业标准，限制企业的技术方案选择，所有企业都按照技术标准开发新产品，则可以有效地避免囚徒困境。下面以数字光存储格式的光碟产品为例，解释行业标准可以帮助企业摆脱囚徒困境的原因。

数字光存储格式的光碟产品有蓝光光碟和 HD-DVD 两种互不兼容的技术规格，A、B 两家公司开发两种技术的收益矩阵如下表：

		B公司	
		蓝光光碟	HD-DVD
A公司	蓝光光碟	（140，100）	（90，90）
	HD-DVD	（70，70）	（100，120）

从表中的数据看，存在两个纳什均衡，即两家企业都开发蓝光光碟和都开发 HD-DVD。因此，如果博弈双发知道了对方企业选择哪种技术进行开发，决策就变得很简单，即和对方开发同样的技术就是最优策略。但是，技术开发是企业的最高机密之一，企业不会把研发的信息透露给对方企业。此时，两家企业如何作出技术开发决策？既然不存在占优策略，也不存在纳什均衡，那么两家企业都会选择安全策略，A 公司开发蓝光光碟的最小收益是 90，开发 HD-DVD 的最小收益是 70，因此会选择开发蓝光光碟。反观 B 公司，开发蓝光光碟的最小收益是 70，开发 HD-DVD 的最小收益是 90，因此会选择开发 HD-DVD。其结果，A、B 两家公司的收益都是 90，低于都开发蓝光光碟（收益之和是 240）和都开发 HD-DVD（收益之和是 220）的收益，陷入囚徒困境。

如果政府在 A、B 两家公司作出技术开发的决策之前制定行业标准，如将蓝光光碟作为行业标准，那么 A、B 两家公司都会开发蓝光光碟，其收益分别是 140 和 100，避免了两家企业各自为战的囚徒困境。

6. 合作博弈有可能出现哪些问题？

答：合作博弈有可能出现两个问题。第一，存在触犯法律的风险。在绝大多数市场经济国家，共同提高价格等限制贸易的串谋属于违法行为，会受到法律的限制。第二，出现欺骗者的风险。在博弈参与者之间达成协议之后，如果一些参与者不按照协议选择策略，将可能获得更多的收益。因此，博弈参与者有可能会成为欺骗者，此时合作协议将无法执行，所谓的合作协议成为一纸空文。

7. 在重复合作博弈中，为了防止博弈的对方不信守协议，你可以采取哪些策略？

答：在重复合作博弈中，为了防止博弈的对方不信守协议，可以采取触发策略和针锋相对策略。

所谓触发策略是指博弈参与者预先约定好惩罚措施，即如果博弈的一个参与者违背了协议，采取了不合作的策略，则其他博弈参与者也采取不合作的策略，并且永远采取不合作策略。针锋相对策略包括几个特点：（1）策略明确简单，不会引发其他博弈者的误解；（2）谋求合作，信守协议，决不背信食言，首先表现出合作的善意；（3）一旦对方背信弃义，不遵守协议，则立即针锋相对地加以惩罚；（4）针锋相对是宽容的，如果对方重新采取合作的态度，仍然允许对方恢复合作。

三、作业题解答

1. A 和 B 两家企业需要进行定价决策。每家企业可以选择降价，也可以选择维持现在的价格。如果两家企业都选择降价，每家企业可能获得的利润是 1 000 万元；如果两家企业都选择维持价格，每家企业可能获得的利润是 2 000 万元；如果一家企业选择降价，另一家企业选择维持价格，则选择降价的企业利润为 2 500 万元，选择维持价格的企业利润降为 500 万元。

（1）写出该博弈的收益矩阵。

（2）这一博弈是否存在纳什均衡？

（3）A 和 B 两家企业是否存在占优策略？

解

（1）收益矩阵：

单位：万元

		B 企业	
		降价	维持
A 企业	降价	（1 000，1 000）	（2 500，500）
	维持	（500，2 500）	（2 000，2 000）

（2）存在纳什均衡。A、B 两家企业都选择降价是纳什均衡。因为如果 A 企业选择了降价策略，则 B 企业如果采取维持价格策略，其收益将降为 500，低于选择降价策略的收益。同理，如果 B 企业选择了降价策略，A 企业不选择降价策略，其收益也会下降。

（3）存在占优策略。对 A、B 两家企业来说，选择降价都是占优策略。对于 A 企业来说，选择降价策略可能的收益分别是 1 000 和 2 500，而选择维持价格策略的可能的收益是 500 和 2 000，很明显，选择降价策略收益最大，是占优策略。对于 B 企业而言，与 A 企业相同，选择降价策略可能的收益分别是 1 000 和 2 500，而选择维持价格的策略的可能的收益是 500 和 2 000，选择降价策略收益最大，降价策略也是占优策略。

2. A和B两名员工共同完成一项工作，每名员工可以选择的策略是努力工作或偷懒。如果一名员工选择偷懒，另一名员工就要付出更多的努力。A和B两名员工的收益见下表（表中括号内前面的数字是A员工的收益，后面的数字是B员工的收益）。

		B员工	
		努力	偷懒
A员工	努力	(10，10)	(2，20)
	偷懒	(20，0)	(5，5)

(1) 这个博弈存在占优策略吗？如果存在，是什么？

(2) 这个博弈属于囚徒困境吗？为什么？

解

(1) A员工选择努力的可能收益是10或2，选择偷懒的可能收益是20或5，很明显，A员工选择偷懒的收益更高，是占优策略。B员工选择努力的可能收益是10或0，选择偷懒的可能收益是20或5，B员工选择偷懒也是占优策略。因此两名员工都存在占优策略，选择偷懒就是占优策略。

(2) 这个博弈属于囚徒困境。因为A、B两名员工都选择偷懒策略，二人的收益都是5；而对于A和B两名员工来说，都选择努力其收益都是10；高于都选择偷懒的收益。

3. A和B两家公司要进行新技术开发的决策。经研究发现，有甲、乙两项具有市场潜力的技术可以开发。甲技术开发难度大，任何一家企业都无法独立完成，必须由两家公司共同开发方可完成。一旦完成了甲技术的开发，两家公司将获得10万元的收益。乙技术难度小，任何一家公司都可以完成开发工作。如果其中一家公司选择开发乙技术，另一家公司选择开发甲技术，则开发乙技术的公司可以获得4万元的收益，开发甲技术的公司收益为0。如果两家公司分别开发乙技术，则两家公司的收益都是2万元。A、B两家公司的收益矩阵见下表（表中括号内前面的数字是A公司的收益，后面的数字是B公司的收益）。

单位：万元

		B公司	
		开发甲技术	开发乙技术
A公司	开发甲技术	(10，10)	(0，4)
	开发乙技术	(4，0)	(2，2)

(1) 该博弈的纳什均衡在哪里？

(2) 如果两家公司采取合作策略，结果会怎样？

(3) 如果A公司已经选择了开发甲技术，结果会怎样？

解

(1) 在这一博弈中存在两个纳什均衡，分别是A、B两家公司都选择开发甲技术，A、B两家公司都选择开发乙技术。

如果A、B两家公司都选择开发甲技术，则A、B两家公司中的任何一家公司如果改变策略，开发乙技术，其收益将从10减少到4。即对于A、B两家公司来说，只要改变策略，都会带来收益的减少而不是增加。因此，A、B两家公司都选择开发甲技术是一个纳什均衡。

如果A、B两家公司都选择开发乙技术，则A、B两家公司中的任何一家公司如果改变策略，开发甲技术，其收益将从2减少到0。即对于A、B两家公司来说，只要改变策略，都会带来收益的减少而不是增加。因此，A、B两家公司都选择开发乙技术也是一个纳什均衡。

(2) 如果两家公司采取合作策略，则此博弈变为和合作博弈。A、B两家公司都会选择开发甲技术，因为两家公司都选择开发甲技术的收益是最高的，两家公司的收益都是10。

(3) 如果A公司已经选择了开发甲技术，则此博弈变为动态博弈。此时，B公司也会选择开发甲技术，因为B公司选择开发甲技术的收益为10，开发乙技术的收益为4，B公司开发甲技术的收益大于开发乙技术的收益。

4. A和B两家垄断企业生产同一产品，需要进行价格决策。如果两家企业都维持高价，则各自获得11万元的利润；如果一家企业选择降价，另一家企业选择维持高价，则选择降价的企业可以得到12万元利润，维持高价的企业由于失去市场，利润下降到2万元；如果两家企业都降价，则各自得到7万元利润。

(1) 写出这个博弈的收益矩阵。

(2) 这个博弈是否有纳什均衡？如果有，是什么？

(3) 如果这一定价博弈只进行一次，且A企业已经决定维持高价，B企业会采取什么策略？

(4) 如果这一定价博弈是重复博弈，且A企业已经决定维持高价，B企业会采取什么策略？

解

(1) 这一价格决策博弈的收益矩阵如下：

单位：万元

		B公司	
		维持	降价
A公司	维持	(11，11)	(2，12)
	降价	(12，2)	(7，7)

(2) 存在纳什均衡，A、B两家公司都选择降价是纳什均衡。因为如果A、B两家公司都选择降价策略，两家公司的收益都为7万元。此时，任何一家企业改变策略，采取维持价格的策略，则其收益将从7万元降为2万元，低于选择降价策略的收益。

(3) 如果这一定价博弈只进行一次，且A公司已经决定维持高价，B公司会采取降价策略，因为B公司选择降价策略的收益是12万元，高于选择维持策略的11万元收益。

(4) 如果这一定价博弈是重复博弈，且A公司已经决定维持高价，B公司也会选择维持高价。

首先看看B公司不与A公司合作的收益。在第一次博弈中，如果A公司选择维持高价策略，B公司选择降价策略，则B公司的收益是12万元，高于选择维持策略的7万元收益。但是，B公司选择降价策略的结果是，A公司在第一次博弈中的收益是2万元。其结果，在第二次博弈中A公司一定会改变其博弈的策略选择，从维持价格改变为降价策略。在第二次博弈中B公司仍然会选择降价策略，因为降价策略是占优策略，这样，在第二次博弈中B公司的收益为7万元。这样，两次博弈结束后，B公司的收益为12+7=19万元。

其次，看看B公司与A公司合作的收益。如果在第一次博弈中，A公司选择维持价格策略，B公司知道，如果自己选择了降价策略，一定会招致A公司在下一次博弈中改变策略，改为降价策略。为了防止出现囚徒困境，B公司也同样选择维持高价的策略，其收益是11万元。在第二次博弈中A公司仍然会选择维持高价策略，与第一次博弈相同，B公司也仍然选择维持价格策略，这样在第二次博弈中，B公司的收益仍然是11万元。两次博弈结束后，B公司的收益为11+11=22万元，高于在第一次博弈中选择降价策略的收益。

这样博弈的次数越多，B公司会选择维持高价策略的收益也就会越高，因此如果这一定价博弈是重复博弈，且A公司已经决定维持高价，B公司会选择维持高价策略。

5. 请观察下表中的收益矩阵，该矩阵给出了自由贸易的两难处境。A和B两个国家可以采用取消关税和配额的自由贸易政策，也可以采用对进口产品和服务征收高关税的贸易保护主义政策。收益矩阵中的数字是两个国家实施不同贸易政策的实际获利（表中括号内前面的数字是A国的收益，后面的数字是B国的收益）。

单位：10亿美元

		B国	
		自由贸易	贸易保护
A国	自由贸易	(3 000，6 000)	(1 900，6 100)
	贸易保护	(3 200，4 800)	(2 000，5 000)

(1) 如果A和B两国不进行合作，双方会选择什么策略？会导致什么结果？

(2) 如果A和B两国达成协议，取消全部贸易限制，进行自由贸易，会导致什么结果？与不进行合作相比较，哪个结果更好？

(3) A和B两国达成自由贸易的协议后，两国是否存在对贸易协议进行“欺骗”的动机？如果一国进行了欺骗，会导致另一国的报复，则会发生什么情况？

解

(1) 如果A、B两国不进行合作，双方都会以本国收益最大为原则选择博弈策略。由于A国选择自由贸易的可能收益是30 000亿美元和19 000亿美元，而选择贸易保护策略的可能收益是32 000亿美元和20 000亿美元，选择贸易保护策略是占优策略。对于B国而言，选择自由贸易的可能收益是60 000亿美元和48 000亿美元，而选择贸易保护策略的可能收益是61 000亿美元和50 000亿美元，选择贸易保护策略同样是B国的占优策略。因此，A、B两国都会选择贸易保护策略。这样A国的收益为20 000亿美元，B国的收益为50 000亿美元，A、B两国陷入贸易保护的囚徒困境。

(2) 如果A、B两国达成协议，取消全部贸易限制，进行自由贸易，并严格执行协议，A、B两国的收益分别会增加到30 000亿和60 000亿美元，高于双方都选择贸易保护策略的收益，避免了陷入贸易保护的囚徒困境。与（1）的不进行合作相比较，合作使得A、B两国各增加了10 000亿美元的收益，合作的结果更好。

（3）因为A、B两国都有占优策略，即使两国间达成自由贸易的协议后，A、B两国都有"欺骗"的动机。以A国为例，如果B国严格执行协议，A国也严格执行协议，采取自由贸易的策略，A国收益为30 000亿美元；但如果A国选择不执行协议的贸易保护策略，其收益为32 000亿美元，高于执行协议的收益。因为"欺骗"会带来更高的收益，因此，A国存在对贸易协议进行"欺骗"的动机。同理，对于B国来说，如果A国采取了执行协议的自由贸易的策略，B国也严格执行协议的收益是60 000亿美元，但如果B国选择不执行协议的贸易保护策略，其收益为61 000亿美元，高于执行协议的收益。因此，B国也同样存在对贸易协议进行"欺骗"的动机。此时，A、B两国达成的自由贸易的协议很难执行。

如果"欺骗"会导致另一国的报复，在一次性博弈下，则两国都仍然会选择不执行协议，采取贸易保护的策略。因为选择不合作的贸易保护策略的收益会更高。

但如果是重复博弈，结果会不一样。以A国为例，在第一次博弈中，如果B国严格执行协议，A国选择不执行协议的贸易保护策略，其收益为61 000亿美元，高于遵守协议的60 000亿美元。但是，A国不执行协议的结果，必然导致B国的报复行为，在第二次博弈中，B国也会选择不执行协议的贸易保护策略，其结果，在第二次博弈中，A国的收益降为50 000亿美元。反之，在第一次博弈中，如果A国也选择了执行协议的自由贸易策略，则其收益为60 000亿美元；由于在第一次博弈中A国选择了执行协议的策略，在第二次博弈中，B国仍然会选择执行协议，A国坚持遵守协议的结果，其收益仍然为60 000亿美元。

综合两次博弈的收益，当B国严格执行协议时，A国选择不执行协议的贸易保护策略的收益之和为61 000+50 000=111 000亿美元；A国选择执行协议的自由贸易策略的收益之和为60 000+60 000=120 000亿美元。显然，A国选择遵守协议，实现自由贸易合作的收益高于进行"欺骗"的收益，而且博弈重复的次数越多，选择合作策略的收益越大。对于B国来说，结果也是一样。

因此，在存在报复措施的情况下，两国都会选择遵守协议，实现自由贸易。

第 8 章
定价实践

在市场经济中，价格竞争是一种重要的竞争。企业为了求生存、图发展、战胜竞争对手，必须正确地制定价格。关于这个问题，我们在第 6 章讨论市场结构和企业行为时已经涉及。需要指出的是，第 6 章的讨论主要是理论上的。它假定企业只面对一种市场，只生产一种产品，企业的目标只是追求利润最大，使用的是利润最大化（$MR=MC$）的方法。然而，现实中情况往往很复杂。例如，企业的产品面对的不是一个市场，而是多个市场（如国内市场和国外市场），这些市场具有不同的竞争程度。企业往往不是仅生产一种产品，而是生产多种产品，并且各种产品的需求或生产之间可能存在密切的联系。企业的近期目标也不一定是追求最大的利润，而可能是最大的市场份额、最好的信誉或满意的利润等。另外，在实际生活中要掌握准确的需求和成本信息（从而准确地计算 MR 和 MC 的值）往往是很难的，因而未必能用利润最大化方法。这就决定了现实生活中定价方法的多样化。本章介绍实践中常用的几种定价方法。

一、名词解释

1. **成本加成定价法**是指在全部成本（变动成本加固定成本）的基础上加目标利润的定价方法，也称全部成本定价法。

2. **增量分析定价法**是指根据企业接受新任务后是否有正的增量利润来评价定价方案的一种方法。如果增量利润为正值，说明新任务的价格是可以接受的。如果增量利润为负值，说明新任务的价格是不可接受的。增量利润等于接受新任务引起的增量收入减增量成本。

3. 在招投标活动中，卖者（投标者）需要报价。价格不能报得太高，否则中标机会就会减少，但也不能太低，否则利润就会减少，甚至亏本。这里有一个如何报价才对自己最有利的问题，这就是**最优报价**。

4. **最大贡献期望值法**是指投标者在报价时，根据贡献期望值的大小来评价报价方案的方法。这里贡献期望值是指企业因中标执行合同产生的贡献与中标概率的乘积。

5. **差别定价法**是指对同一种产品，根据不同的顾客、不同的市场采用不同的价格的方法。差别价格的存在需要具备三个条件：(1) 企业对价格有一定的控制能力；(2) 产品有两个或两个以上被分割的市场；(3) 不同市场的价格弹性不同。采取差别定价比采用统一定价能获得更多利润。

6. **高峰负荷定价法**是指当用同一设施为不同时段的市场（顾客）提供同一产品或服务时，对这种产品或服务按不同的时段定不同的价格，具体来说，就是对高峰时段的顾客定高价，对非高峰时段的顾客定低价。

7. **多产品定价法**是指在企业生产多种产品的情况下确定各种产品的最优价格和产量的方法。

8. **转移价格**是指当分公司与分公司之间进行中间产品转让时的中间产品的价格。转移价格基本的定价规则是：在有外部市场的条件下，转移价格等于市场价格；在无外部市场的条件下，转移价格等于边际成本。

二、复习思考题参考答案

1. 增量分析定价法和成本加成定价法的主要区别是什么？什么情况下宜使用增量分析定价法？

答：增量分析定价法与成本加成定价法的共同点是都以成本为基础，不同点是前者以增量成本为基础，后者则以全部成本为基础。增量分析定价法主要适用于以下三种情况：(1) 为新任务定价，即企业原来有正常的生产任务，也有利润，但因为生产能力还有富余，为了进一步挖掘富余的生产能力，需要决定是否按较低的价格接受新任务；(2) 市场不景气，企业任务很少，生产能力利用不足，同行竞争激烈，企业的主要矛盾是减少亏损，求生存；(3) 企业生产多种产品，其需求之间存在相互替代或互补的关系。

2.《金融时报》分别在相关从业人员和学生中销售。下图中，MR_1 是它在相关从业人员中销售的边际收入曲线，MR_2 是在学生中销售的边际收入曲线。MC 是这份报纸的边际成本曲线。

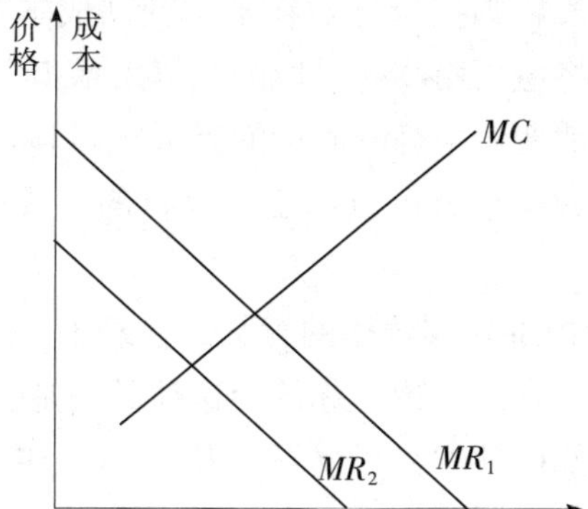

（1）请在图上标出这份报纸的最优销售量。

（2）请在图上标示，总销售量应如何在相关从业人员和学生中分配。

（3）请画出相关从业人员和学生对这份报纸的需求曲线，并说明应如何对他们分别定价。

答：（1）MR_1 和 MR_2 水平相加，可求得总边际收入（MR_T）曲线，它与边际成本（MC）曲线的交点，即代表最优销售量 Q_T^*（见下图）。

（2）在相关从业人员中分配的销售量应满足 $MC=MR_1$，即为 Q_1；在学生中分配的销售量应满足 $MC=MR_2$，即为 Q_2（见下图）。

（注意，这里的 MC 值是指产量为 Q_T^* 时的边际成本值。）

（3）需求曲线的斜率为边际收入曲线斜率的 1/2，故可画出与 MR_1 和 MR_2 曲线相对应的需求曲线 D_1 和 D_2。将 D_1 和 D_2 水平相加，可得出总需求曲线 D_T。根据 D_1，在相关从业人员中销售 Q_1 时，其价格为 P_1；根据 D_2，在学生中销售 Q_2 时，其价格为 P_2（见下图）。

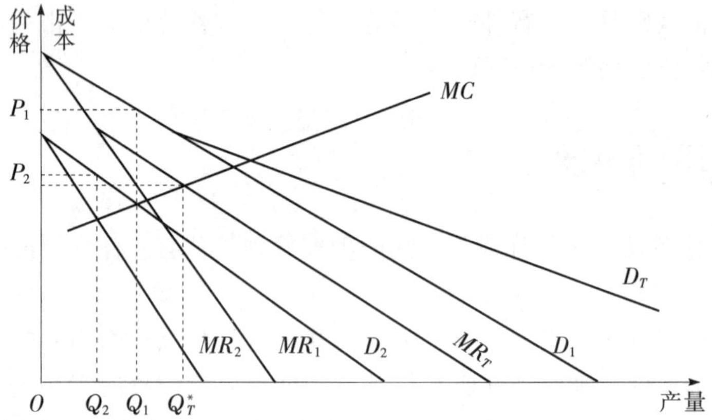

3. 什么是高峰负荷定价法？如何实施？有人说实施高峰负荷定价法能提高社会资源配置的效率，这一说法是否正确？

答：高峰负荷定价法是指当用同一设施为不同时段的市场（顾客）提供同一产品或服务时，对这种产品或服务按不同的时段定不同的价格，具体来说，就是对高峰时段的顾客定高价，对非高峰时段的顾客定低价。

定价的基本原则是：使价格等于边际成本。具体来说，在非高峰时段，把价格定在平均变动成本上，在高峰时段，则把价格定在平均变动成本与平均固定成本之和上。这里，产品或服务的固定成本将主要由高峰时段的顾客来承担。

高峰负荷定价法能引导消费者把高峰时段的需求转到非高峰时段，使需求趋于平稳，有利于节省投资，而省下来的资金就可以用于其他目的，故这种定价方法能提高社会资源配置效率的说法是对的。

4. 请阐述正确制定企业内部转移价格的意义。在理论上和实践上应如何确定转移价格？有人按中间产品的全部成本来定价，你认为这种做法是否正确？为什么？

答：正确确定大公司内部中间产品的转移价格的意义在于，它有利于正确处理各分公司和总公司之间在经济利益和决策上的矛盾，调动各分公司的生产积极性，共同为实现总公司利润最大化的目标而努力。在中间产品具有外部市场的条件下，转移价格无论在理论上还是实践上均应按其市场价格来确定，因为价格高于或低于市场价格都不会被双方接受。在中间产品没有外部市场的条件下，在理论上转移价格应当等于其边际成本，但在实践上可实行双重价格定价，即一是按变动成本定价，以使分公司的决策能与总公司的决策保持一致；二是以各分公司之间合理分配利润为基础来定价，以调动所有分公司的生产积极性。

对中间产品按全部成本来定价是不正确的，因为这有可能使总公司和分公司的决策发生矛盾，即总公司认为可以接受的方案，在分公司看来却是不可以接受的。

三、作业题解答

1. 永昌公司每年所有产品的固定成本总额预计为 300 万元，每年所有产品的变动成本总额预计为 150 万元。总固定成本按每种产品平均变动成本的大小摊入每种产品。

（1）假如该公司的产品中，产品 X 的平均变动成本为 1.4 元，每件产品应摊入多少固定成本？

（2）产品 X 的单位全部成本应为多少？

（3）假如目标利润率为 50%，产品 X 的价格应定为多少？

解

（1）$\frac{3\ 000\ 000}{1\ 500\ 000}\times 1.4=2.8$(元)

即产品 X 每件应摊入固定成本 2.8 元。

（2）产品 X 的单位全部成本为：

$1.4+2.8=4.2$(元)

（3）产品 X 的价格应定为：

$4.2+4.2\times 50\%=6.3$(元)

2. 大华服装店销售一种流行款式的女裤。这种裤子的成本为每条 48 元，其中，原料成本 24 元，变动间接费用 12 元，分摊的固定间接费用 12 元。店主按 50%的成本利润率定价，把价格定为 72 元。后把价格从 72 元提高到 78 元，结果销售量从54 件/周下降到 46 件/周。

（1）计算这种女裤的弧需求价格弹性。

（2）按照这种女裤的价格弹性，计算它的最优成本加成比率和最优价格。店主原定的 72 元的价格是否适当？请给出解释。

解

$$
\begin{aligned}
(1)\ E_P &= \frac{Q_2-Q_1}{P_2-P_1}\cdot\frac{P_1+P_2}{Q_1+Q_2}\\
&= \frac{46-54}{78-72}\cdot\frac{72+78}{54+46}\\
&= -2
\end{aligned}
$$

（2）最优成本加成比率$=\frac{1}{|\varepsilon_P|-1}=\frac{1}{2-1}=100\%$

该女裤的变动成本为：24＋12＝36(元)

最优价格为：36×(1＋100％)＝72(元)

这说明原来按50％的目标利润率将价格定为72元是适当的。

3. 2021年11月1日，胜利公司请南方安装公司就建造一条新的生产线报价。南方公司经过研究和设计（研究和设计费用为20万元），于2022年1月1日向胜利公司提出，建造这样一条生产线的造价为267.3万元。其预算如下（单位：元）：

研究和设计费用	200 000
材料费	1 110 000
直接人工费用	700 000
间接费用（为直接人工费用的60％）	420 000
总成本	2 430 000
应得利润（为总成本的10％）	243 000
报价	2 673 000

胜利公司通知南方公司，其对南方公司的设计表示赞许，但是价格不能高于200万元。假定南方公司的安装建造能力有富余，承接这项业务无须增加固定费用支出。问：南方公司是否应该承接这一业务？为什么？

解

计算南方公司如承接这项业务可能得到的贡献：

增量收入＝2 000 000(元)

增量成本＝1 110 000＋700 000＝1 810 000(元)

贡献＝2 000 000－1 810 000＝190 000(元)

（这里，研究和设计费用已经支出，属于沉没成本；间接费用一般指管理费用，无论是否承接这一业务均要支出，也属于沉没成本。）

有贡献，故南方公司应该承接这一业务。

4. 胜利公司生产电动剃须刀。这种产品在过去5年中销售量持续增长。由于公司扩建，它的生产能力已达到每年500 000把。下一年预测的生产和销售量是400 000把。成本估计如下（单位：元）：

材料费	30
直接人工费用	20
变动的间接人工费用	10
间接费用	15
每把标准成本	75

除了生产成本外，胜利公司的固定销售费用和变动的保修费用分别为每把7.5元和6元。这种剃须刀现在的售价是每把100元，胜利公司估计这个价格在下年度不会改变。

但后来有一家商店想向公司购买一批电动剃须刀，这家商店提出了两个购买方案：

方案Ⅰ：它愿意按每把73元的价格购买80 000把，使用胜利公司的商标，并由胜利公司保修。

方案Ⅱ：它愿意按每把70元的价格购买120 000把，不使用胜利公司的商标，也不由胜利公司保修。

问：胜利公司应采纳哪个方案？为什么？

解

方案Ⅰ：

$$贡献=[73-(30+20+10+6)]\times 80\ 000$$
$$=560\ 000(元)$$

方案Ⅱ：

$$贡献=[70-(30+20+10)]\times 120\ 000$$
$$-[100-(30+20+10+6)]\times 20\ 000$$
$$=1\ 200\ 000-680\ 000$$
$$=520\ 000(元)$$

因为560 000>520 000，所以应采纳方案Ⅰ。

5. 一家企业在两个市场上销售产品，生产产品的边际成本为常数，等于2。两个市场上的需求曲线方程如下：

市场1：$P_1=14-2Q_1$

市场2：$P_2=10-Q_2$

两个市场上的最优价格和销售量各应是多少？此时总利润是多少？

解

两个市场上最优价格和销售量的条件是：

$$MR_1=MR_2=MC$$
$$MR_1=14-4Q_1,\ MR_2=10-2Q_2,\ MC=2$$
$$14-4Q_1=2,\ Q_1=3,\ P_1=14-2\times 3=8$$
$$10-2Q_2=2,\ Q_2=4,\ P_2=10-4=6$$

$\because MC$ 为常数 $\therefore AC=MC$

$$\pi=(P_1\cdot Q_1+P_2\cdot Q_2)-AC\cdot(Q_1+Q_2)$$
$$=(3\times 8+4\times 6)-2\times(3+4)$$
$$=34$$

6. 大华剧场正在考虑日场和夜场戏票的差别定价问题。该剧场每周演出的固定成本为15 000元，边际成本等于变动成本（维修费、电费等），为每名观众2元。另外，对夜场和日场的每周需求的研究结果表明，它们的需求曲线方程如下：

$$P_A=102-5Q_A$$
$$P_B=52-2.5Q_B$$

式中，P_A，P_B 为票价（单位：元）；Q_A，Q_B 为观众人数（单位：百人）。

（1）上面两条需求曲线中，哪一条是日场的需求曲线？为什么？

（2）找出该剧场日场和夜场戏票的最优的差别价格、出售量和利润。

（3）如果该剧场不采用差别价格，请算出其票价、出售量和利润。

解

（1）判断是日场还是夜场，可看两条需求曲线的价格弹性。

曲线 A 的斜率为 -5，曲线 B 的斜率为 -2.5，$5>2.5$，说明需求曲线 A 的弹性小，需求曲线 B 的弹性大。所以，A 是夜场，B 是日场。

（2）最优价格应具备下列条件：$MR_A=MR_B=MC$

$MR_A=102-10Q_A$，$MR_B=52-5Q_B$，$MC=2$(元)

$102-10Q_A=2$，$Q_A=10$(百人)，$P_A=102-5\times10=52$(元)

$52-5Q_B=2$，$Q_B=10$(百人)，$P_B=52-2.5\times10=27$(元)

$$\pi=P_A\cdot Q_A+P_B\cdot Q_B-[TFC+(Q_A+Q_B)\times2]$$
$$=52\times10\times100+27\times10\times100-[15\ 000+(10\times100+10\times100)\times2]$$
$$=60\ 000(\text{元})$$

（3）如不采取差别定价，最优化的条件是：

$MR_T=MC$

下面求 MR_T 方程：

$MR_A=102-10Q_A$，$Q_A=10.2-0.1MR_A$

$MR_B=52-5Q_B$，$\underline{Q_B=10.4-0.2MR_B}$

$Q_T=20.6-0.3MR_T$

MR_T 的方程为：

$$MR_T=\frac{20.6}{0.3}-\frac{Q_T}{0.3}$$

$$\frac{20.6}{0.3}-\frac{Q_T}{0.3}=2$$

$Q_T=20$(百人)

即最优的总出售量为 20 百人，即 2 000 人。

为求最优价格，也必须先找出总的需求曲线，方法如下：

$Q_A=20.4-0.2P_A$

$\underline{Q_B=20.8-0.4P_B}$

$Q_T=41.2-0.6P$

或 $$P=\frac{41.2}{0.6}-\frac{20}{0.6}=35.3(\text{元})$$

$Q_A=20.4-0.2\times35.3=13.3$(百人)

$Q_B=20.8-0.4\times35.3=6.7$(百人)

$\pi=20\times35.3\times100-(15\ 000+20\times100\times2)=51\ 600$(元)

7. 一家私营停车场面对两类顾客，一类是短暂停车者，另一类是整日停车者。需求曲线方程分别为：$P_{短}=3-\frac{Q_{短}}{200}$和 $P_{整}=2-\frac{Q_{整}}{200}$。式中，$P$ 为每小时停车费；Q 为停车数。这个停车场的总容量为 600 个车位。在此限度内，每增停一辆车增加的成本可以忽略不计。今车场主打算对两类顾客定不同的价格。

（1）对每一类顾客各应定什么价格？每一类顾客将各有多少车辆使用这个停车场？停车场的车位能否得到充分利用？

（2）假如这个停车场的容量只有400个车位，对每一类顾客应如何定价？每一类顾客将各有多少车辆使用这个车场？

解

（1）当（$Q_{短}+Q_{整}$）<600时，$MC=0$。

$$MR_{短}=3-\frac{Q_{短}}{100}，MR_{整}=2-\frac{Q_{整}}{100}$$

当$Q_{短}$为最优时，$3-\frac{Q_{短}}{100}=0$，$Q_{短}^*=300$。

当$Q_{整}$为最优时，$2-\frac{Q_{整}}{100}=0$，$Q_{整}^*=200$。

$$P_{短}^*=3-\frac{300}{200}=1.5(元)$$

$$P_{整}^*=2-\frac{200}{200}=1.0(元)$$

因为$200+300=500<600$，故该停车场车位尚未充分利用。

（2）如果停车场只有400个车位，$Q_{短}+Q_{整}=400$或$Q_{短}=400-Q_{整}$。

$$\begin{aligned}\pi&=(3-\frac{Q_{短}}{200})Q_{短}+(2-\frac{Q_{整}}{200})Q_{整}-TFC\\&=(3-\frac{400-Q_{整}}{200})(400-Q_{整})+(2-\frac{Q_{整}}{200})Q_{整}-TFC\\&=(400-TFC)+3Q_{整}-\frac{Q_{整}^2}{100}\end{aligned}$$

π最大时，$\frac{d\pi}{dQ_{整}}=0$，即$3-\frac{Q_{整}}{50}=0$，$Q_{整}=150$。

$$Q_{短}=400-150=250$$

$$P_{整}=2-\frac{150}{200}=1.25(元)$$

$$P_{短}=3-\frac{250}{200}=1.75(元)$$

8. 一家企业按固定比例生产牛排和牛肉，这两种产品的需求曲线方程分别如下：

$$P_{牛排}=18-0.1Q_{牛排}$$

$$P_{牛肉}=10-0.1Q_{牛肉}$$

牛排和牛肉组合的边际成本函数为：

$$MC=8+0.1Q$$

问：该企业每种产品的利润最大化产量和价格各应是多少？

解

先找总边际收入曲线（两条边际收入曲线垂直相加）：

$$MR_{牛排}=18-0.2Q_{牛排}$$

$$MR_{牛肉}=10-0.2Q_{牛肉}$$

$$MR_T=28-0.4Q$$

产量最优时，$MR_T=MC$。

$$28-0.4Q=8+0.1Q,\ Q=40$$

将这一结果代入边际收入方程，看边际收入是否为正值。$MR_{牛排}=18-0.2\times40=10$，$MR_{牛肉}=10-0.2\times40=2$。由于均为正值，说明最优产量 40 是可行的。

$$P_{牛排}=18-0.1\times40=14(元)$$

$$P_{牛肉}=10-0.1\times40=6(元)$$

9. 有一家屠宰场，其经营业务是屠宰养殖的家兔，然后出售其毛皮和后腿。假定它们的需求曲线方程分别为：

毛皮：$P_{毛}=10-0.001Q_{毛}$

后腿：$P_{腿}=8-0.001Q_{腿}$

式中，$P_{毛}$ 为每件毛皮的价格（单位：元）；$P_{腿}$ 为每对后腿的价格（单位：元）；$Q_{毛}$ 为毛皮销售量（单位：件）；$Q_{腿}$ 为后腿销售量（单位：对）。

假定屠宰家兔的边际成本为 4 元，为使利润最大，毛皮和后腿的价格、产量应各定多少？

解

先找出毛皮和后腿总的边际收入方程：

$$MR_{毛}=10-0.002Q_{毛}$$

$$MR_{腿}=8-0.002Q_{腿}$$

$$MR_T=18-0.004Q$$

产量最大时，$MR_T=MC$。

$$18-0.004Q=4,\ Q=3\ 500$$

$$P_{毛}=10-0.001\times3\ 500=6.5(元)$$

$$P_{腿}=8-0.001\times3\ 500=4.5(元)$$

为使利润最大，$P_{毛}=6.5$ 元，$P_{腿}=4.5$ 元，毛皮和后腿的产量各为 3 500 件（对）。

10. 大华公司是一家织染联合企业，下设织布分公司 A 和印染分公司 B，它们均自负盈亏。假定 A 生产的白坯布是专供 B 用的，B 也只能从 A 取得白坯布，没有外部市场。已知 B 生产的印花布向外销售的需求曲线方程为：

$$P_B=10-0.001Q$$

式中，Q 为印花布销售量（单位：米）。

白坯布的边际成本函数为：

$$MC_A=2.00+0.001Q$$

把白坯布染成印花布的边际成本（MC_B）为 2 元（不包括白坯布转移价格）。

大华公司总经理应如何确定白坯布的内部转移价格？

解

先求出最优产量：

$$MR_B=10-0.002Q$$

$MC=2.00+0.001Q+2=4+0.001Q$

产量最优时，$MR=MC$，即

$10-0.002Q=4+0.001Q$

$Q=2\ 000$(米)（这既是印花布也是白坯布的最优产量）

产量为 2 000 米时，白坯布的边际成本为：

$MC_A=2.00+0.001\times 2\ 000=4$(元)

故白坯布的转移价格应定为 4 元。

11. 一家垂直联合企业生产橡胶和汽车轮胎。轮胎的需求方程为：$P_T=1\ 000-0.01Q$，生产每个轮胎所需橡胶的边际成本为：$MC_R=200+0.01Q$。把橡胶加工成轮胎的成本为每个 100 元。

（1）该企业利润最大化的轮胎产量应为多少？

（2）假如橡胶没有外部市场，应如何为橡胶确定转移价格？

解

（1）最优化产量的条件是：$MR=MC$。

$MR=1\ 000-0.02Q$

$MC=200+0.01Q+100=300+0.01Q$

$1\ 000-0.02Q=300+0.01Q$

得 $Q=23\ 333$(个)

即最优轮胎产量为 23 333 个。

（2）因没有外部市场，橡胶的转移价格应等于它的边际成本：

$P_R=MC_R=200+0.01\times 23\ 333=433$(元)

故制作一个轮胎所需橡胶的转移价格应定为 433 元。

12. 光明阀门厂生产和销售热电厂用阀门。目前该厂的全部产品只在国内销售。其需求曲线和边际收入曲线方程分别为：

$P=1\ 000-0.015Q$

$MR=1\ 000-0.03Q$

其总成本、边际成本和利润函数分别为：

$TC=1\ 500\ 000+600Q+0.005Q^2$

$MC=600+0.01Q$

$\pi=TR-TC=-0.02Q^2+400Q-1\ 500\ 000$

（1）请确定光明阀门厂的最优价格、产量和利润（光明阀门厂作为一个实体企业）。

（2）假定光明阀门厂经过改组，分成两个独立的利润中心：生产分部和销售分部。它们的总成本函数和边际成本函数分别为：

$TC_{生产}=1\ 250\ 000+500Q+0.005Q^2$

$MC_{生产}=500+0.01Q$

$TC_{销售}=250\ 000+100Q$

$MC_{销售}=100$

假定生产分部生产的中间产品无外部市场，全部交由销售分部销售。为使企业利润最大，应如何确定中间产品的转移价格？

(3) 假定国外有一家公司愿意按每件645元的价格订购光明阀门厂的产品，且光明阀门厂愿意供应多少它就订购多少。这笔订货不影响光明阀门厂在国内的销售，光明阀门厂也有足够的能力同时满足国内外两种需求。在这种情况下，应如何确定中间产品的最优价格和产量？企业的总利润将是多少？

解

(1) 当$MR=MC$时，价格、产量和利润为最优：

$$MR=MC$$

$$1\,000-0.03Q=600+0.01Q$$

$$400=0.04Q$$

$$Q=10\,000(件)$$

$$\begin{aligned}P&=1\,000-0.015\times 10\,000\\&=850(元)\end{aligned}$$

$$\begin{aligned}\pi&=TR-TC\\&=-0.02\times 10\,000^2+400\times 10\,000-1\,500\,000\\&=500\,000(元)\end{aligned}$$

(2) 从问题 (1) 的解答中已知销售分部的销售量应为10 000件，为了保证企业利润最大，生产分部必须保证供应10 000件中间产品。转移价格应等于此时的边际成本：

$$\begin{aligned}P_T=MC_{生产}&=500+0.01\times 10\,000\\&=600(元)\end{aligned}$$

如果转移价格高于600元，生产分部愿意供应的产品数量就会大于销售分部的需求量。如果转移价格低于600元，生产分部愿意供应的产品数量就会小于销售分部的需求量。只有把价格定为600元，企业内部对中间产品的供求才能实现平衡。

(3) 如果中间产品存在完全竞争的外部市场，转移价格就应按产场价格来定。由于外国企业愿意以不变的价格购买光明阀门厂生产的全部中间产品，因此它的外部市场可视作完全竞争的市场，中间产品的价格应定为645元。按此价格，销售分部的最优销售量应能满足：

$$MR=P_T+MC_{销售}$$

$$1\,000-0.03Q=645+100$$

$$Q=8\,500(件)$$

这8 500件是最终产品的最优销售量，也是销售分部对中间产品的需求量。

按此价格，生产分部愿意生产的数量应能满足：

$$P_T=MC_{生产}$$

$$645=500+0.01Q$$

$$Q=14\,500(件)$$

即生产分部生产中间产品的产量应为14 500件。

因此，销售分部将购买中间产品8 500件，变成同量的最终产品供应国内，生产分部将把剩下的6 000件（14 500−8 500）中间产品供应国外。

销售分部供应国内的最终产品的价格应为：

$$P_{国内}=1\ 000-0.015\times 8\ 500$$
$$=872.5(元)$$

生产分部供应国外的6 000件中间产品的价格为645元。

企业总利润为：

$$\pi=TR_{国内}+TR_{国外}-TC_{生产}-TC_{销售}$$
$$=872.5\times 8\ 500+645\times 6\ 000-(1\ 250\ 000+500\times 14\ 500+0.005\times 14\ 500^2)-(250\ 000+100\times 8\ 500)$$
$$=635\ 000(元)$$

所以，光明阀门厂应接受国外订货，因为它可使企业利润增加135 000元（635 000－500 000）。

第9章

长期投资决策

为了实现企业价值的最大化，必须处理好两类相互关联的问题：一是如何最优地使用现有资源；二是如何最优地使用新增资源。前面几章着重讨论的是第一类问题，本章将讨论第二类问题，即投资决策问题。

一、名词解释

1. **投资**是指当前的一种支出，这种支出能够在以后较长的时期内（通常指一年以上）给投资者带来效益。

2. 今天的1元钱比明天的1元钱更值钱，这说明货币具有时间价值。在投资决策中，为了对不同时点上的货币收支进行比较分析，就必须计算**货币的时间价值**。

3. **现值**就是把所有时点上发生的收支值折算为期初值后得到的数值。

4. **年金**是指每年的现金流量均相等的现金流系列。

5. **现金流量**是指货币的实际收入或支出。只有正确地估计现金流量，才能在计算其货币的时间价值的基础上比较投资方案的成本和收益，从而正确地评价投资方案的优劣。

6. **净现金投资量**是指因决策引起的投资费用的增加量。

7. **净现金效益量**是一种经营性的现金收入，说明投资方案在经营期内每年用现金流量衡量的效益是多少。它等于因投资决策引起的利润的增加量加上折旧的增加量（$NCB=\Delta P+\Delta D$）。

8. **方案的残余价值**是指投资方案寿命结束之后剩余资产的清算价值，主要包括设备的残值和流动资产增加量的变卖收入等。

9. **资金成本**是指投资者期望从企业获得的投资的必要回报率，低于这个回报率，投资者就会把资金转投别处。投资的回报率如果高于资金成本，就会增加企业的价值。

10. 企业举债是要支付利息的。但由于企业的利息支出可以从应纳税收入中扣除，从而可以减免一部分税金，因此**税后债务成本**要低于利息率。其计算公式为：税后债务成本＝利息率×(1－税率)。

11. **权益资本成本**是指股票持有者（股东）要求企业必须付给的回报。

12. 用**现金流量贴现模型**来估计权益资本成本就是假设股票的价值等于该股票将来全部预期股利的现值。这里，折现所用的贴现率就是普通股的资金成本。具体来说，它的计算公式为：$k_e=\frac{D_1}{W}+g$。式中，k_e 为普通股的资金成本；D_1 为下一年每股股利；W 为每股普通股的市场价格；g 为股利增长率。

13. 用**资本资产定价模型**来估计权益资本成本就是假设任何股票的必要回报率都等于无风险回报率加风险补偿率。其计算公式为：$k_e=k_f+(k_m-k_f)\beta$。式中，k_e 为普通股的资金成本；k_f 为无风险利率；（k_m-k_f）为平均股票的风险补偿率；β 为特定股票的风险指数。

14. **加权平均资金成本**（综合资金成本）就是对企业各种资金来源（如债务、权益资本等）的资金成本进行加权平均。这里，权数是指在企业的最优资本结构中，各种资金来源的资金分别在全部资金中所占的比重。在评价投资方案时，应使用加权平均资金成本。

15. **返本期法**是通过计算投资所需的返本期的长短，来评价投资方案的优劣的方法。这种方法的优点是简便，但它有明显的缺点：不考虑货币的时间价值和返本期之后的净现金效益。

16. **净现值法**是通过计算净现值来评价投资方案的优劣的方法。净现值（NPV）等于因投资方案引起的净现金效益量的总现值减去净现金投资量。净现值越大越好。这是一种评价投资方案的科学的也是最常用的方法。

17. **内部回报率法**是通过计算投资方案的内部回报率来评价其优劣的方法。内部回报率就是能使净现值为零的贴现率。如果内部回报率大于资金成本，方案是可取的，否则就是不可取的。

18. **企业兼并**是指两家或多家企业的合并，其结果是有的企业规模扩大了，有的企业则消失了。合理的兼并有利于存量固定资产的流动、社会资源的优化配置和企业经济效益的提高。

二、复习思考题参考答案

1. 与经营决策相比，投资决策有哪些重要特点？

答：与经营决策相比，投资决策有三个重要特点：

(1) 投资是指期初的一大笔支出，这笔支出会给投资者带来长期效益。投资的这一特征决定了：对投资合理性的论证，通常要在成本-收益分析的基础上进行。

(2) 由于投资带来的收益会延续较长时间，这就决定了在分析比较成本和收益时，需要将近期的现金收支与远期的现金收支进行比较，因此必须考虑货币的时间价值。

（3）由于在投资决策中需要估计未来的收支，而未来具有很大的不确定性，因此，在投资决策中考虑风险问题就显得特别重要。

2. 投资决策过程包括哪几个阶段？各阶段应注意什么问题？

答：投资决策过程一般包括以下几个阶段：

（1）提出可供选择的投资方案。在这个阶段，为了保证优秀的方案不被漏掉，管理人员应当解放思想，依靠专家和员工，集思广益；还应当有一定的奖励制度，鼓励大家提出好的方案。

（2）收集和估计有关的数据。为保证数据准确可靠，这项工作必须有企业的各个部门参加。有的数据则需要通过企业内外的调查来获得。

（3）对投资方案进行评价，从中选择最优方案。评价投资方案对企业价值的影响，必须在计算货币的时间价值的基础上进行。

（4）对方案的实施情况进行监控。要通过比较分析发现问题、查找原因，采取措施，以保证企业目标的实现。

3. 为什么在投资决策中必须使用现金流量？它由哪些部分构成？估计现金流量应当遵循哪些原则？

答：现金流量是指货币的实际收入或支出。有的成本支出不属于现金流量，例如，每年分摊的折旧费用属于成本支出，但不属于现金流量。在投资决策中必须使用现金流量的原因有二：一是为了避免有些费用的重复计算；二是为了正确计算货币的时间价值。

一个投资方案的现金流量由以下三个部分构成：（1）净现金投资量；（2）净现金效益量；（3）方案的残余价值。

估计现金流量应遵循以下原则：（1）现金流量原则；（2）增量原则；（3）税后原则。

4. 怎样估计债务成本和权益资本成本？为什么要在投资决策中使用加权平均资金成本？如何使用？

答：估计税后债务成本的公式为：

税后债务成本＝利息率×(1－税率)

权益资本成本的估计方法有两种，一种为现金流量贴现模型，另一种为资本资产定价模型。

根据现金流量贴现模型，普通股资金成本的计算公式为：

$$k_e=\frac{D_1}{W}+g$$

式中，k_e 为普通股的资金成本；D_1 为下一年的每股股利；W 为每股普通股的市场价格；g 为股利增长率。

根据资本资产定价模型，普通股的资金成本可按以下公式估计：

$$k_e=k_f+(k_m-k_f)\beta$$

式中，k_e 为普通股的资金成本；k_f 为无风险利率；k_m 为平均股票的回报率；β 为一种风险指数，用来表示某种股票回报的变动性与平均股票回报的变动性的比率。

一般来说，借债是成本最低的一种资金来源。但企业不可能无限度地借债，这一次靠借债来筹资，就意味着以后的某一时间必须靠增发股票来筹资，所以在投资决策中，即使某个投资方案的实施完全靠借债筹资，也不能只按债务成本计算资金成本，而是应当使用加权平均资金成本，或称综合资金成本。加权平均资金成本的计算公式为：

$$k_a = p_d k_d + p_e k_e$$

式中，k_a 为加权平均资金成本，k_d 为税后债务成本；k_e 为权益资本成本；p_d，p_e 为根据最优资本结构，债务和权益资本分别在全部资本中所占的比重。

5. 为什么说内部回报率法和净现值法都是边际分析法在投资决策中的应用?

答：边际分析法的决策规则是：当 $MR > MC$ 时，方案可以接受，此时 $M\pi$ 为正值；当 $MR < MC$ 时，方案不可以接受，此时 $M\pi$ 为负值。在投资决策中，MR 就是内部回报率，即该方案单位资金可能得到的回报，MC 就是贴现率，即该方案单位资金的成本。内部回报率法的评价规则是：当内部回报率大于贴现率时，方案可取，此时净现值为正值(因为此时 $M\pi$ 为正值)；当内部回报率小于贴现率时，方案不可取，此时净现值为负值(因为此时 $M\pi$ 为负值)。故内部回报率法和净现值法都是边际分析法在投资决策中的应用。

三、作业题解答

1. 光明公司的最优资本结构为：债务占30%，权益资本占70%。今年，公司预期的销售额为15 000 000元，其中税后利润为2 000 000元（企业的边际税率为40%）。公司的股利政策是从税后利润中拿出50%作为股利分配给1 000 000股普通股的股东。管理层预测，公司的销售额、利润和股利每年的增长率均为8%。企业普通股的市场价格为每股20元。

市场上所有股票的平均股利收益率为14%，政府国债的利息率为12%。如果企业发行企业债券，管理层估计把利息率定为14%是适当的。公司的β系数估计为1.5。

（1）光明公司的税后债务成本是多少?

（2）分别用现金流量贴现模型和资本资产定价模型估计其权益资本成本。

（3）根据用资本资产定价模型算出的权益资本成本，计算该公司的平均加权资金成本。

解

（1）$k_d = 14\% \times (1 - 40\%) = 8.4\%$

（2）先用现金流量贴现模型估计：

$$\begin{aligned} k_e &= \frac{D_1}{W} + g \\ &= \frac{2\,000\,000 \times 50\%}{1\,000\,000} \div 20 + 8\% \\ &= 13\% \end{aligned}$$

再用资本资产定价模型估计：

$$\begin{aligned} k_e &= k_f + (k_m - k_f)\beta \\ &= 12\% + (14\% - 12\%) \times 1.5 \\ &= 15\% \end{aligned}$$

（3）$k_a = p_e \cdot k_e + p_d \cdot k_d$

$= 70\% \times 15\% + 30\% \times 8.4\%$

$= 13.02\%$

2. 某企业共有五个投资方案，它们的期初成本和净现值估计如下：

单位：万元

项目	方案A	方案B	方案C	方案D	方案E
期初成本	100	200	100	300	100
净现值	30	－10	35	45	20

问：（1）如果企业使用资金可以不受限制，它应采用哪些方案？为什么？

（2）如果企业使用资金最多不能超过300万元，它应采用哪些方案？为什么？

解

（1）如果资金的使用不受限制，凡是净现值为正值的方案均可采用，即选用方案A，C，D和E。

（2）如果资金最多不能超过300万元，可能的方案组合有以下几个：

方案代码	净现值（万元）
A，B	20
B，C	25
A，C，E	85
D	45
B，E	10

A，C，E三个方案的组合，总净现值最大为85万元，故应采用此组合。

3. 我国某公司打算在A国投资建一家电视机组装工厂，估计需投资312 700元，每年可得税后净现金效益量100 000元，到第5年年末，根据协议，该工厂的资产将无偿地全部移交A国政府。

（1）计算这个投资方案的内部回报率。

（2）如果该公司的资金机会成本为12%，这项投资是否合算？

解

（1）假定内部回报率为r，那么

$$NPV = \sum_{t=1}^{5} \frac{100\ 000}{(1+r)^5} - 312\ 700 = 0$$

或　　$总现值系数_{(?,5)} \times 100\ 000 - 312\ 700 = 0$

$总现值系数_{(?,5)} = 3.127$

查教材中的表9-4，可找到当总现值系数为3.127时，5年期方案的贴现率为18%，故此方案的内部回报率为18%。

（2）18%>12%，说明这一方案对该公司仍有利可图，是合算的。

4. 张先生开了一家杂货铺，出售烟、酒和各种食品。他最近的年收支和盈亏情况如下（单位：元）：

销售收入			18 000 000
进货成本（变动成本）		12 600 000	
工资和薪酬	固定成本	2 000 000	
租金	固定成本	1 200 000	
折旧	固定成本	600 000	
水、电、煤气	固定成本	400 000	
杂费	固定成本	300 000	
成本合计			17 100 000
税前净利润			900 000

这个收支情况预计明后年也不会大变。现在为了扩大销售量，张先生想在商店的一角再开辟一个冷饮部，先经营 3 年。预计在这 3 年，为租用相关的柜台设施需追加投资 200 000 元（这是 3 年内的唯一投资，3 年后如需继续经营，还要追加投资；3 年后如柜台被撤，这笔投资将得不到补偿）。冷饮部的营业额预计每年 1 000 000 元，进货成本预计每年 200 000 元，开办冷饮部预计会使工资和薪酬的支出增加 8%，水、电、煤气等支出增加 5%。由于开设冷饮部会使杂货铺其他食品（非冷饮食品）的展示面积缩小，预计会使它们的营业额减少 10%。

（1）计算开设冷饮部的净现金效益量。

（2）假定张先生冷饮部投资的资金机会成本为 12%。他是否应当开设冷饮部？为什么？

解

（1）由开设冷饮部引起的年现金流量（单位：元）为：

增量收入		1 000 000
增量成本		920 000
其中：进货成本	200 000	
工资和薪酬 （2 000 000×8%）	160 000	
水、电、煤气 （400 000×5%）	20 000	
机会成本（因营业额的减少而引起的贡献损失 ＝10%×(18 000 000－12 600 000)）	540 000	
净现金效益量		80 000

（2）由于净现金投资量为 200 000 元，因此

$$NPV = 80\,000 \times \sum_{t=1}^{3} \frac{1}{(1+12\%)^t} - 200\,000$$

$$= 80\,000 \times 2.401\,8 - 200\,000$$

$$= -7\,856(\text{元})$$

因 $NPV<0$，张先生不应开设冷饮部。

5. 某车间打算用数控车床更新旧的六角车床（假定旧车床残值为零）。新车床的价格为 80 000 元，设备更新后的折旧费每年增加 8 000 元，预计更新后税后利润每年能增加 12 000 元。

（1）每年的税后净现金效益量是多少？

（2）假定每年的净现金效益量在 5 年内不变，还假定第 5 年年末新机器的残值为 40 000 元，企业的资金成本为 15%。更新车床是否合算？

解

（1）税后净现金效益量 $=\Delta P+\Delta D$

$=12\ 000+8\ 000$

$=20\ 000$(元)

（2）$NPV=20\ 000\times$总现值系数$_{(15\%,5)}+40\ 000\times$现值系数$_{(15\%,5)}-80\ 000$

$=20\ 000\times3.352+40\ 000\times0.497-80\ 000$

$=6\ 920$(元)

净现值为正值，说明更新车床是合算的。

6. 光明油漆厂打算建设一条生产油漆刷的生产线，提出了 3 个设计方案。各个方案的固定成本、变动成本、售价以及每年销售量等各不相同，其资料如下：

单位：元

项目	方案 A	方案 B	方案 C
价格	5	6	7
单位变动成本	2	2.30	2.50
全部固定成本（不包括折旧）	30 000	30 000	30 000
每年销售量	800 000	650 000	450 000
每年销售费用	60 000	45 000	25 000
投资费用	2 000 000	1 500 000	1 000 000

假定：企业所得税税率为 50%；每个方案的使用寿命均为 6 年；在寿命期内，每年平均分摊折旧；平均资金成本均为 10%；企业为了设计这条生产线，已花去研发费 60 000元，计划在 6 年内摊销。

（1）各方案每年的税后净现金效益量是多少？（提示：税后净现金效益量等于税后利润加上折旧和其他分摊费用。）

（2）每个方案的净现值是多少？应选哪个方案？

解

（1）税后净现金效益量等于税后利润加上折旧和其他分摊费用的增加量。具体计算如下表所示。

	方案 A	方案 B	方案 C
每年销售收入	4 000 000	3 900 000	3 150 000
总变动成本	1 600 000	1 495 000	1 125 000
总固定成本（不包括折旧）	30 000	30 000	30 000

续表

	方案 A	方案 B	方案 C
销售费用	60 000	45 000	25 000
税前净现金效益量	2 310 000	2 330 000	1 970 000
折旧	333 333 (=2 000 000/6)	250 000 (=1 500 000/6)	166 667 (=1 000 000/6)
研发费分摊	10 000 (=60 000/6)	10 000 (=60 000/6)	10 000 (=60 000/6)
税前利润	1 966 667	2 070 000	1 793 333
税后利润（扣除所得税 50%）	983 333.5	1 035 000	896 666.5
折旧和分摊款	343 333	260 000	176 667
税后净现金效益量	1 326 666.5	1 295 000	1 073 333.5

（2）计算各方案净现值：

方案 A：

$$NPV_A = 1\ 326\ 666.5 \times 总现值系数_{(10\%,6)} - 2\ 000\ 000 = 1\ 326\ 666.5 \times 4.355 - 2\ 000\ 000 = 3\ 777\ 633(元)$$

方案 B：

$$NPV_B = 1\ 295\ 000 \times 4.355 - 1\ 500\ 000 = 4\ 139\ 725(元)$$

方案 C：

$$NPV_C = 1\ 073\ 333.5 \times 4.355 - 1\ 000\ 000 = 3\ 674\ 367(元)$$

方案 B 净现值最大，应选方案 B。

7. 方案甲的投资额为 20 000 元，预期寿命为 5 年，在 5 年内每年的净现金效益量为 6 687.62 元。

（1）这一方案的返本期是多少？

（2）假定资金成本为 12%，该方案的净现值是多少？

（3）这一方案的内部回报率是多少？

解

（1）$\frac{20\ 000}{6\ 687.62} = 2.99(年)$

故返本期约为 3 年。

（2）$$NPV = 6\ 687.62 \times 总现值系数_{(12\%,5)} - 20\ 000 = 6\ 687.62 \times 3.605 - 20\ 000 = 4\ 108.87(元)$$

（3）$6\ 687.62 \times 总现值系数_{(?,5)} = 20\ 000$

$$总现值系数_{(?,5)} = \frac{20\ 000}{6\ 687.62} = 2.99$$

查教材中的表 9-4，找出总现值系数为 2.991 时，5 年期的贴现率为 20%，故方案甲的内部回报率为 20%。

8. 大地仪器公司正在考虑两个互斥的投资方案。方案 A 的投资量为 20 000 元，每年的净效益为 3 900 元，寿命 10 年。方案 B 的投资量也是 20 000 元，每年的净效益为 6 000 元，寿命 5 年。假定资金成本为 12%，两个方案的风险基本相同，那么大地仪器公司应选择哪个方案？

解

先算出两个方案的净现值：

$$NPV_A = 3\,900 \times 总现值系数_{(12\%,10)} - 20\,000$$
$$= 3\,900 \times 5.650 - 20\,000$$
$$= 2\,035(元)$$
$$NPV_B = 6\,000 \times 总现值系数_{(12\%,5)} - 20\,000$$
$$= 6\,000 \times 3.605 - 20\,000$$
$$= 1\,630(元)$$

由于两个方案的寿命不同，可用下面两种方法进行比较：

第一种方法：最小共同寿命法。

两个方案的最小共同寿命为 10 年。

$$10 年期间方案 A 的总净现值 = 2\,035(元)$$
$$10 年期间方案 B 的总净现值 = 1\,630 + 1\,630 \times 现值系数_{(12\%,5)}$$
$$= 1\,630 + 1\,630 \times 0.567$$
$$= 2\,554.2(元)$$

2 554.2＞2 035，所以应选方案 B。

第二种方法：净现值年金化法。

$$方案 A 净现值的年金 = \frac{2\,035}{总现值系数_{(12\%,10)}}$$
$$= \frac{2\,035}{5.650}$$
$$= 360.2(元)$$
$$方案 B 净现值的年金 = \frac{1\,630}{总现值系数_{(12\%,5)}}$$
$$= \frac{1\,630}{3.605}$$
$$= 452.1(元)$$

452.1＞360.2，所以应选方案 B。

9. 最近有人拟向大昌房地产公司购买一幢办公楼，他愿意先付 20 000 000 元现金，以后 5 年中每年末再付 5 000 000 元（总共付 45 000 000 元）。大昌公司是在 15 年前购买这块地皮和建造这幢楼的。当时地皮的价格是 4 000 000 元，建造费用为 60 000 000 元。楼房每年的折旧费用为 2 000 000 元。现在地皮值 10 000 000 元，办公楼还能用 10 年，10 年后估计能按 15 000 000 元的价格出售。大昌公司估计，在今后 10 年内，如果把办公楼出租，每年可得利润收入 3 000 000 元。其计算过程如下（单位：元）：

每年租金收入		7 900 000
每年开支		4 900 000
其中：税金	400 000	
修理	1 200 000	
折旧	2 000 000	
供暖	1 300 000	
利润收入		3 000 000

假定大昌公司的资金成本为10%。该公司的办公楼应出售还是出租？

解

这里存在出售和出租办公楼两个方案：

（1）如出售办公楼：

现值＝20 000 000＋5 000 000×总现值系数$_{(10\%,5)}$

＝20 000 000＋5 000 000×3.791

＝38 955 000(元)

（2）如出租办公楼：

现值＝(3 000 000＋2 000 000)×总现值系数$_{(10\%,10)}$＋15 000 000×现值系数$_{(10\%,10)}$

＝5 000 000×6.145＋15 000 000×0.386

＝36 515 000(元)

38 955 000－36 515 000＝2 440 000元，即出售比出租可多增加现值2 440 000元，所以，应选出售方案。（在本题中，当时地皮价4 000 000元、现在地皮价10 000 000元、当时建造费用60 000 000元均属沉没成本，与决策无关。）

10. 已知A公司各投资方案的数据如下表所示。

方案	净现金投资量（万元）	净现值（万元）	内部回报率（%）
1	10	2.35	30
2	10	2.16	28
3	40	5.98	21
4	30	4.20	20
5	20	2.42	18
6	20	1.85	15

假定A公司只有可用的资金40万元。它应选用哪几个方案，才能使自己获利最大？

解

从题中可以看到，如果按内部回报率大小排队，只能采用方案1、方案2；如果按净现值大小排队，只能采用方案3；但这两种并不是最优的选择方法。

最优的选择方法应是：先按40万元的投资限额，把不同的投资方案组成若干组合，然后以组合为单位来比较净现值的大小。净现值最大的组合就是最优的投资方案组合。

在此题中，不大于40万元的投资组合及其净现值如下：

方案号码	净现值（万元）
1，4	6.55
2，4	6.36
3	5.98
1，2，5	6.93
1，2，6	6.36
5，6	4.27

从中看到，把方案1，2，5组合起来可得净现值6.93万元，为最大。所以应选方案1，2，5的组合。

11. 假定甲企业收购乙企业后，在前10年每年需投资20万元对生产线进行改造。乙企业在被兼并后成为甲企业的一个分厂，预计寿命为30年，30年内甲企业由于收购了乙企业而引起的每年现金流入的增加量估计如下表所示。

单位：万元

项目	每年平均数					
	第1～5年	第6～10年	第11～15年	第16～20年	第21～25年	第26～30年
因收购和改组引起的税后净现金效益量	32	52	55	50	32	12
减：收购后因生产改组引起的投资支出	20	20				
税后现金流入增加量	12	32	55	50	32	12

假定甲企业的平均加权资金成本为15%。问：

（1）对甲企业来说，收购乙企业的最高价格应是多少？

（2）如果甲企业扩大生产规模的目的也可以通过完全新建一个工厂来达到，新建方案的净现值估计为35万元。在这种情况下，收购乙企业的最高价格应是多少？

解

（1）税后现金流入增加量的总现值的计算如下表所示。

年次	净现金流入量（万元）	计算过程	现值（万元）
第1～5年	12	12×3.352	40.2
第6～10年	32	32×3.352×0.497	53.3
第11～15年	55	55×3.352×0.247	45.5
第16～20年	50	50×3.352×0.123	20.6
第21～25年	32	32×3.352×0.061	6.5
第26～30年	12	12×3.352×0.030	1.2
		总现值	167.3

即甲企业收购乙企业的价格不应超过167.3万元。

（2）假如甲企业扩大经营的目的也可以通过新建一个工厂来达到，而新建方案的净现值为35万元，那么，甲企业收购乙企业的最高价格不应超过132.3万元（167.3－35），否则宁可自己新建。这里，35万元成为甲企业收购乙企业的一项机会成本。

第10章

企业决策中的风险分析

决策总是面向未来的，但未来的情况往往是不确定的，因为利用今天得到的信息难以准确地预测未来可能出现的结果。根据未来执行决策所出现的结果的确定程度，可以把决策分为确定条件下的决策、有风险条件下的决策和不确定条件下的决策三种。迄今为止，我们探讨的管理决策都是确定条件下的决策。本章将在对企业风险进行分析的基础上，探讨有风险条件下和不确定条件下的决策。

一、名词解释

1. 如果决策的结果肯定只有一个，这样的决策称为**确定条件下的决策**。

2. 如果决策的结果可能有多个，且能知道每种结果发生的概率，这样的决策称为**有风险条件下的决策**。

3. 如果决策的结果可能有多个，但无法知道每种结果发生的概率，这样的决策称为**不确定条件下的决策**。

4. **风险**是指特定策略带来的结果的变动性。

5. **策略**是指若干可供选择的行动方案中的一个，它能够被实施以实现管理目标。

6. **自然状态**是指将来可能存在的某种条件，它对策略的成功与否会产生重大影响。

7. **结果**是指特定的策略与自然状态的结合会产生多大的得或失（通常用货币来度量）。

8. **收益矩阵**列出策略和自然状态的每一结合所带来的结果。

9. 把策略的每种结果与其发生的概率列出来就构成了一个**概率分布**。

10. 一个策略如有多种可能的结果，这些结果的加权平均值就是该策略的**期望值**

（或期望效益）。这里，权数就是每种结果发生的概率。期望值的计算公式为：

$$\bar{R}=\sum_{i=1}^{n}P_iR_i$$

式中，$\bar{R}$ 为现金流量期望值；R_i 为第 i 个结果的现金流量；P_i 为发生第 i 个结果现金流量的概率。

11. **标准差**用来度量数据的分散倾向，或一个概率分布的分散程度。如果用 σ 代表标准差，那么

$$\sigma=\sqrt{\sum_{i=1}^{n}(R_i-\bar{R})^2P_i}$$

可用标准差来度量风险。标准差越小，概率分布就越紧凑，风险也就越小。反之，风险就越大。

12. **变差系数**用来度量相对风险。如果用 v 代表变差系数，那么

$$v=\sigma/\bar{R}$$

13. 在评价有风险的投资方案时，必须使用**经过风险调整后的贴现率**。它等于无风险的贴现率加风险补偿率。这种方法基于下面的假设：投资项目的风险越大，投资者要求得到的回报就越高。

14. **风险补偿率**是指投资者对风险大的投资项目所要求的高回报率与无风险回报率之间的差额。投资项目的风险越大，风险补偿率也就越高。

15. **决策树**就是用形似树枝的图形来表示今天的决策会如何导致将来不同阶段可能的结果。它使决策者能更好地把今天的决策建立在对将来一系列可能现金流量的系统分析上。

16. 在投资决策中，净现值（NPV）是许多变量的函数，分析这些变量的可能变动对 NPV 产生的影响的方法，称为**敏感性分析**。

17. **最大最小收益决策法**就是先从各种自然状态中为每个方案找出一个最小的收益值，然后从中选择一个收益最大的方案。它假设决策者的态度比较悲观，总是设想可能会出现最坏的结果，决策时就从这些最坏的结果中选择结果最好的方案。

18. **最小最大遗憾值决策法**是把遗憾值作为决策标准，先找出每个方案在各种自然状态中的最大遗憾值，然后从这些最大遗憾值中选择遗憾值最小的方案。这里，遗憾值是指，决策者由于决策失误，未能选择收益最大的方案而是选择了其他方案所造成的遗憾的大小，它等于这两个方案的收益之差。

19. **信息的搜集成本**是指搜寻、收集、过滤、加工整理信息所需的成本。

20. **信息的价值**是指企业在获得完全信息后所期望的利润的增加值。

二、复习思考题参考答案

1. 什么是风险？怎样衡量风险？

答：风险是指特定策略带来的结果的变动性。如果一个决策只有一个可能的结果，就认为它的结果已知，没有风险；如果有许多可能的结果，且这些结果的概率分布很分

散，就认为它风险较大。

人们在决策时通常要在回报和风险之间进行权衡。评价和度量回报和风险的统计量主要有三个：期望值、标准差和变差系数。如果已知一组结果的现金流量 R_i 和每个结果的发生概率 P_i，那么，它们的计算公式为：

$$期望值\ \bar{R}=\sum_{i=1}^{n}P_iR_i$$

$$标准差\ \sigma=\sqrt{\sum_{i=1}^{n}(R_i-\bar{R})^2P_i}$$

$$变差系数\ v=\frac{\sigma}{\bar{R}}$$

式中，期望值（$\bar{R}$）是对投资方案期望回报金额的估计；标准差（σ）用来度量投资方案的绝对风险，σ 越大，风险就越大；变差系数（v）则用来度量投资方案的相对风险，即每单位期望回报的风险。

2. 请用边际效用递减理论来解释为什么人们一般都厌恶风险。

答：人们对风险的态度有三种：风险厌恶型、风险中立型和风险偏好型。从理论上讲，这些态度是由决策者收入的效用函数的特征决定的。风险厌恶型决策者的效用函数是边际效用递减的；风险中立型决策者的效用函数是边际效用不变的；风险偏好型决策者的效用函数是边际效用递增的（见下图）。

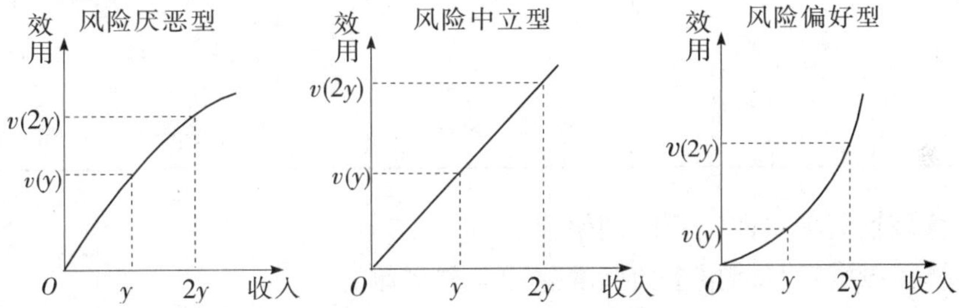

一般人的边际效用是递减的，所以一般人都是风险厌恶型的。下面用例子来说明，为什么边际效用递减决定了人们厌恶风险。

假设甲的边际效用递减的效用函数如下表所示。

工人数	5 000	10 000	15 000	20 000
总产量	100	150	190	220

假设甲有两个方案。方案 A 是无风险方案，即他有确定的收入 15 000 元，其效用为 190。方案 B 是有风险的方案，即他有 50%的可能收入 20 000 元，但也有 50%的可能只能收入 10 000 元。尽管期望收入也是 15 000 元（10 000×50%+20 000×50%），但这一方案的期望效用为 185（150×50%+220×50%）。故尽管两个方案期望收入相等，为谋求期望效用最大，甲宁愿选择风险小的方案 A。

3. 降低风险的途径有哪些？影响人们风险偏好程度的因素主要有哪些？

答：影响人们对风险的态度的因素有很多，但一般都会受两个因素的影响：(1) 回报的大小，即回报越多，人们愿意承担的风险就越大；（2）投资量的大小，即投资的钱越多，人们愿意冒的风险就越小。

降低风险的主要途径有：（1）回避风险；（2）减少风险；（3）承担风险；（4）分散风险；（5）转移风险。

由于降低风险的各种措施都要付出一定代价，因此在进行风险管理决策时，通常要在降低风险和节省成本之间进行权衡。

4. 什么是敏感性分析？如何在投资决策中进行敏感性分析？

答：投资决策中的敏感性分析旨在分析决策变量的可能变动会对决策结果产生多大影响。这种分析方法常用于以下三个方面：（1）确定投资方案对不同数据（变量）的敏感程度；（2）测算为了保持方案的可取性，各有关数据的允许变动范围；（3）测算有关数据发生一定幅度的变动对投资决策结果的影响。

三、作业题解答

1. 某投资项目的回报率的概率分布如下表所示：

回报率（%）	概率
10	0.25
5	0.30
−12	0.10
0	0.05
16	0.30

（1）计算该投资项目回报率的期望值。

（2）计算该投资项目回报率的标准差和变差系数。

解

（1）回报率的期望值$=10\times0.25+5\times0.30-12\times0.10+0\times0.05+16\times0.30$

$=2.5+1.5-1.2+0+4.8=7.6$

故回报率的期望值为7.6%。

（2）标准差

$=\sqrt{(10-7.6)^2\times0.25+(5-7.6)^2\times0.30+(-12-7.6)^2\times0.10+(0-7.6)^2\times0.05+(16-7.6)^2\times0.30}$

$=\sqrt{65.940}$

$=8.12$

$$变差系数=\frac{8.12}{7.6}=1.07$$

2. 大通公司要在两个互相排斥的投资方案中进行选择。每个方案的投资额均为6 000 000元，预期寿命均为4年。投资一年后，每个方案即可每年获得净现金效益。其资料如下：

	概率	每年的净现金效益量（元）
方案 A	0.05	2 200 000
	0.40	3 300 000
	0.25	3 800 000
	0.30	3 600 000
	1.00	
方案 B	0.15	300 000
	0.35	3 700 000
	0.22	6 900 000
	0.28	6 200 000
	1.00	

两个方案中，对于风险较大的方案，公司决定按 14%计算资金成本；对于风险较小的方案，公司决定按 12%计算资金成本。

（1）每个方案的期望净现金效益量是多少？

（2）每个方案经过风险调整后的净现值是多少？

解

（1）方案 A 的期望净现金效益量为：

$$2\ 200\ 000\times0.05+3\ 300\ 000\times0.40+3\ 800\ 000\times0.25+3\ 600\ 000\times0.30$$
$$=3\ 460\ 000(\text{元})$$

方案 B 的期望净现金效益量为：

$$300\ 000\times0.15+3\ 700\ 000\times0.35+6\ 900\ 000\times0.22+6\ 200\ 000\times0.28$$
$$=4\ 594\ 000(\text{元})$$

（2）方案 A 风险较小，贴现率为 12%；方案 B 风险较大，使用 14%的贴现率：

$$NPV_{\text{A}}=\sum_{t=1}^{4}\frac{3\ 460}{(1+12\%)^t}-6\ 000\ 000$$
$$=3\ 460\ 000\times3.037-6\ 000\ 000$$
$$=4\ 508\ 000(\text{元})$$
$$NPV_{\text{B}}=\sum_{t=1}^{4}\frac{4\ 594}{(1+14\%)^t}-6\ 000\ 000$$
$$=4\ 594\ 000\times2.914-6\ 000\ 000$$
$$=7\ 387\ 000(\text{元})$$

3. 顺峰公司是一家大型纸张回收企业，现准备更新纸张处理设备。有两种设备可供选择：甲处理机效率较高，但可靠性差；乙处理机效率较低，但几乎不用修理。这两种机器的期初投资相同，寿命都是 3 年。由于技术进步较快，3 年后均无残值。公司的工程师估计在 3 年期间每台机器的期望净现金流量如下表所示：

单位：万元

机器	期望净现金流量		
	第 1 年	第 2 年	第 3 年
甲	300	400	400
乙	250	350	450

公司的管理部门在购买设备时通常使用 14%的贴现率。但由于甲处理机可靠性低，

对它使用18%的贴现率是适宜的。顺峰公司应选购哪一种机器？为什么？

解

因两种机器的期初投资相同，故只需比较两种机器净现金流量的总现值，即可确定应选用哪种机器。

甲处理机的总现值为：

$300\times$现值系数$_{(18\%,1)}+400\times$现值系数$_{(18\%,2)}+400\times$现值系数$_{(18\%,3)}$

$=300\times0.847+400\times0.718+400\times0.609$

$=254.1+287.2+243.6$

$=784.9$（万元）

乙处理机的总现值为：

$250\times$现值系数$_{(14\%,1)}+350\times$现值系数$_{(14\%,2)}+450\times$现值系数$_{(14\%,3)}$

$=250\times0.877+350\times0.769+450\times0.675$

$=219.25+269.15+303.75$

$=792.15$（万元）

因为 $792.15>784.9$，故应选乙处理机。

4. 有一家生产电视机的公司，最近发现它生产的某种型号的产品的市场份额正在缩小，原因是竞争者推出了一种更先进的型号。为了应对这一挑战，它考虑来年有两种方案可供选择。方案1是对现有产品做小的改进，方案2是生产一种全新的产品。这两个方案的成败取决于来年的宏观经济状况。两个方案预期的收益矩阵如下：

单位：万元

		方案	
		小的改进（方案1）	全新的型号（方案2）
宏观经济状况	衰退	100	−200
	正常	300	200
	繁荣	800	1 500

假定宏观经济处于衰退、正常、繁荣状态的概率分别为30%，50%和20%。

（1）请分别计算这两个方案的期望效益、标准差和变差系数。

（2）如果决策者不考虑风险应选哪个方案？如考虑风险应选哪个方案？如使用最大最小收益决策法应选哪个方案？如果使用最小最大遗憾值决策法呢？

解

（1）方案1：

$\overline{R}_1=100\times30\%+300\times50\%+800\times20\%=340$（万元）

$\sigma_1=\sqrt{(100-340)^2\times30\%+(300-340)^2\times50\%+(800-340)^2\times20\%}$

$=\sqrt{17\,280+800+42\,320}$

$=\sqrt{60\,400}$

$=245.8$（万元）

$$v_1=\frac{245.8}{340}=0.723$$

方案 2：

$$\bar{R}_2=(-200)\times30\%+200\times50\%+1\,500\times20\%=340(\text{万元})$$

$$\begin{aligned}\sigma_2&=\sqrt{(-200-340)^2\times30\%+(200-340)^2\times50\%+(1\,500-340)^2\times20\%}\\&=\sqrt{87\,480+9\,800+269\,120}\\&=\sqrt{366\,400}\\&=605.3(\text{万元})\end{aligned}$$

$$v_2=\frac{605.3}{340}=1.78$$

（2）如不考虑风险，两个方案没有区别，因为期望效益相同，均为 340 万元。如考虑风险应选方案 1，因为方案 1 的风险（$\sigma=245.8$）小于方案 2（$\sigma=605.3$）。

如用最大最小收益决策法，先计算两个方案的最小收益值，如下表所示。

	方案 1	方案 2
衰退	100	−200
正常	300	200
繁荣	800	1 500
最小收益	100	−200

从最小收益中找出最大值为 100，即应选方案 1。

如用最小最大遗憾值决策法，先计算两个方案的最大遗憾值，如下表所示。

	方案 1	方案 2
衰退	0	−300
正常	0	−100
繁荣	−700	0
最大遗憾值	−700	−300

从最大遗憾值中找出最小值为−300，即应选方案 2。

5. 大明化妆品公司正在考虑是否要开发和销售一种男士香水。开发成本估计为 1 250 000 元，开发成功的概率为 70%。如果开发成功，该产品的售价为 40 元/瓶；生产成本估计为每瓶 15 元（不管产量是多少）。如果成功，高度成功的概率为 35%，其年销售量为 95 000 瓶；中度成功的概率为 45%，其年销售量为 33 000 瓶；初步成功的概率为 20%，其年销售量为 10 000 瓶（35%+45%+20%=100%）。

如果公司不开发这种产品，可与一家连锁店签约，利用自己的生产能力每年为连锁店生产普通香水 20 000 瓶，每瓶可获利 12.5 元。

（1）请画出决策树来反映上述决策问题。

（2）大明化妆品公司是否应开发男士香水（假定所有的成本和收入都只在当期发生，不必折算成现值）？

解

（1）画出的决策图如下图所示。

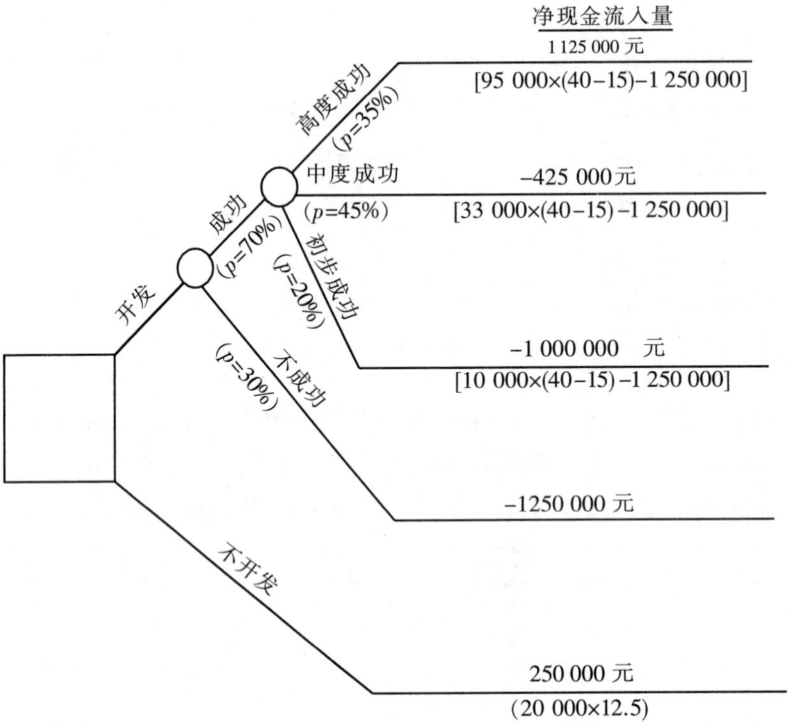

（2）为了确定是开发还是不开发，尚需计算两个方案的期望值。“开发”的期望值可计算如下：

	净现金流入量（元）	概率	期望值（元）
不成功	−1 250 000	0.30	−375 000
成功——高度	1 125 000	0.245 (0.70×0.35)	275 625
成功——中度	−425 000	0.315 (0.70×0.45)	−133 875
成功——初步	−1 000 000	0.14 (0.70×0.20)	−140 000
			−373 250

“不开发”的期望值为250 000元。因250 000＞−373 250，故不应开发，应与连锁店签约生产普通香水。

6. 大昌机械厂使用的电子控制系统过去一直由甲公司供应，价格为160 000元，质量是有保证的。现有一家乙公司向大昌机械厂提出，愿意按120 000元的价格出售同类系统。乙公司向大昌机械厂保证，如果自己的产品质量不如甲公司，可以接受退货并全额返回货款。但如果发生这种情况，大昌机械厂再向甲公司购买这种设备的时间就会推迟，因而会造成60 000元的损失。假如乙公司产品不如甲公司的概率为50%。大昌机械厂是否应向乙公司购买？请先画出决策树。

解

（1）画出的决策树如下图所示。

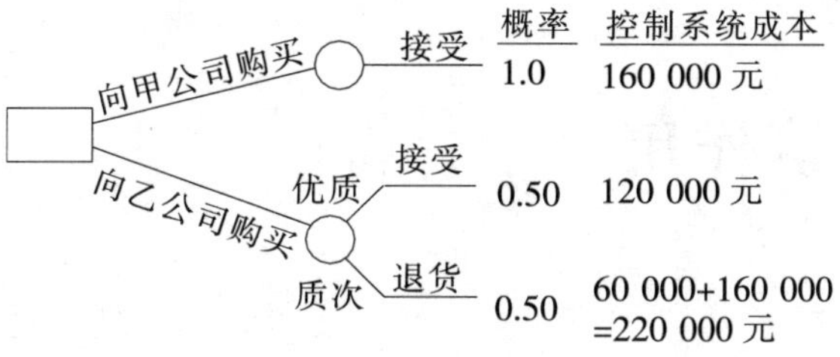

（2）计算期望成本：

向甲公司购买：160 000 元

向乙公司购买：

$$0.5\times 120\,000+0.5\times(60\,000+160\,000)=170\,000(\text{元})$$

向甲公司购买的期望成本较小，故应向甲公司购买。

第 11 章

政府的经济作用

本书的前 10 章一直以利润最大化的企业决策为核心进行说明。但是，企业的决策会受到多种条件的约束，这些约束条件包括企业的社会责任、政府的管制政策等。因此，企业的决策者在进行决策时，必须全面了解企业所处的管制环境。在社会主义市场经济条件下，尽管市场在社会资源的配置中起决定性作用，但政府对经济的干预仍然是不可缺少的。这种干预表现在许多方面，其中最主要的方面有：(1) 为市场经济有秩序的运行提供法律框架；(2) 管好全国的国有资产，保证其保值和增值；(3) 制定国民经济和社会发展的长期目标和战略，确保国民经济和社会发展的正确方向；(4) 对国民经济进行宏观调控，使国民经济协调稳定地发展；(5) 根据效率与公平的原则，对收入进行再分配；(6) 对企业的行为进行干预或管制，以提高社会资源配置的效率。

全面讨论政府的经济作用不属于本书的范畴。本章着重探讨政府的微观经济作用，即政府干预在第六个方面的表现，因为它直接关系到企业的行为和决策，它的机理是视野开阔的企业经理应当了解的。

一、名词解释

1. **市场效率**是指市场在配置资源方面的效率。

2. 当资源配置处于这样的状态：任何对配置的改变都不可能使至少有一个人的状况变好，而又不使其他任何人的状况变坏，就称这种资源配置的状态为**帕累托最优**。

3. **消费者剩余**是指消费者在购买某种产品时愿意支付的价格和实际支付的价格之间的差额，代表消费者从购买产品中得到的净经济福利。

4. **生产者剩余**是指生产者在提供产品时销售收入与成本之间的差额（利润），代表生产者从提供产品中得到的净经济福利。

5. 在垄断条件下，与完全竞争的情形相比，高价格和低产量会导致社会总净经济福利效益（消费者剩余与生产者剩余之和）的减少，这种减少在经济学中称为**无谓损失**。

6. **寻租行为**是指使用资源来寻求和维持垄断利润的行为，它会导致另一种社会经济福利效益的损失，还会导致政府工作的低效率和不公正。

7. **自然垄断企业**的一个重要特点是规模经济十分显著。在这里，多家企业同时并存的局面很难长久维持。大企业凭借产量大、成本低而把其他企业挤走，从而自然地成为一家垄断企业，此类企业称为自然垄断企业。对自然垄断企业，政府一般允许其垄断，但要对它实行管制，主要是价格管制。

8. **外部经济效应**是指经济当事人的生产或消费行为对其他人的福利所造成的影响。

9. 当当事人的生产或消费行为会给社会上其他成员带来危害，但他自己却并不为此而支付足够补偿这种危害的成本时，当事人为其行为所付出的私人成本就小于该行为所造成的社会成本。这种性质的外部经济效应称为**负外部经济效应**。

10. 当当事人的生产或消费行为会给社会上其他成员带来好处，但他自己却不能由此得到补偿时，当事人从其行为中得到的私人效益就小于该行为所带来的社会效益。这种性质的外部经济效应称为**正外部经济效应**。

11. 科斯认为，只要当事人的产权能明确界定，那么，即使政府不加干预，通过当事人之间的协议和适当付费也能有效地解决排污问题。这一原理称为**科斯定理**。

12. **最优排污量**是指能给社会带来最大净效益的排污量。实现最优排污量的条件是：治理污染带来的边际收益（MB）（指因减少一单位排污量而使社会的损失减少多少）与治理污染的边际成本（MC）（指为减少一单位排污量而需支出的治理成本）相等。

13. **私人物品**在消费上有两个特点：一是竞争性，即增加一个消费者，就会减少其他消费者对这种商品的消费；二是排他性，即只有对商品支付了费用的人才能消费该商品。市场机制只对具备上述两个特点的私人物品起到配置资源的作用。

公共物品不一定是政府提供的或国有企业生产的产品和服务。它在消费上也有两个特点：一是非竞争性，即一种产品生产出来之后，增加一个消费者并不需要减少任何其他消费者对这种产品的消费；二是非排他性，即产品一旦生产出来，不管人们是否付费，都能享用。市场机制对于公共物品的配置是不起作用的。

14. 有些公共物品同时具有非竞争性和非排他性，称为**纯公共物品**；有些公共物品只有非竞争性，不具有非排他性，称为**准公共物品**。

15. **知识产权**就是创造发明者所享有的在使用其创造发明上的暂时的垄断权，禁止除发明者外的任何人在规定的时期内使用发明者所生产（发明）的知识。

二、复习思考题参考答案

1. 在下列物品（服务）中，哪些属于纯公共物品？哪些属于准公共物品？哪些属于私人物品？为什么？

（1）灯塔；

（2）城市绿化；

（3）图书馆；

（4）供应煤气。

答：（1）灯塔：纯公共物品。具有非竞争性：增加一名使用者不会影响其他人的使用。具有非排他性：不管是否付费，都能使用它。

（2）城市绿化：纯公共物品。具有非竞争性和非排他性两种特征。

（3）图书馆：准公共物品。具有非竞争性：在一定的读者数量范围内，增加一名读者的成本极低。具有排他性：因为可以向读者收费。

（4）供应煤气：私人物品。具有竞争性：增加一名消费者必须以减少其他人的消费量为前提。具有排他性：只有付费了才能使用。

2. 在下列经济活动中，哪些具有正外部经济效应？哪些具有负外部经济效应？为什么？

（1）培训工人和管理者；

（2）抽烟；

（3）在高速公路上超速行驶；

（4）打扫门前积雪。

答：（1）培训工人和管理者：具有正外部经济效应。企业培训管理者和工人，不仅对企业有好处，而且对工人和管理者本人，甚至第三者（如调动工作后的新雇主）也有好处。

（2）抽烟：具有负外部经济效应。抽烟不仅对本人有害，而且对不抽烟的人（被动吸烟者）也有害。

（3）在高速公路上超速行驶：具有负外部经济效应。高速行驶有危险，不仅对自己如此，而且对别人也如此。

（4）打扫门前积雪：具有正外部经济效应。不仅方便自己，而且使行人走路更安全。

3. 前面几章中提到的边际收入和本章中提到的边际收益有什么区别？为什么企业私人物品最优产量决策的规则是边际收入与边际成本相等，公共物品最优产量决策的规则是边际收益与边际成本相等？

答：企业在作出生产私人物品决策时是从企业的角度看收益的，故用的是边际收入；在作出生产公共物品决策时则是从社会的角度看的，故用的是边际收益。私人物品的最优产量是指能使企业利润最大的产量，故决策规则为边际收入与边际成本相等。公共物品的最优产量是指能使社会经济福利效益最大的产量，故决策规则为边际收益与边际成本相等。

4. 假定有一家由政府管制的自然垄断企业，在近10年内，所有投资方案的净现值都接近于零。这是否意味这家企业的经营效率不高，或政府对价格的管制不当？请给出解释。

答：净现值为零，表明投资方案的回报率等于资金的机会成本，意味着企业已获得正常利润，并不意味着这家企业经营效率不高，或政府对价格的管制不当。

5. 什么是知识产权？为什么说新知识属于公共物品？请从市场效率的角度讨论实行专利制度的利和弊。

答：知识产权就是赋予创造发明者在规定时期内生产制造和销售某种新产品或使用某种新工艺的垄断权。

新知识属于公共物品，一是因为它具有非竞争性，一旦生产出来，增加一名新的使用者不会影响其他人的使用；二是因为它具有非排他性，不管人们是否付费，一旦获得都可以使用。因此，如果不实行专利制度，私人就不会有创造发明的积极性。实行了专利制度就能禁止其他人在专利期内使用新知识，这就使得原本具有非排他性的新知识具有了排他性。从市场效率的角度看，建立专利制度有利于鼓励创造发明，促进新知识的产生，但会在一定程度上限制新知识的使用和传播。但两者相比，利大于弊。

6. 为什么市场机制不能解决社会公平问题？我国应当怎样解决这一问题？

答：这是因为市场机制是客观地起作用的，不以人们的伦理道德标准为转移。而在作为市场主体的个人之间，生来就存在种种差别：天赋不同，机遇不同，拥有的资源不同，受教育的机会不同，以及健康状况不同，等等。这些差别在市场的作用下有可能使富人更富、穷人更穷。

我国要解决社会公平问题，首先必须继续完善社会主义市场经济体制，不断发展生产力，为解决社会不公创造良好的环境和条件。在此基础上，实行一系列制度创新，包括：进一步完善社会保障体系，改革国民教育和医疗保障制度，促进充分就业，建立更加公平合理的税收制度和分配结构等。

三、作业题解答

1. 国内外有许多企业都能生产某种个人计算机上的零件，该零件是标准化的，故市场竞争很激烈，可视为完全竞争市场。该零件的市场供给和需求曲线方程为：

$$Q_S=-175+12.5P$$

$$Q_D=125-2.5P$$

式中，Q 为产量（单位：千件）；P 为价格（单位：元/件）。

（1）请画出供求曲线图，并计算它的均衡价格和产量。

（2）借助该图用代数法计算该市场所发生的消费者剩余、生产者剩余和净社会经济福利。

解

（1）若 $Q_S=0$，则 $P=14$；

若 $P=0$，则 $Q_S=-175$；

若 $Q_D=0$，则 $P=50$；

若 $P=0$，则 $Q_D=125$。

根据以上数据，可画出两条曲线（见下图）。

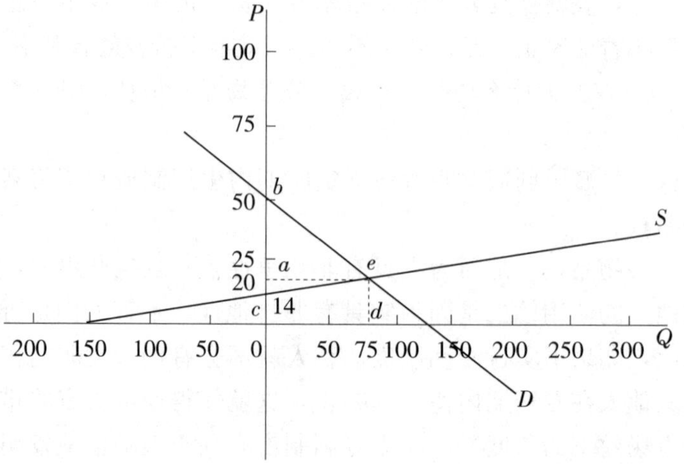

再求均衡价格和产量：

$Q_S = Q_D$

$-175 + 12.5P = 125 - 2.5P$

得 $P = 20$，$Q = 75$

（2）消费者剩余为△*abe* 的面积：

$$消费者剩余 = 75 \times \frac{50-20}{2} = 1\ 125$$

生产者剩余为△*ace* 的面积：

$$生产者剩余 = 75 \times \frac{20-14}{2} = 225$$

净社会经济福利 $= 1\ 125 + 225 = 1\ 350$

2. 近几年来，某微型芯片公司因生产一种具有专利的微处理器而获得了可观的经济利润。这种新产品的市场需求和边际收入曲线方程为：

$P = 5\ 500 - 0.005Q$

$MR = 5\ 500 - 0.01Q$

由于该产品的研发成本已经全部摊入前几期的成本，它现在的固定成本为零。平均变动成本为常数，即每单位 4 500 元。

（1）假如该产品因受专利保护能有效地实行垄断，其利润最大化的价格和产量应是多少？垄断利润是多少？

（2）假如该产品没有专利，被竞争者大量仿制，使市场变为完全竞争的，那么它的最优价格和产量应定为多少？此时经济利润是多少？

解

（1）在垄断条件下，最优化的条件是：$MR = MC$。由于 AVC 为常数，因此可得

$MC = AVC = 4\ 500$

$MR = MC$

$5\ 500 - 0.01Q = 4\ 500$

$Q = 100\ 000$

（注意：在垄断条件下，这是行业产量，也是该公司产量。）

$P=5\ 500-0.005\times 100\ 000=5\ 000$(元)

$\pi=P\cdot Q-AVC\cdot Q$

$=5\ 000\times 100\ 000-4\ 500\times 100\ 000$

$=50\ 000\ 000$(元)

（2）在完全竞争条件下，最优化的条件是：$P=MC$。由于 AVC 为常数，因此可得

$P=MC=AVC=4\ 500$(元)

或　$5\ 500-0.005Q=4\ 500$

$Q=200\ 000$

（注意：在完全竞争条件下，这是行业产量，不是一家公司的产量。）

$P=5\ 500-0.005\times 200\ 000=4\ 500$(元)

$\pi=P\cdot Q-AVC\cdot Q$

$=4\ 500\times 200\ 000-4\ 500\times 200\ 000=0$

可见，市场从垄断变为完全竞争，可使价格下降 500 元（5 000－4 500），行业的产量增加 100 000 单位。同时，经济利润全部消失。

3. 假定有一家自然垄断企业，其向下倾斜的平均成本曲线方程为 $AC=16/Q+1$（其中，AC 的单位为元，Q 的单位为百万件），其需求曲线方程为 $P=11-Q$。

（1）如果这家企业未受管制，将如何确定其价格和产量？

（2）假定政府按平均成本规定它的价格，那么其价格和产量应是多少？

（3）如果按边际成本定价，价格和产量应各定多少？此时企业是否有亏损？如果有亏损，单位产量的亏损额是多少？

解

（1）如未受管制，按利润最大化规则定价：

$MR=MC$

$MR=11-2Q$，$TC=16+Q$，$MC=\dfrac{\mathrm{d}(TC)}{\mathrm{d}Q}=1$

$11-2Q=1$，$Q=5$(百万件)

$P=11-5=6$(元/件)

故如未受管制，价格定为 6 元/件，产量为 500 万件。

（2）如按平均成本定价：

$P=AC$

$11-Q=\dfrac{16}{Q}+1$ 或 $Q^2-10Q+16=0$

$Q=2$(百万件) 或 $Q=8$(百万件)

$Q=2$，则 $P=11-2=9$(元/件)

$Q=8$，则 $P=11-8=3$(元/件)

这里，高价格（9）和低产量（2）的答案不合理，故如按平均成本定价，应把价格定为 3 元/件，产量为 800 万件。

（3）如按边际成本定价：

$P=MC$

$11-Q=1$，则 $Q=10$(百万件)

$P=11-10=1$(元/件)

按边际成本定价，应把价格定为1元/件，产量为1 000万件。此时的利润 $\pi=P\cdot Q-TC=1\times10-16-10=-16$，故此时亏损1 600万元，单位产量亏损$=\frac{16}{10}=1.6$ 元/件。

4. 某政府有关部门正在考虑对所辖的大昌煤气公司的煤气价格进行管制。这家煤气公司的年度需求和边际收入曲线方程为：

$P=81-0.004\,5Q$

$MR=81-0.009Q$

式中，P 为煤气价格（单位：元/百立方米），Q 为年产量（单位：百立方米）。年度总成本和边际成本曲线方程为：

$TC=36\,200+21Q+0.000\,5Q^2$

$MC=21+0.001Q$

该公司的总资产为1 000 000元，政府有关部门批准它的投资回报率为11%。问：

（1）如果该煤气公司不受管制，其利润最大化的价格和产量应为多少？此时，投资回报率是多少？

（2）如果政府对公司进行价格管制，将投资回报率限定为11%，其价格应定为多少？

解

（1）求利润最大化的价格和产量：

$MR=MC$

$81-0.009Q=21+0.001Q$

$Q=6\,000$

$P=81-0.004\,5\times6\,000$

$=54$(元/百立方米)

$\pi=TR-TC$

$=54\times6\,000-36\,200-21\times6\,000-0.000\,5\times6\,000^2$

$=143\,800$(元)

假如该公司有资产1 000 000元，最优的投资回报率将为：

$143\,800/1\,000\,000=14.38\%$

（2）如果政府对公司进行管制，限定投资回报率为11%，该公司的年度利润为：

$\pi=11\%\times1\,000\,000=110\,000$(元)

假定在该利润水平上，公司产量为 Q：

$110\,000=(81-0.004\,5Q)Q-36\,200-21Q-0.000\,5Q^2$

或　$0=-0.005Q^2+60Q-146\,200$

$$Q=\frac{-b\pm\sqrt{b^2+4ac}}{2a}$$

$$=\frac{-60\pm\sqrt{60^2+4\times(-0.005)\times(-146\,200)}}{2\times(-0.005)}$$

$=\frac{-60\pm\sqrt{676}}{-0.01}$

$=3\ 400$ 或 $8\ 600$

政府希望公用事业能提供尽可能多的服务，故应选择其中较高的产量 8 600 百立方米。根据这一产量，价格应定为：

$P=81-0.004\ 5\times 8\ 600$

$=42.3$(元/百立方米)

限定煤气价格为 42.3 元/百立方米，将能保证该公司获得公平的投资回报率 11%。

5. 某企业生产一种特殊轮胎，专门用于冬天的冰雪路面。它的需求方程为 $P=170-5Q$。式中，Q 为轮胎的产量，单位为千个；P 为价格，单位为元/个。该轮胎的平均成本为 60 元/个（假定该企业按平均成本定价，只谋求正常利润）。

(1) 请确定该轮胎的售价和产量。

(2) 假定使用这种轮胎对道路有一定的损害。估计这种损害（用货币表示，单位：元）为 $C=0.25Q^2$，即每增加一个轮胎给道路带来的损害为 $MC=0.5Q$。由于该轮胎对道路有损害，政府打算限制它的产量，以谋求最大的净社会经济福利。政府的限量应定为多少？此时轮胎的市场价格是多少？净社会经济福利是多少？

(3) 政府可采用什么办法来实现上述结果？请给出解释。

解

(1) $P=AC$

$170-5Q=60$，$Q=22$(千个)

$P=170-5\times 22=60$(元/个)

(2) 轮胎具有负外部经济效应，产量决策时应使用社会边际成本：

$MC'=0.5Q+60$，$MB=170-5Q$

$170-5Q=0.5Q+60$，$Q=20$(千个)

$P=170-5\times 20=70$(元/个)

净社会经济福利的大小应等于需求曲线以下，MC' 曲线以上的三角形（$\triangle abc$）的面积。这块面积的大小为：$(170-60)\times 20\times\frac{1}{2}=1\ 100$（见下图）。

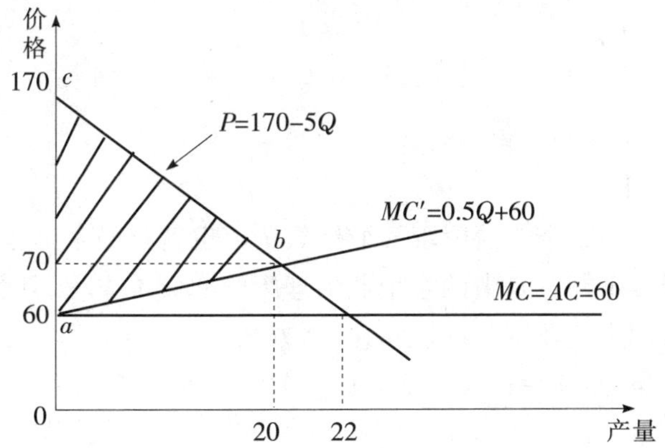

（3）可用征税的办法使外部成本内部化。税额应为 $0.5Q=0.5\times20=10$ 元/件。

6. 某市有两家大企业是主要的大气污染源。目前每家企业排放的废气约为每年 1 500 万立方米。企业治理废气排放的成本分别为：$C_1=2Q_1+0.1Q_1^2$ 和 $C_2=0.15Q_2^2$，式中，Q_1 和 Q_2 分别为两家企业治理废气的数量。治理废气的社会效益估计为 $B=9Q-0.2Q^2$，式中，Q 为两家企业治理废气的总数，即 $Q=Q_1+Q_2$。

（1）请列出治理废气的边际收益（MB）和两家企业治理的边际成本（MC_1 和 MC_2）方程。

（2）假定政府打算根据净社会经济福利最大的原则（$MB=MC_1=MC_2$）为两家企业确定排污限额。问：这两家企业的排污限额应各定多少？为什么两家企业的排污限额不同？

（3）假定政府向两家企业征收统一的排污税 4 元/立方米，两家企业将各排多少废气？

（4）政府为了实现最优排污量，应把排污税定为多少？

解

两家企业治理废气的成本曲线见下图。

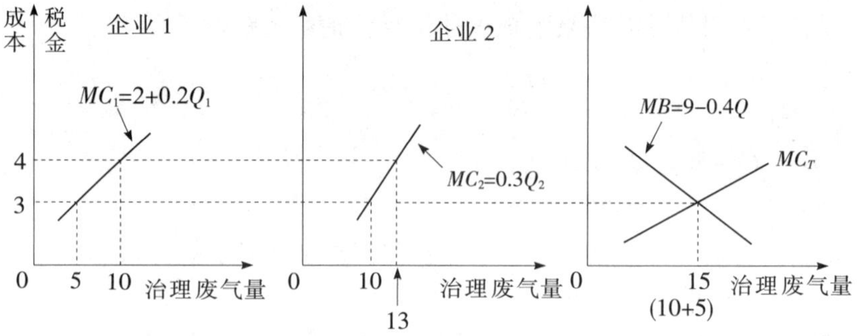

（1）治理废气的边际收益方程为：$MB=9-0.4Q$

治理废气的边际成本方程为：$MC_1=2+0.2Q_1$

$$MC_2=0.3Q_2$$

（2）排污量最优时，$MB=MC_1=MC_2$

$$9-0.4Q=2+0.2Q_1 \tag{1}$$

$$9-0.4Q=0.3Q_2 \tag{2}$$

$$Q=Q_1+Q_2 \tag{3}$$

解联立方程（1）～（3），得

$Q_1=5$，$Q_2=10$

式中，Q_1 和 Q_2 分别为两家企业治理废气最优数量，也就是两家企业治理废气的限额。

两家企业排污限额不同，是由两家企业治理废气的成本方程不同导致的。

（3）假如政府向两家企业统一征税 4 元/立方米，则

企业 1 治理废气量为：$4=2+0.2Q_1$，$Q_1=10$

企业 2 治理废气量为：$4=0.3Q_2$，$Q_2=13.3$

（4）前面已知当 $Q_1=5$，$Q_2=10$ 时，排污量为最优，则

$MC_1=2+0.2\times 5=3$

$MC_2=0.30\times 10=3$

所以，政府为了实现最优排污量，应把排污税定为 3 元/立方米。

7. 政府打算确定修建高速公路的长度。修建和维护高速公路的全部成本为$C=1.8L+0.01L^2$。式中，L 为公路长度，单位为千米。公路对商业用车辆群的收益为 $B_c=2.05L-0.02L^2$，对一般车辆群的收益为 $B_d=1.5L-0.02L^2$。该公路的最优长度应为多少？（提示：使 $MB_c+MB_d=MC$。）

解

先计算 MC，MB_c，MB_d 和 MB_T：

$$MC=1.8+0.02L$$
$$MB_c=2.05-0.04L$$
$$MB_d=1.5-0.04L$$
$$MB_T=3.55-0.08L$$

（注意，公共物品的市场需求曲线是单个消费者需求曲线的垂直相加。）

最优长度的条件是（见下图）：

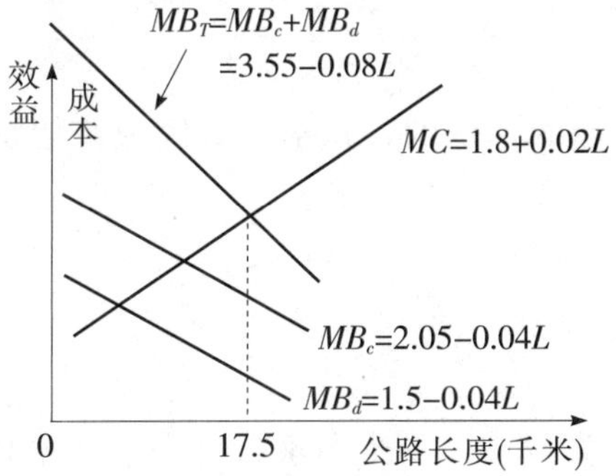

$$MB_T(=MB_c+MB_d)=MC$$
$$3.55-0.08L=1.8+0.02L$$

则　$L=17.5$(千米)

第 12 章
企业的全球经营

当前很多企业的经营是面向全球的，几乎所有国家都要进口和出口产品。我国已经成为世界第一贸易大国。

一、名词解释

1. **比较优势**是指在国际贸易中，一个国家与另一个国家相比，能用较低机会成本生产一种产品的能力。

2. **汇率**是指用一个国家的货币来表示的另一个国家货币的价格。

3. **自由贸易**是指政府不加干预，在自由竞争条件下进行国际贸易。

4. **关税**是指向进口产品征税，以限制这种产品的进口和增加政府的收入。

5. **配额**是指规定进口的产品数量的上限，以保护国内生产者。

6. **跨国企业**是指由一家母公司和分布在国外的一些子公司组成的经济实体。母公司在不同程度上拥有子公司的股权。

二、复习思考题参考答案

1. 假定日本的汽车工人每人每天能生产 6 个汽车部件或在生产线上组装 4 辆汽车；而韩国工人每天只能生产 1 个部件或组装 3 辆汽车。问：两国生产部件和组装汽车的机会成本各为多少？如果一个国家出口部件，另一个国家出口汽车，那么哪个国家应当出口汽车，哪个国家出口部件？

答：由题可知：

	每个工人每天的产量	
	部件	组装汽车
日本	6	4
韩国	1	3

日本组装汽车的机会成本：6/4＝1.5 个部件

韩国组装汽车的机会成本：1/3 个部件

因韩国组装汽车的机会成本低，故应由韩国组装并出口汽车。

日本生产部件的机会成本：$4/6=\frac{2}{3}$辆组装汽车

韩国生产部件的机会成本：3 辆组装汽车

因日本生产部件的机会成本较低，故应由日本生产和出口部件。

2. 下图说明了汇率的变动对我国居民对美元需求的影响。当需求曲线移到 D_2 时，我国政府决定把汇率定在 X_2，此时我国居民对美元的需求量将发生什么变化？如果此时我国政府把汇率仍固定在 X_1，我国居民对美元的需求量将发生什么变化？

答：我国居民对美元的需求量将从 Q_1 增加到 Q_2，此时供需仍处于均衡状态。如果把汇率仍固定在 X_1，那么对美元的需求会增加到 Q_3，但美元的供给量只有 Q_1。此时供需不均衡，供不应求，差额为 Q_3-Q_1。

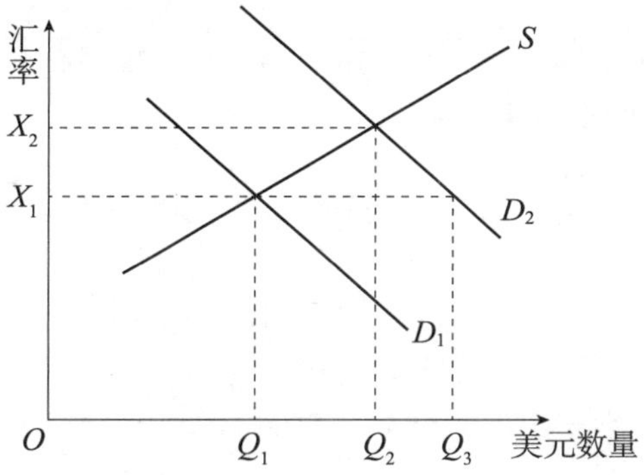

三、作业题解答

1. 东南亚某个国家的大米市场的供需曲线分别为：$Q_S=-12+6P$，$Q_D=28-4P$。Q 的单位为百万千克/日；P 为价格，单位为元/千克。

（1）如果国内市场属于完全竞争市场，没有进口，求大米的均衡价格和产量，并计算其消费者剩余和生产者剩余（单位按百万元计）。

（2）现假定没有贸易壁垒，全球的大米价格为 3 元，请求证该国是否会进口大米。请求出国内需求量 Q_D、供给量 Q_S 和进口量 Q_D-Q_S 的值。该国的福利状况是否好于问题（1）的情况。（通过计算消费者剩余和生产者剩余的变化来说明。）

（3）政府既想实行自由贸易，又想对国内大米生产者有所帮助，决定对国内的大米生产者给予每千克 1 元的补贴。问：发放这一补贴后，大米的国内产量是否会与问题

（1）相同？该国总的福利状况与问题（2）相比是好还是坏？把补贴成本也考虑在内。（提示：可先绘图，根据图形计算和比较社会经济福利的大小。）

解

（1）绘制图，见下图。

$Q_{D_0}=28-4P$　　(1)

$Q_S=-12+6P$　　(2)

求均衡价格和产量。

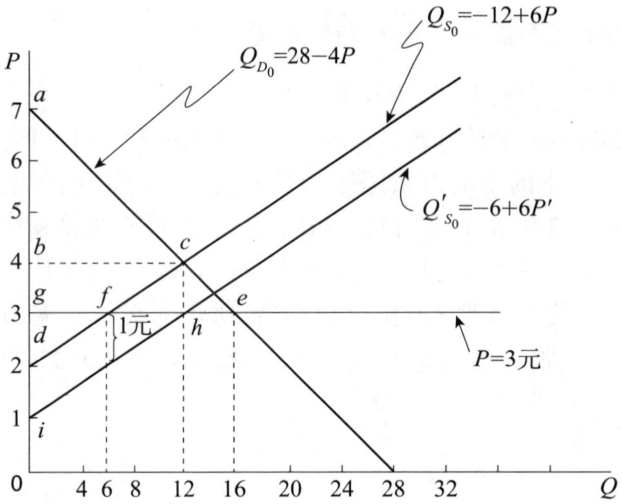

均衡点在供求曲线的交点上：

$28-4P=-12+6P$

得　$P=4$，$Q=12$

消费者剩余$(CS)=\triangle abc=(7-4)\times 12\times \frac{1}{2}=18$

生产者剩余$(PS)=\triangle bcd=(4-2)\times 12\times \frac{1}{2}=12$

$CS+PS=18+12=30$

（2）该国将进口大米，此时 $P=3$，代入式（1）得

$Q_{D_0}=16$，$P=3$

再代入式（2），得

$Q_{S_0}=6$

进口量$=Q_D-Q_S=16-6=10$

此时：

$CS=\triangle aeg=16\times(7-3)\times \frac{1}{2}=32$

$PS=\triangle dgf=6\times(3-2)\times \frac{1}{2}=3$

$CS+PS=32+3=35$

$35>30$，说明福利状况好于问题（1）（即进口大米比不进口好）。

（3）若国内生产者每千克大米补贴 1 元：

假定：Q'_{S_0} 为补贴后供给量，P' 为补贴后价格，则新供给曲线应为：

$$Q'_{S_0}=-12+6(P'+1)$$

或 $$=-6+P'$$

将 $P'=3$ 代入上述方程，得 $Q'_{S_0}=12$。即补贴后，国内产量从 6 增加到 12。此时：

$$CS=\triangle aeg=(7-3)\times16\times\frac{1}{2}=32$$

$$PS=\triangle gih=(3-1)\times12\times\frac{1}{2}=12$$

$$CS+PS=32+12=44$$

但因国家支出补贴数为：$12\times1=12$

$$44-12=32$$

$32<35$，故国家用补贴来保护生产者的总经济福利不如自由贸易。

2. 假定某国石油的国内需求曲线、国内供给曲线和石油的全球价格如下图所示，假定不考虑运输成本，该国自己的石油产量很小，在全球无定价权。如果政府实行自由贸易，不限制进口，其消费者剩余和生产者剩余各为多少？如果征收关税以完全限制进口，消费者剩余和生产者剩余各为多少？两者的变化各为多少？

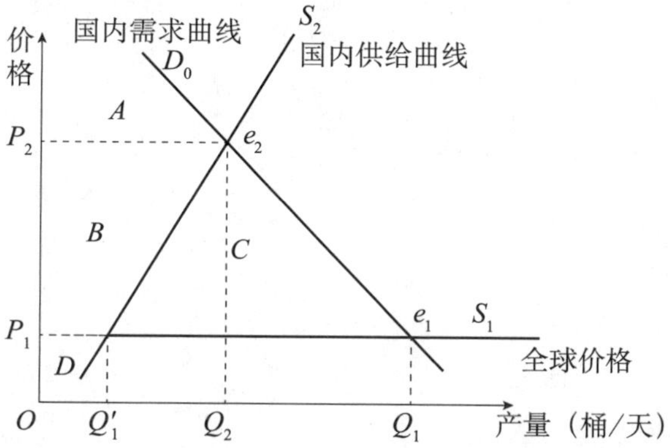

（提示：本题可用图中 A，B，C，D 面积的不同组合，来说明不同情况下消费者剩余（CS）和生产者剩余（PS）的多少。）

解

由题可知：

	自由贸易	禁止进口	变化
消费者剩余（CS）	A+B+C	A	$-B-C=\Delta CS$
生产者剩余（PS）	D	B+D	$B=\Delta PS$
总剩余（TS=CS+PS）	A+B+C+D	A+B+D	$-C=\Delta TS$

从图中看出，国外供给曲线在全球价格（P_1）时为水平线，总的供给曲线为国外供给曲线与国内供给曲线的水平相加，如图中 S_1 所示。它说明当价格为 P_1 时，供给曲线

是水平的，当价格低于 P_1 时是向右上方倾斜的。如果实行自由贸易，均衡点在 e_1，意味着进口$=Q_1-Q_1'$。国内需求量为 Q_1，国内生产量为 Q_1'。此时，$CS_F=A+B+C$，$PS_F=D$，$TS_F=CS_F+PS_F=A+B+C+D$。如果征收关税，完全禁止进口，此时，$CS_T=A$，$PS_T=B+D$，$TS_T=CS_T+PS_T=A+B+D$。

变化为：

$$\Delta CS=CS_T-CS_F$$
$$=A-(A+B+C)=-B-C$$
$$\Delta PS=PS_T-PS_F$$
$$=(B+D)-D$$
$$=B$$
$$\Delta TS=\Delta CS+\Delta PS=-B-C+B=-C$$

以上计算说明，与自由贸易相比，禁止进口会使消费者剩余减少（$-B-C$）；使生产者剩余增加（B），使总经济福利净减少（$-C$）。

第二部分

题 库

问答题

绪　论

00－1　为什么说边际分析法体现了向前看的决策思想？

答：边际分析法是决策的基本方法，它的精髓在于：判断一个行动方案是否值得，关键是看事物的境况在采取该行动后比采取前是改善了还是恶化了，即向前看境况的变化，而不管事物在过去（或将来）的境况怎样。例如，在企业产量决策中，如果增产能使利润增加（向好的方向变化），增产就是可取的，否则就不可取，这里不需要看企业过去（或将来）究竟有多少利润。

00－2　为什么在做管理决策时，必须使用机会成本，而不是会计成本？

答：因为资源是稀缺的，如把它用于甲用途，就不能再用于乙用途。决策就是进行这种选择，即在诸多用途中选择最优用途。这就需要比较资源用于不同用途可能带来的价值。机会成本代表资源用于其他次好用途可能带来的价值（收入）。在决策中使用机会成本，就能比较出资源用于本用途的相对优劣。会计成本是历史成本，而决策总是面向将来的。会计成本只反映使用企业资源的实际货币支出，没有反映企业为使用这些资源而付出的总代价。因此，会计成本不能用于决策。

00－3　为什么说经济利润是社会资源优化配置的指示器？

答：经济利润等于销售收入减机会成本。销售收入是指资源用于本用途可以得到的价值（收入），机会成本是指资源如用于其他次好用途可能得到的价值（收入）。所以，经济利润大于零，说明资源用于本用途的价值高于次好用途，本用途的资源配置较优。同理，经济利润小于零，说明本用途的资源配置不合理。故经济利润是资源优化配置的指示器。

第1章

01-1 2010年，某大学的学费是6 000元，入学人数为5 000人。到2020年，学费增加到8 000元，入学人数增加到6 000人。这一变化是否意味着它的需求曲线是自左向右向上倾斜的？请给出解释。

答：需求曲线的规律是自左向右向下倾斜，即当价格上升，需求量就会减少。但这里的条件是，非价格因素不变。在此题中，学费涨了，入学人数反而增加，是由于非价格因素也发生了变化（例如，人们对教育更加重视了，人们的收入水平提高了，等等）。这些非价格因素导致需求曲线从D外移到D'（见下图）。

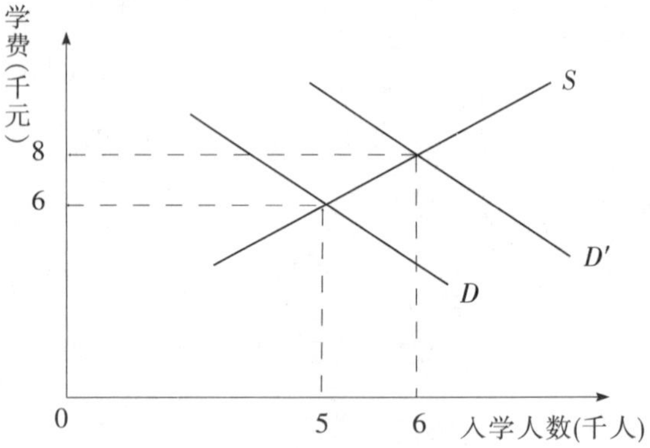

尽管学费从6 000元增加到8 000元，入学人数仍从5 000人增加到6 000人。这一现象并不意味着需求曲线自左向右向上倾斜，而是说明需求曲线发生了位移。

01-2 为什么行业（市场）需求曲线的价格弹性比企业需求曲线要小？请给出解释。

答：由于在行业内部企业之间存在竞争，如果一家企业提高价格，消费者就可能转而购买其他企业的产品。如果这家企业降价，原来购买其他企业产品的顾客又有可能转而购买该企业的产品。所以，竞争使企业的需求量对价格的变动更加敏感。故企业需求曲线的价格弹性要大于行业（市场）需求曲线。

01-3 需求曲线有什么共同的规律？供给曲线有什么共同的规律？请给出解释。

答：任何需求曲线都有一个共同的规律，即它总是一条自左向右向下倾斜（斜率为负）的曲线。这是因为需求量的变动有自己的规律：价格上涨，需求量就减少；价格下跌，需求量就增加。两者通常按相反方向变化。

供给曲线也有自己的规律：它总是一条自左向右向上倾斜（斜率为正）的曲线。这也是因为供给量的变动有自己的规律：价格上涨，供给量就增加；价格下跌，供给量就减少。两者呈相同方向变化。

01-4 请画出需求曲线的位置来说明：

（1）增加居民收入对低档品需求的影响；

（2）产品 A 的价格下跌对替代品 B 需求的影响；

（3）居民收入减少对正常品需求的影响；

（4）产品 A 价格上涨对互补品 B 需求的影响。

答：（1）

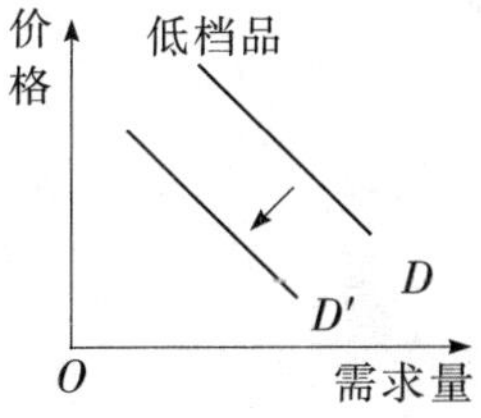

（2）

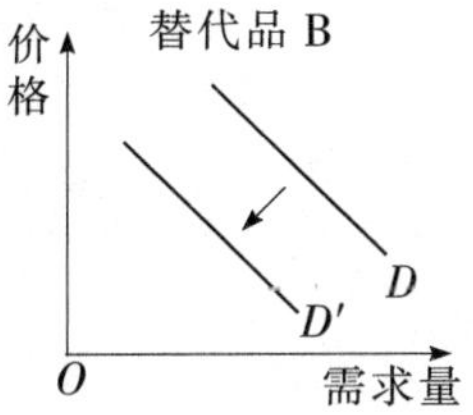

（3）

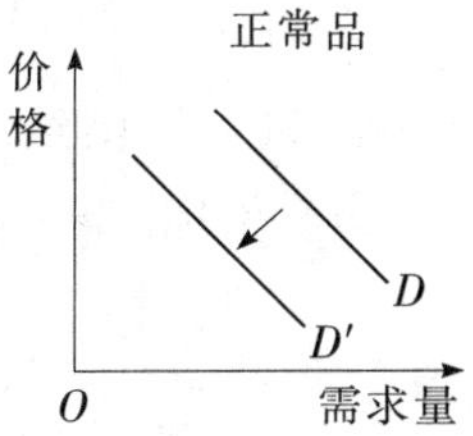

（4）

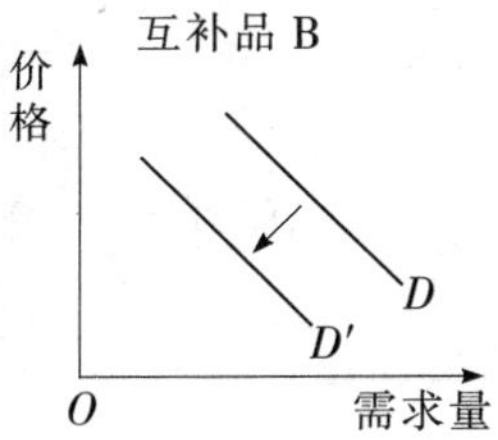

01－5 请用需求-供给分析图来说明以下事件对苹果市场价格和购销量的影响：

（1）科学家发现，每天吃一个苹果能防止动脉硬化；

（2）甜橙的价格上涨了 3 倍；

（3）一场干旱使苹果的收成比原来减少了 2/3；

（4）成千上万家农户新加入苹果种植者行列。

答：（1）

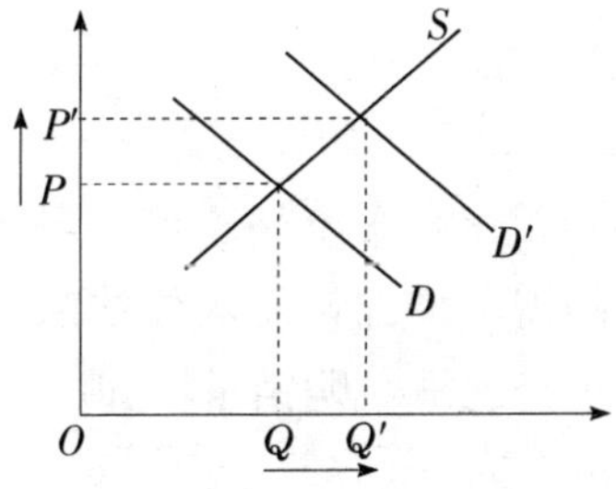

发现苹果的食疗作用，使需求曲线从 D 移到 D'，价格上涨，购销量增加。

（2）

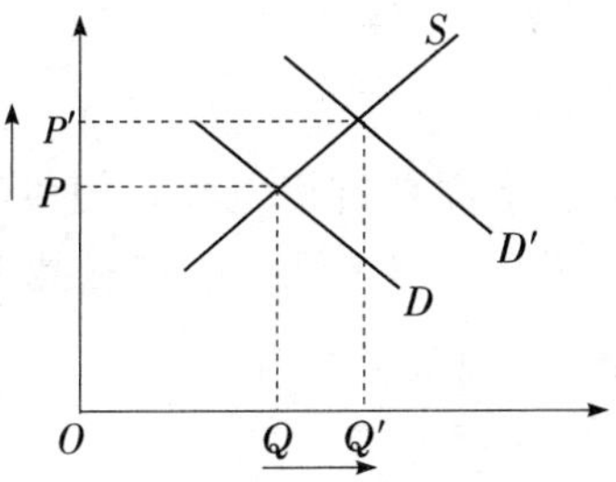

替代品价格上涨，使苹果的需求增加，价格上涨，购销量增加。

(3)

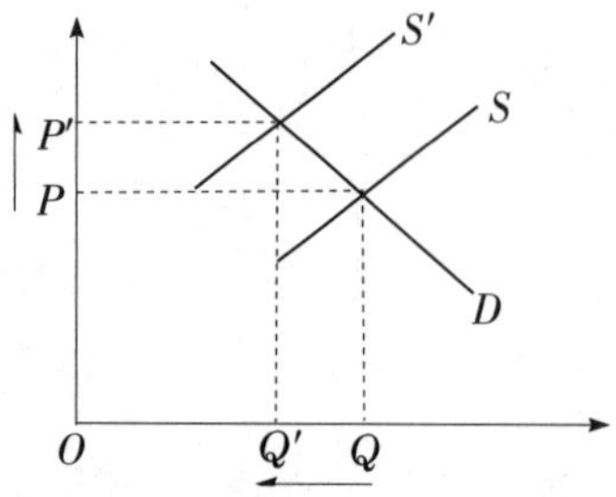

收成减少，使供给曲线上移（从 S 移到 S'），价格上涨，购销量减少。

(4)

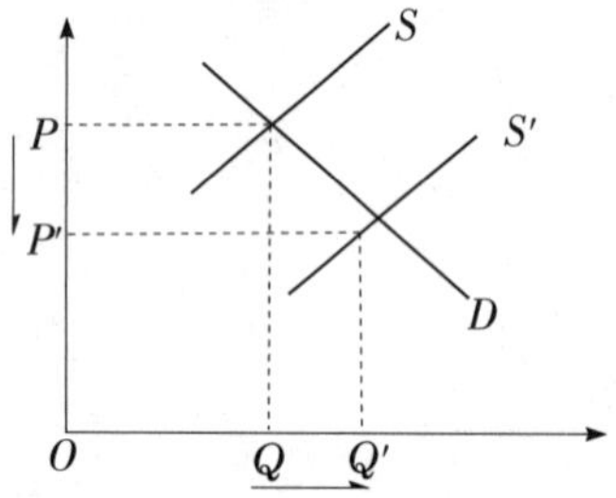

更多农户开始种植苹果，使供给曲线从 S 移到 S'，价格下跌，购销量增加。

01－6 请画出需求和供给曲线来说明以下事件会怎样影响棉布的价格和购销量。

(1) 化纤布价格上涨；

(2) 棉花价格上涨；

(3) 人均收入水平提高；

(4) 人们更喜欢穿棉制品。

答：(1)

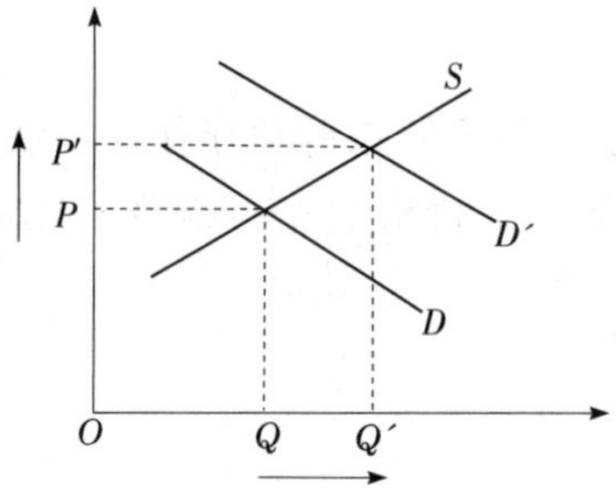

化纤布价格上涨，导致人们对棉布的需求增加，需求曲线从 D 外移到 D'，价格上涨，购销量增加。

(2)

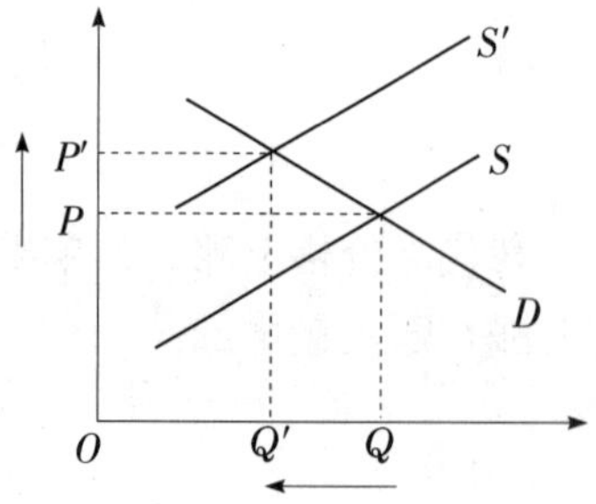

原料价格上涨，使供给曲线上移到 S'，价格上涨，购销量减少。

(3)

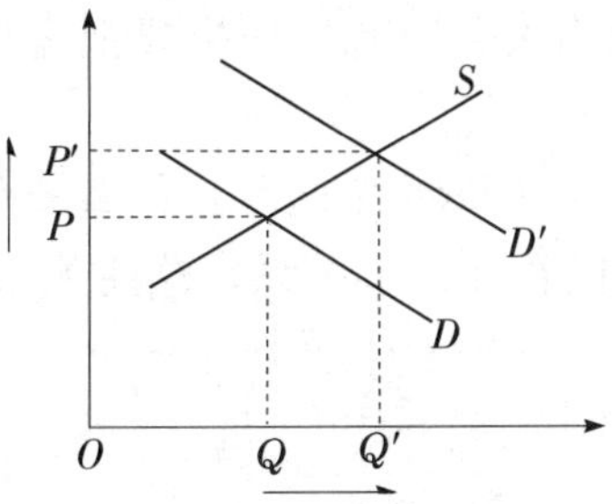

人均收入水平提高，使人们对棉布的需求增加，需求曲线从 D 外移到 D'，价格上涨，购销量增加。

(4)

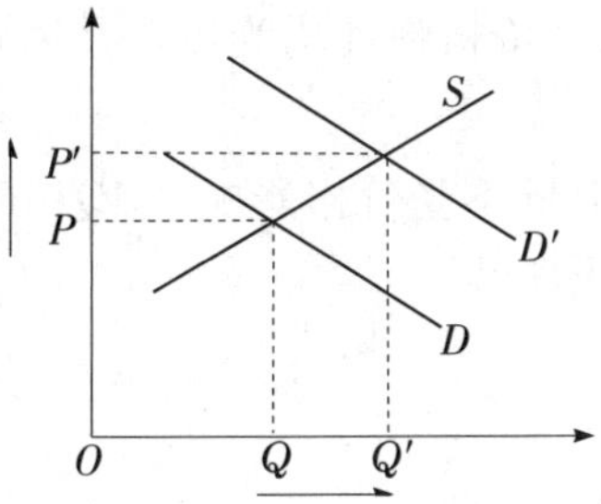

人们更加喜欢穿棉制品，使需求曲线外移，价格上涨，购销量增加。

第 2 章

02 - 1 为使利润最大化，企业产品的价格不应定在需求曲线的非弹性需求段。这句话是否正确？请给出解释。

答：因为在非弹性需求段，边际收入为负值，此时提高价格，不仅能增加销售收入，而且能因产量减少而使总成本降低。所以，在非弹性需求段，如提高价格，就能使利润增加。这说明在这一需求段定价，利润不会最大。为使利润最大，需要继续提高价格，直至走出这一需求段。

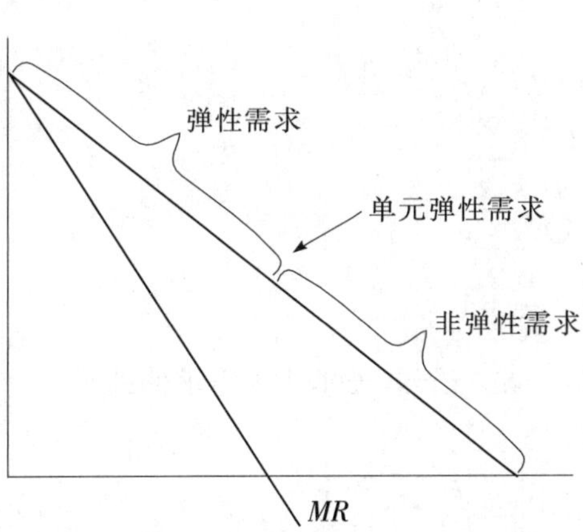

02 - 2 如果张三总是用自己的全部收入来购买某两种物品，那么这两种物品不会都是低档品。请对这句话作出评论和解释。

答：这句话是对的。如果张三总是用自己的全部收入来购买两种物品，当两种物品中有一种是低档品时，随着张三收入的增加，对它的购买若减少，就必然要增加对另一种物品的购买量，否则不能把全部收入都花出去。因此，如果要把全部收入都花出去，两种物品就不能都是低档品。

02-3 在需求的价格弹性（ε_p）和总收入（TR）之间存在什么关系？请给出解释。

答：价格弹性（ε_p）和总收入（TR）之间存在以下关系，这些关系对企业正确定价十分重要：

价格	$\lvert\varepsilon_p\rvert>1$	$\lvert\varepsilon_p\rvert=1$	$\lvert\varepsilon_p\rvert<1$
提价	TR 减少	TR 不变	TR 增加
降价	TR 增加	TR 不变	TR 减少

02-4 如果在所有价格水平上，某产品需求的价格弹性均为零，其需求方程应是怎样的？

答：需求方程为：$Q=b$，b 为常数。因为需求量不受价格影响，$\mathrm{d}Q/\mathrm{d}P=0$，所以价格弹性始终为零。从下图看，它是一条垂直的需求曲线。

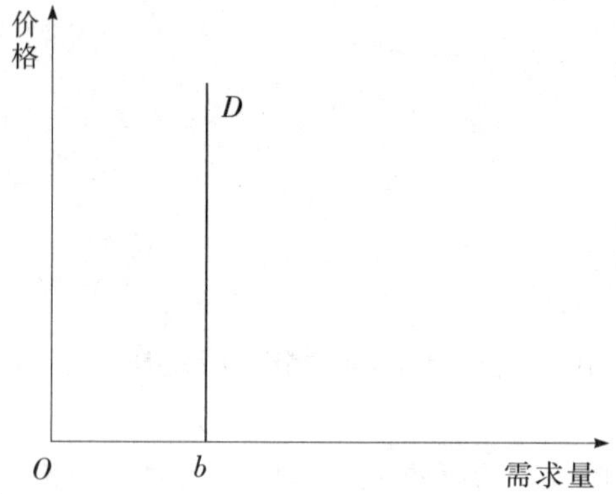

02-5 在右图中，直线 AB 为一条需求曲线，C 点为 AB 的中点。A，B 和 C 点的价格弹性各是多少？请证明。

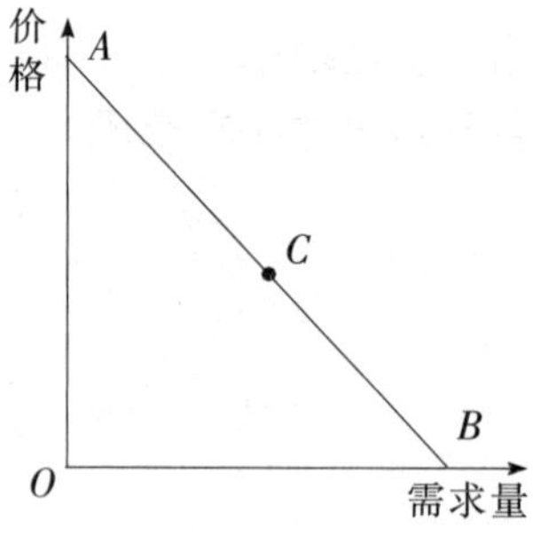

证：$\varepsilon_p=\dfrac{\mathrm{d}Q}{\mathrm{d}P}\cdot\dfrac{P}{Q}$

在 A 点，$Q=0$，$\varepsilon_p=\infty$。

在 B 点，$P=0$，$\varepsilon_p=0$。

在 C 点，斜率$=\dfrac{\mathrm{d}P}{\mathrm{d}Q}=\dfrac{P}{Q}$。

$$\varepsilon_p=\frac{\mathrm{d}Q}{\mathrm{d}P}\cdot\frac{P}{Q}=\frac{Q}{P}\cdot\frac{P}{Q}=1$$

02-6 请证明 $P\cdot Q=k$ 是一条单元弹性的需求曲线。

证：$Q=k/P$

$$\lvert\varepsilon_p\rvert=\left|\frac{\mathrm{d}Q}{\mathrm{d}P}\cdot\frac{P}{Q}\right|=\left|-\frac{k}{P^2}\cdot\frac{P}{k/P}\right|=1$$

因此，$P\cdot Q=k$ 是一条单元弹性的需求曲线。

第3章

03-1 在需求估计中，与访问调查法相比，市场实验法有哪些优点和缺点？

答：与访问调查法相比，市场实验法的优点是：它是对顾客客观行为的调查，故能比较真实地反映消费者的行为。其缺点是：(1) 有风险。如果产品在实验时提高了价格，一部分顾客就会转而购买竞争者的产品，实验结束后，这些顾客很难再回来。(2) 实验的结果可能会受企业所不能控制的因素变化的影响。(3) 因为市场实验的时间一般较短，顾客可能并不完全知道价格的变动，所以他们的反应不能充分说明这一变动对需求量的可能影响。

03-2 用回归分析法进行需求估计时，在对估计的回归方程的可靠性进行确认之前，需要检查哪些方面的问题？

答：首先要防止出现教材中提到的回归分析中应注意的四个问题；其次是可决系数应当相对较高，估计标准误差和系数标准误差应当相对较低。

03-3 假如你根据过去20年新闻纸每年的价格和需求量数据来估计用于说明新闻纸需求量与价格之间关系的回归方程。问：这一估计结果是否可靠？为什么？

答：这一估计结果不可靠。因为20年的时间很长，在此期间，除价格，影响需求量的其他因素（如消费者的收入、偏好、替代品的价格等）肯定也会发生变化，所以，仅根据20年中每年的需求量和价格数据是不可能正确估计需求曲线的。

第4章

04-1 请回答以下两个问题：

(1) 比较边际收益递减和规模收益递减两个概念，并指出它们的区别。

(2) 比较边际收入和边际产量收入两个概念，并指出它们的区别。

答：(1) 边际收益递减是指随着单一可变投入要素投入量的增加（固定投入要素投入量不变），可变投入要素的边际产量递减；规模收益递减是指当所有投入要素都按同一比例变化时，收益的增加相对于投入量的增加是递减的。

(2) 边际收入是产量的函数，边际产量收入是可变投入要素投入量的函数。

04-2 生产的三个阶段是怎样划分的？划分这些阶段有什么意义？

答：根据可变投入要素投入量的多少，可把生产划分为三个阶段（见下图）。在第一阶段，可变投入要素的投入量小于平均产量最高时的投入量（OA），在这个阶段，可变投入要素的投入量过少，致使固定要素被闲置，固定要素的边际产量为负值，故这一阶段不合理。在第三阶段，可变投入要素的投入量大于边际产量为零时的投入量（OB），此时，可变投入要素投入量过多，其边际产量为负值，说明这一阶段也不合理。在第二阶段，可变投入要素的投入量在 OA

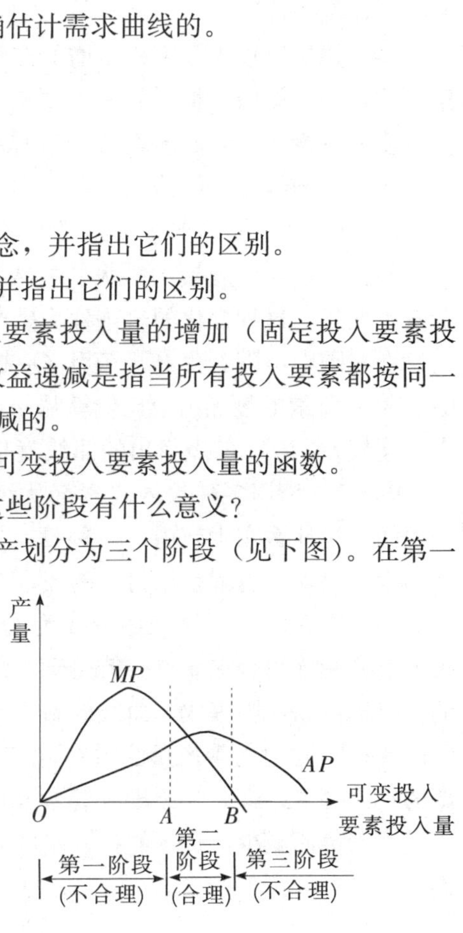

和OB之间，可变和固定投入要素的边际产量均为正值，说明在这一阶段可变投入要素的投入量是合理的。这样划分生产阶段的意义在于它告诉我们，投入要素之间在投入量上必须保持合理的比例关系。

04-3 如果两种投入要素在生产过程中能完全互相替代，它的等产量曲线是什么形状？如果它们完全不能互相替代，又是什么形状？

答：如果两种投入要素能完全替代，它的等产量曲线是一条直线。如果两种投入要素完全不能替代，它的等产量曲线是直角线。

04-4 请解释为什么当总成本发生变化（价格不变）时，等成本曲线会平行移动，但如果总成本不变，只有一种投入要素的价格变化，等成本曲线就环绕其中一个截距转动。

答：等成本曲线的方程为：$C=P_K \cdot K+P_L \cdot L$，或$K=\frac{C}{P_K}-\frac{P_L}{P_K}L$，故等成本曲线的斜率是由两种投入要素的价格比决定的。如果总成本水平发生变化而价格不变，等成本曲线就只会平行移动，因为它的斜率未变。但如果两种投入要素中有一种的价格发生变化，两种投入要素的价格比就会发生变化，等成本曲线的斜率也就会发生变化，此时，如果总成本不变，等成本曲线就会围绕其中一个截距转动。

04-5 请解释"当每种投入要素每投入一元所新增的产量都相等时，投入要素之间的组合比例最优"。

答：如果每投入一元所新增的产量不等，就可以通过增投一元新增产量大的投入要素，减投一元新增产量小的投入要素（从而总成本不变）而使总产量增加。只有当每种投入要素每投入一元所新增的产量都相等时，在总成本不变的条件下，不可能再通过调整投入要素的组合比例使总产量更大，这时，各种投入要素之间的组合比例才是最优的。

04-6 什么是生产扩大路线？请画图说明。

答：随着生产规模的扩大，投入要素最优组合的比例会发生变化，这种变化的轨迹称为生产扩大路线。

在右图中，随着生产规模从Q_1扩大到Q_2，再扩大到Q_3，投入要素的最优组合比例就从a点变为b点，再变为c点。连接a，b，c各点得出的曲线就是生产扩大路线。

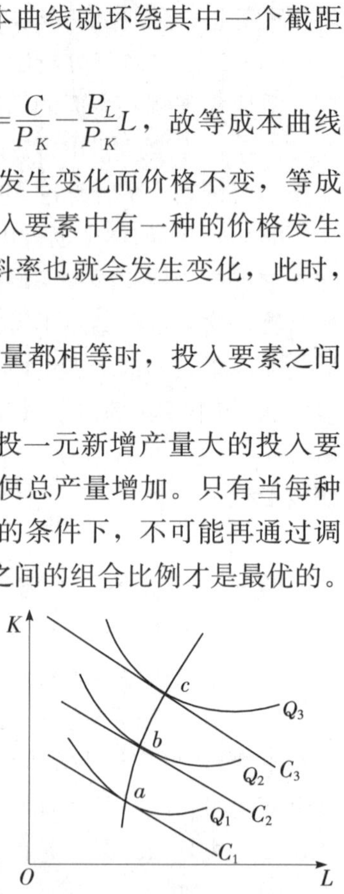

04-7 请用多种投入要素最优组合原理（结合画图）来说明，为什么在生产中，一种投入要素涨价，人们就会少用这种投入要素，而多用另外的投入要素，也就是用另外的投入要素来替代涨价的投入要素。

答：在右图中，等产量曲线为Q，等成本曲线为C，投入要素最优组合在a点。若劳动力涨价，两种投入要素的价格比提高，则等成本曲线的斜率增大，等成本曲线从C转到C'，这时与等产量曲线Q相切于b点。b点即代表新的投入要素组合，与原投入要素组合相比，劳动力的投入量因涨价而减少，资本的投入量则因劳动力价格的上涨而增加。

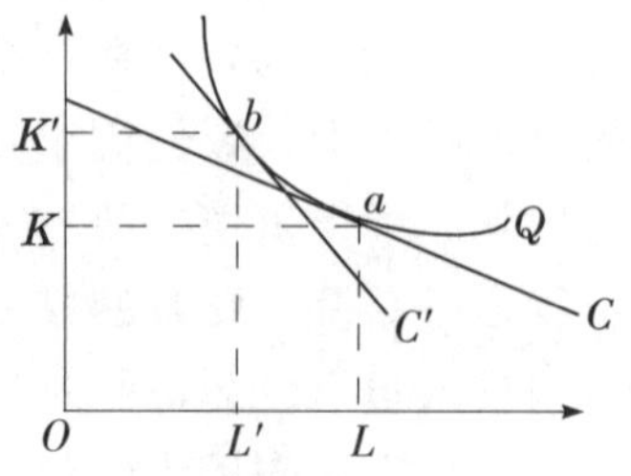

第 5 章

05－1 边际分析法和增量分析法之间的共同点是什么？它们之间的区别又是什么？

答：边际分析法和增量分析法都是管理决策的科学方法，都体现了向前看的决策思想。区别在于，边际分析法分析的是产量的单位变化对收入、成本和利润等的影响，增量分析法则分析的是某种决策对收入、成本和利润等的影响。边际分析法偏重理论，增量分析法则多用于实际。

05－2 库存和设备的账面价值属于什么成本？为什么它们与管理决策不相关？在决策时，它们应当使用什么成本？

答：库存和设备的账面价值是历史成本，是过去已经支出、不受当前决策影响的成本，因而与当前的决策无关，属于沉没成本。在决策时应当使用它们的机会成本，库存物资的机会成本等于它们当前的市价，设备的机会成本应当等于它们当前的变卖价值。

05－3 请举例说明：在什么情况下，一种投入要素的机会成本为零；如果一种投入要素能用于多种不同用途，应如何确定它的机会成本。

答：如果一种投入要素已经卖不出去，又无法转作他用，即使购入时原价较高，其机会成本也为零。一种投入要素如有多种其他用途，它的机会成本应当等于多种其他用途中的最优用途可能带来的净收入。

05－4 为什么说“短期成本函数适用于企业经营决策，长期成本函数适用于企业长期规划”？

答：因为在企业的日常经营中，设备、厂房等都已建成，无法变更，要增加产量，只能增加劳动力或原材料等可变投入要素。这时进行决策自然要用短期成本函数，因为它包含固定成本。企业在进行长期规划时，可以考虑增减厂房和设备等固定资产，以进一步降低成本，这时，所有的投入要素都成了可变的，故应使用长期成本函数。

05－5 联合制药公司已经投入 500 万元来开发和试验一种新药。市场营销部门的经理估计，为了使这种产品投入市场，还需要投入 300 万元广告费，但将来全部销售收入估计只有 600 万元，即支出将超过收入 200 万元（500＋300－600）。为此，他建议停止生产和销售这种药品。你认为他的建议是否正确？如果会计部门现在又提出，如果经营这种产品，还必须分摊公司的间接费用 350 万元。这一新的信息是否影响你的决策？为什么？

答：过去已投入的 500 万元是沉没成本，不影响当前的决策。当前投入 300 万元广告费，能带来 600 万元的收入，可净增利润 300 万元，故不应停止该药品的生产和销售。公司的间接费用属于固定成本，在这里也是沉没成本，因而也与当前的决策无关。

05－6 张三带了一台新仪器回国，原价 2 000 元。在入境时，海关要求他纳税 1 500 元。国内这种仪器的售价为 2 500 元。如果纳税，总共要花去 3 500 元（比国内价格高出 1 000 元）。但如果不纳税，仪器会被海关没收。请你替张三决定要不要纳税，为什么？

答：2 000 元是沉没成本，仪器带回国的增量成本是税金 1 500 元，增量收入为照相机的国内价格 2 500 元。因为 2 500＞1 500，说明纳税还是合算的，因为可为自己增值

1 000 元（2 500－1 500）。

05－7 假如某企业的生产函数属规模收益不变类型：

（1）画出它的总产量曲线。

（2）画出它的总成本曲线。

（3）画出它的平均成本和边际成本曲线。

（4）以上曲线是短期成本曲线，还是长期成本曲线？

（5）是否存在总固定成本曲线和平均固定成本曲线？为什么？

答：（1）

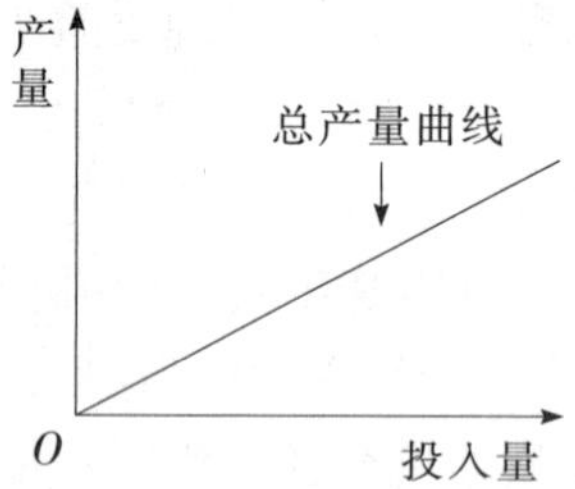

（2）

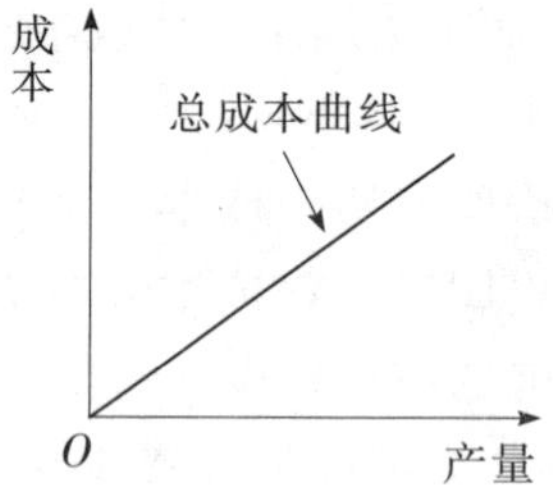

（3）

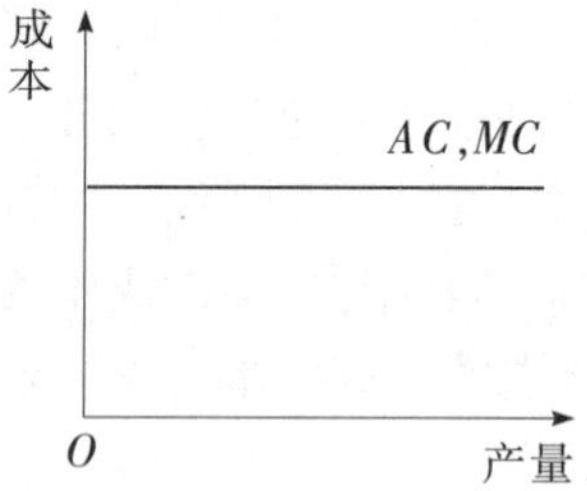

（4）是长期成本曲线。

（5）不存在，因为规模收益不变规律涉及的条件是：所有的投入要素都同时按同一倍数变化。

05－8 假如某企业的生产函数属规模收益递减类型：

（1）画出它的总产量曲线。

（2）画出它的总成本曲线。

（3）画出它的平均成本和边际成本曲线。

（4）以上曲线是短期成本曲线，还是长期成本曲线？

（5）是否存在总固定成本曲线和平均固定成本曲线？为什么？

答：（1）

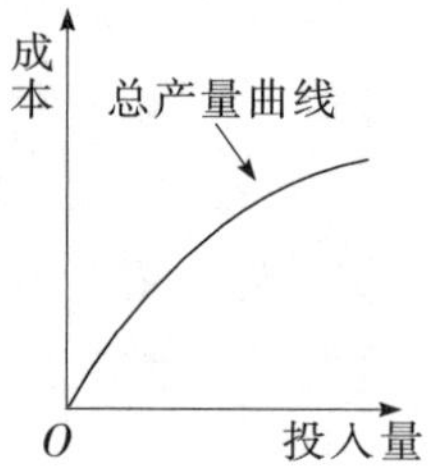

（2）

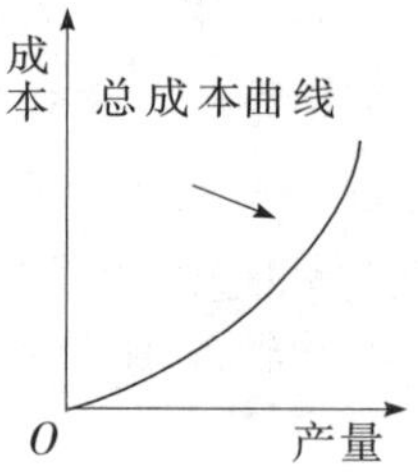

（3）

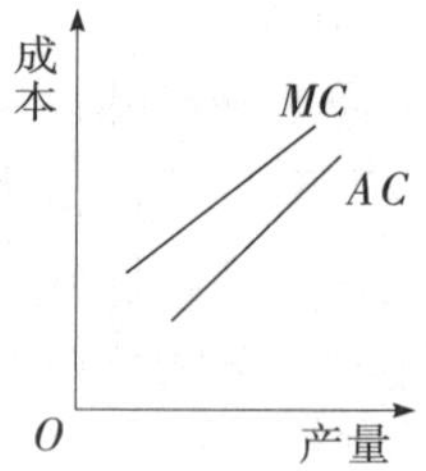

（4）是长期成本曲线。

（5）不存在，理由同题 05－7 第（5）问。

05－9 为什么当规模收益递增时，长期平均成本是递减的，而当规模收益递减时，长期平均成本是递增的？请给出解释。

答：规模收益递增是指，如投入要素的投入量增加一倍，产量增加超过一倍；或者说，总成本增加一倍，产量增加超过一倍，结果当然会使单位产量的成本趋于减少。同理，规模收益递减会使单位产量的成本趋于增加。由于规模收益问题探讨的是所有投入要素的投入量同时发生变化的情况，故涉及的成本属于长期成本。

第6章

06-1 经济学把市场结构分为哪几类？哪些主要因素决定了市场结构的类型？

答：市场结构可以按其竞争程度的不同分为四类，即完全竞争、完全垄断、垄断竞争和寡头垄断。决定市场结构类型的因素主要有：(1) 企业控制价格的能力；(2) 卖者的数目；(3) 产品的差异程度；(4) 企业进出市场的难易程度。

06-2 完全竞争市场结构的基本条件有哪些？

答：(1) 买者和卖者很多，都无力影响市场的价格；(2) 产品是同质的；(3) 企业进出行业自由；(4) 企业和顾客掌握的市场信息很充分。在完全竞争条件下，企业无力控制价格，它只是市场价格的接受者，不是决定者。

06-3 完全竞争市场结构长期均衡的条件是什么？请画图说明。

答：长期均衡的条件是：$P=MR=AC$（短期和长期）$=MC$（短期和长期）。这时经济利润为零，新企业不再进入，老企业不再离开这个行业。企业需求曲线与（短期和长期的）平均成本曲线的最低点相切（见下图）。

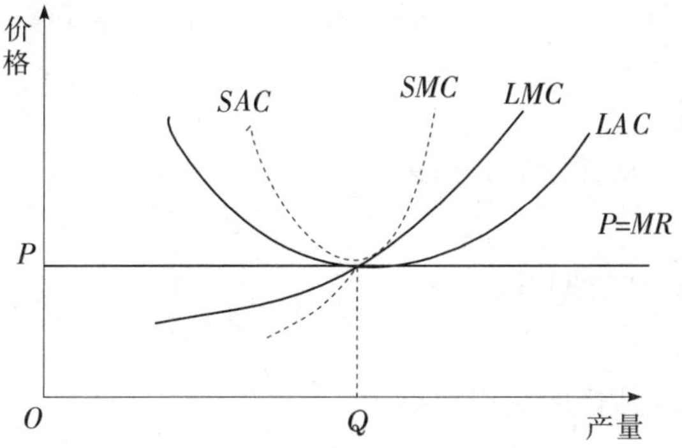

06-4 假如一个完全竞争行业里的企业得到的利润少于正常利润，从长期看，该行业的价格将会如何调整？导致这种调整的原因是什么？

答：如企业得到的利润少于正常利润，有些企业就会离开这一行业。这样，因企业数减少，行业的供给就会减少，从而使价格上涨，直到价格等于企业长期平均成本曲线的最低点，此时，企业正好得到正常利润，全行业达到完全均衡。

06-5 请用图说明在完全竞争条件下，成本不变行业的长期供给曲线的形状和位置，并给出解释。

答：

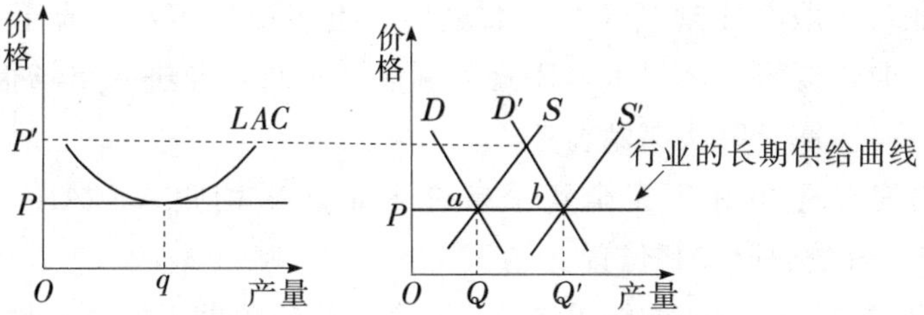

在上图中，随着需求从 D 增加到 D'，市场价格从 P 提高到 P'，这时企业有经济利

润，许多新企业进入该行业，使供给曲线从 S 移到 S'，价格下跌到 LAC 的最低点 P。故成本不变行业的长期供给曲线为一条水平直线，与 LAC 的最低点相切。

06-6 假定某一完全竞争行业（属于成本不变行业）原来处于长期均衡，现在有一种替代品涨价。问：从短期看和从长期看，下列项目将分别发生什么变化？

（1）行业需求曲线；

（2）行业供给曲线；

（3）市场价格；

（4）整个行业的产量；

（5）单个企业的产量；

（6）企业的利润。

答：

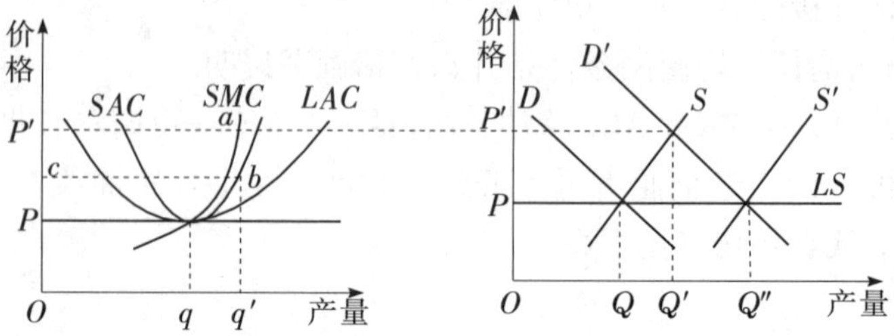

（1）行业需求曲线：

从短期看，$D \to D'$；从长期看，$D \to D'$。

（2）行业供给曲线：

从短期看，$S \to S'$；从长期看，LS。

（3）市场价格：

从短期看，$P \to P'$；从长期看，P 不变。

（4）整个行业的产量：

从短期看，$Q \to Q'$；从长期看，$Q \to Q''$。

（5）单个企业的产量：

从短期看，$q \to q'$；从长期看，q 不变。

（6）企业的利润：

从短期看，经济利润为正值（等于四边形 $P'abc$ 的面积）；从长期看，经济利润为零。

06-7 下列行业中，哪些属于垄断竞争行业？请给出解释。

（1）广播电视业；（2）文具业；（3）餐饮业；（4）汽车制造业。

答：餐饮业和文具业，一般企业规模较小，数量多，进出市场容易，属于垄断竞争行业。广播电视业和汽车业，规模经济显著，需要巨额投资，新企业进入市场很不容易，一般企业规模大，数量少，应属于寡头垄断行业。

06-8 请分别画出完全竞争和不完全竞争条件下企业平均收入（AR）、总收入（TR）和边际收入（MR）曲线的形状和位置。

答：完全竞争条件下的 AR 和 MR 曲线见图1；不完全竞争条件下的 AR 和 MR 曲线见图2。

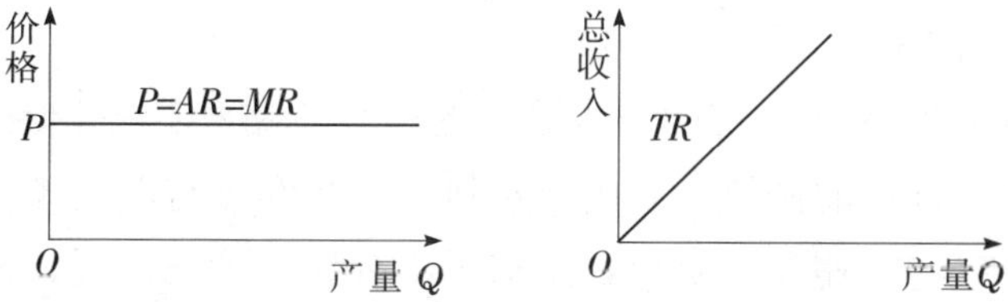

图 1

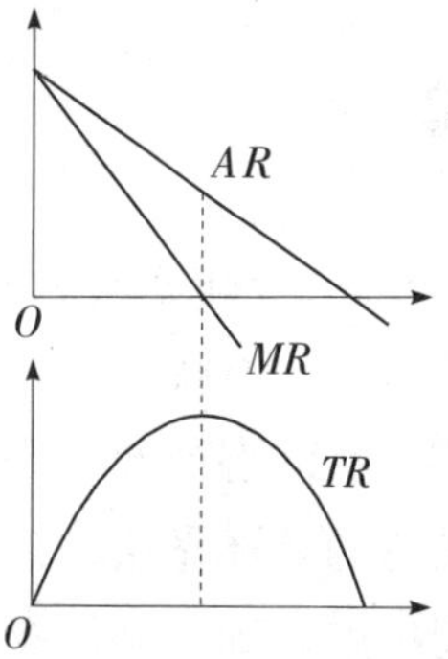

图 2

06－9 假设某企业在垄断竞争企业中具有代表性。如果已知它的需求曲线（D）、平均成本曲线（AC）和边际成本曲线（MC）：（1）请画出它的短期产量、价格决策图，并在图上用 P^* 和 Q^* 标明它的最优价格和最优产量；（2）请画出它的长期均衡状态图，并在图上用 P^* 和 Q^* 标明长期均衡时的价格和产量。

答：（1）　　　　　　　　　　　（2）

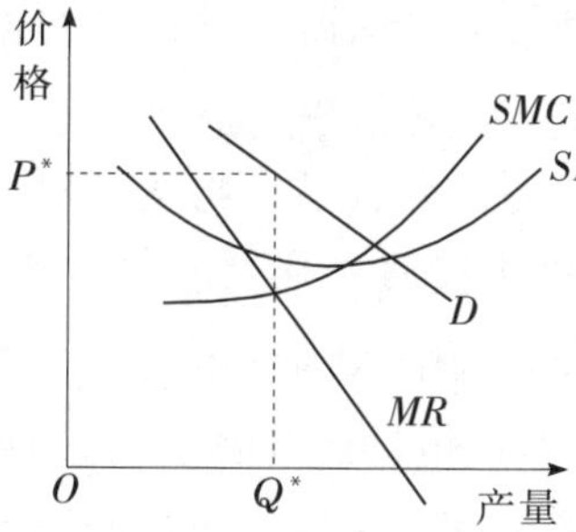

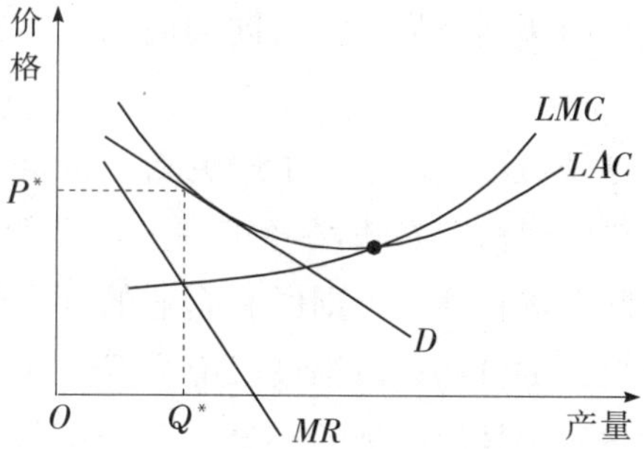

06－10 为什么有的企业会有弯折的需求曲线？这种企业的价格和产量决策模式说明什么？

答：在寡头垄断市场里，企业之间的行为互相依存、互相联系。如果一家企业提价，其他企业为了保持自己的市场份额一般不会跟着提价；如果一家企业降价，其他企业一般会跟着降价。结果是：当这家企业提价时，需求曲线弹性较大；当这家企业降价时，需求曲线弹性较小。也就是说，形成了一条弯折的需求曲线。与弯折的需求曲线相对应的是一条中断和错开的边际收入曲线。这就使企业的价格和产量决策往往相对稳定在弯折点上。这种决策模式的意义就在于它在理论上说明了寡头垄断企业的产品价格为什么具有刚性。

06－11 政府提高企业所得税税率会对企业的价格和产量决策有何影响？请加以说明。

答：政府提高企业所得税税率前，企业的利润曲线如右图中的 π_1，提高企业所得税税率后，利润曲线改为 π_2，但 π_1 和 π_2 顶峰的产量未变，均为 Q，故政府提高企业所得税税率不会改变企业的最优价格和产量决策。

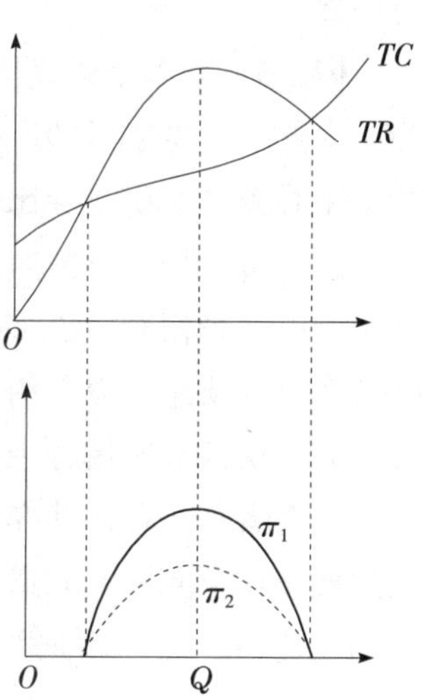

第7章

07－1 合作是避免囚徒困境出现的最佳手段，但合作过程中可能会出现欺骗者。在静态博弈中，有哪些对付欺骗者的策略？

答：在静态博弈中，对付欺骗者的办法有两个，分别是触发策略和针锋相对策略。触发策略的具体做法是，为了保证合作的协议可以落实和执行，博弈参与者会预先约定好惩罚措施，即如果博弈的一个参与者违背了协议，采取了不合作的策略，则其他博弈参与者也采取不合作的策略，并且永远采取不合作策略。针锋相对策略包括这样几个特点：（1）策略明确简单，不会引发其他博弈者的误解；（2）谋求合作，信守协议，决不背信食言，首先表现出合作的善意；（3）一旦对方背信弃义，不遵守协议，则立即针锋相对地加以惩罚；（4）针锋相对是宽容的，如果对方重新采取合作的态度，仍然允许对方恢复合作。

07－2 一些商家宣称自己的产品是市场最低价，并对顾客进行承诺：如果顾客购买商品后一周内买到更为便宜的同类商品，商家会退还差价。试用博弈理论解释商家这一做法。

答：这一做法是商家为了避免陷入价格战的囚徒困境，有意寻求与竞争对手在定价上进行合作的做法。在市场经济国家，企业之间的价格协议属于违法行为，受到限制，但企业之间开展价格战，则所有企业的利润都会受损失，会陷入囚徒困境。一些商家对顾客承诺自己的价格是市场最低价，不仅可以达到对顾客宣传自己产品价格便宜的效果，也是给竞争对手发出明确的信息，希望竞争对手的价格与自己保持一致，而不是比自己更低。因为商家承诺退还差价，就意味着如果对手的价格比自己低，商家就一定会跟着降价，与对手保持一致。即只要对手采取低价销售，自己一定会奉陪到底。接收到这一信息后，竞争对手如果不想打价格战，就会主动开展合作，和发布信息的商家的价格保持一致。

07－3 许多企业宣传自己公司历史悠久，是老字号，其原因是因为消费者一般会认为历史悠久的老字号的产品质量是比较好的。请用博弈论的理论解释，为什么历史悠久的老字号其产品质量会比较好？

答：可以用动态博弈的理论解释这一现象。消费者购买企业的产品，相当于消费者和企业的一种博弈。许多产品的质量在使用之前是难以鉴别的，因此，对于企业来说，降低产品的质量可以节约成本，但不会影响销量，短期内可以提高企业的利润。也就是说，在一次性静态博弈中，企业选择降低产品质量，生产质量差的产品是占优策略。但是，消费者和企业的博弈是动态博弈。当消费者使用了这种低质量的产品之后，会对产品的质量作出判断，知道自己买了质量差的产品，受骗上当了，在下次购买时就不会再次购买这种产品，并会告诉周围的亲朋好友不要受骗上当。于是，这些企业的产品将无人购买，生产低质量产品的企业会被市场淘汰出局。企业的发展过程可以看作和消费者动态博弈的过程，在这一过程中，生产低质量产品的企业被消费者所淘汰，而只有生产高质量产品的企业才可以活到今天，成为老字号。因此，在动态博弈状态下，为了保证企业的长期利益，企业会选择生产高质量的产品。老字号之所以能够发展到现在，是因为在漫长的历史中，企业坚持生产高质量的产品，取得了消费者的长期认可和信赖。这就是历史悠久的老字号其产品质量会比较好的原因。

07－4 试用博弈论的理论解释，为什么对于即将离职的员工进行激励是困难的，企业应该怎么做才能让即将离职的员工站好最后一班岗。

答：员工希望少付出，企业则希望员工努力工作，企业和员工在进行博弈。激励制度可以让员工更好地工作，是因为员工需要在企业工作并取得收获，员工努力工作会得到更多回报，不努力工作会受到严厉处罚，甚至会被解聘，损失巨大。员工不愿意受到企业的处罚，更不愿意被解聘，因此会选择努力工作。企业和员工的这一博弈实质上是一种动态博弈，即员工当期的工作状态会影响到下一期的收益。但是，对于即将离职的员工来说，企业和员工的博弈则变成了有限重复博弈或静态博弈，员工努力工作，也不会得到更多的报酬或晋升，反过来，解聘对于员工已经没有任何威胁，因此即使这些员工不努力工作，也不会受到更多惩罚。这就是对于即将离职的员工进行激励是比较困难的主要原因。

让即将离职的员工站好最后一班岗的有效办法就是将有限重复博弈或静态博弈转变为动态博弈。具体做法是企业对于努力工作的离职员工给予其他形式的奖励，比如，给努力工作的离职员工今后随时可以回到企业工作的机会；利用企业的行业内影响力为努力工作的离职员工提供推荐信等。

07－5 A、B两家方便面制造企业一直在国内市场激烈竞争，在袋装方便面市场各占一半的市场份额。A公司几年前开始生产桶装方便面，并获得巨大市场成功。目前，A公司的利润为3亿元，B的利润为2亿元。如果B公司也开始生产桶装方便面，有可能出现两种竞争态势：(1) A公司展开全面的反击，导致在袋装方便面和桶装方便面两个领域的全面价格战，A、B两家公司的利润都降为1亿元；(2) A公司默认B公司的竞争行为，B公司从A公司抢走桶装方便面30%的市场份额，B公司的利润增加到2.25亿元，A公司的利润减少为2.75亿元。作为B公司的决策者，你会作出生产桶装方便面的决定吗？请解释原因。

答：应该作出生产桶装方便面的决定。

A、B两家企业的博弈策略和收益如下图所示。对于A公司来说，B公司不生产桶装面是最好的，其收益为3亿元。但一旦B公司做出了生产桶装方便面的决策，A公司可选择的策略是反击或容忍，对应的A公司的收益是1亿元和2.75亿元。很明显，B公司生产了桶装方便面，会导致A公司的收益下降，但A公司进行反击的收益是1亿元，远远低于容忍B公司生产桶装面的收益（2.75亿元），因此A公司会默认B公司生产桶装方便面的决策，在桶装方便面领域让出一部分市场份额。这样，B公司作出生产桶装方便面的决定，可以使B公司的利润从2亿元增加到2.25亿元。

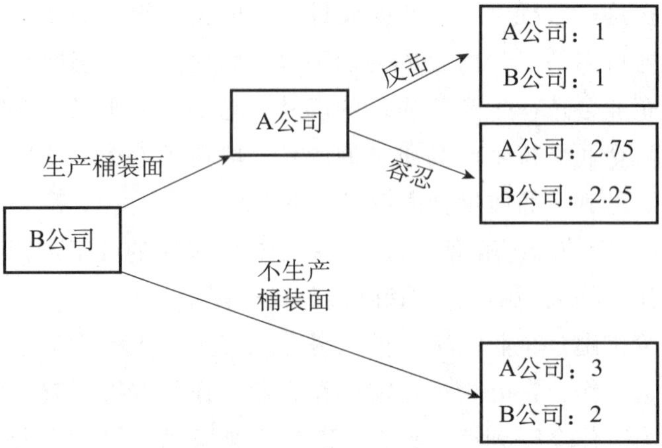

第 8 章

08－1 某企业的营销经理打算对企业所有的产品都按增量分析定价法定价，并准备长期实行下去。你对此有何评论？

答：增量分析定价法是以增量成本（变动成本）为定价基础的。使用这种定价法必须与全部成本加成定价法相结合，不然就会因固定成本得不到补偿而导致企业亏损。使用增量分析定价法是有条件的，它只能在企业的部分产品、部分产量上或一段时间内使用，主要是为了提高企业的竞争力。

08－2 实行差别定价有哪些必需条件？请简单解释。

答：必需的条件有三个：

（1）企业对价格有一定的控制能力。如果它不能控制价格，即只能接受市场决定的价格而不能自主定价，自然无力实行差别定价。

（2）产品有两个或两个以上被分割的市场。顾客无法在市场之间倒卖产品。

（3）不同市场的价格弹性不同。对弹性大的市场定低价，对弹性小的市场定高价，就可谋求最大销售收入和利润。

08－3 某个城市只有一家家具店（在当地形成垄断），这家店能否成功地实行差别定价？为什么？

答：实行差别定价不仅要求企业有一定的垄断力，而且要求有多个市场，且这些市场必须互相分割。但在这个家具市场里，不具备这一条件。收入低的顾客用低价买进的家具，用稍高的价格再出售即可从中得利。这样就会把不同市场的价格拉平，使差别定价归于失败。

08－4 航空公司在暑期往往对师生实行机票优惠，假设你是航空公司经理，请陈述给予优惠的理由。

答：理由至少有两点：

（1）在暑期，师生或回家探亲，或外出旅游。航空公司对机票实行优惠定价，可以提高空运相对于铁路、公路、水路运输的竞争力。

（2）是为了实行差别定价。因为师生的价格弹性一般要大于公务或商务旅行者，对师生实行低价可招揽更多顾客，以获得更多的销售收入和最大的利润。

08－5 某企业集团旗下有两家企业A和B，皆自负盈亏。企业A生产中间产品，供企业B进一步加工，然后出售。如今企业A打算按成本加成定价法对其中间产品定价。这种产品无外部市场。请对此作出评论。

答：上游企业用成本加成定价法对中间产品定价，会夸大下游企业的变动成本，使下游企业的决策有可能与集团的决策不一致。从理论上讲，正确的做法是按边际成本定价。实践中可以使用双重定价法，即除了基于变动成本定价外，还可以在合理分配利润的基础上定价。

第9章

09－1 为什么企业借债融资越多，资金成本就会越高？

答：企业如果背离合理的资本结构，过多地靠借债融资，其偿还能力会降低，风险就会变大。由于风险大，债权人就会要求有更高的回报，从而导致资金成本上升。

09－2 怎样确定企业最优投资规模？请用边际分析法原理说明这个问题。

答：确定企业的最优投资规模，就是在资本预算中确定能使企业利润最大的投资量。确定最优投资量也要使用边际分析法原理，即当边际收入等于边际成本时，企业利润最大。但在投资决策中，边际收入是指投资的边际内部回报率，边际成本则是指边际资金成本（贴现率）。边际内部回报率会随企业投资量的增加而下降，边际资金成本则会随投资量的增加而上升。当投资的边际内部回报率等于边际资金成本时，对应的投资量能使企业利润最大，是最优投资规模。

09－3 对许多企业来说，为什么债务成本要低于权益资本成本？既然债务成本要低于权益资本成本，为什么企业不能全靠借债筹资，还要发行股票？

答：债务成本要低于权益资本成本，原因主要有两个：

(1) 债权人的风险比股票持有人的风险小，因为法律规定公司必须先偿还债务的本息，然后才能给股东发放股利。

(2) 债务的利息支出可以在应纳税所得中扣除，因而可以减免一部分税金。

企业不能全靠借债筹资，因为借债越多，企业的偿债能力越弱，风险越大，资金成本就会升高。

09－4 什么是投资方案的净现值？

答：投资方案的净现值等于该方案未来净现金效益量的总现值减去该方案的投资量。净现值表明投资方案能为企业净增加多少价值。故净现值如为正值，方案就是可以接受的。净现值越大越好。

09－5 什么是投资方案的内部回报率？

答：投资方案的内部回报率是指能使未来净现金效益量的总现值与期初投资相等的贴现率，即投资方案的净现值为零时的贴现率。内部回报率表明该投资方案用其现金效益收入来偿还投资资金本息的能力。如果内部回报率大于资金成本，方案就是可取的。

09－6 为什么如果投资方案的内部回报率大于资金成本，那么该方案的净现值一定是正值？

答：投资方案的内部回报率表明用该方案每年的现金效益来归还资金本息的能力。如果内部回报率大于资金成本，说明该方案用每年得到的现金效益归还资金本息之后尚有剩余，从而能增加企业的价值。故净现值为正值。

09－7 假设资本市场能正确评价企业股票的价格。为什么收购企业愿意出高于市场价格的收购价格？如何确定企业愿意支付的高出市场价格的溢价？

答：兼并会产生经济效益，两个企业兼并后的价值有可能大于兼并前各个企业价值的总和。如果企业的价值在兼并后会提高，收购企业就有可能以高于市场价格的价格来收购别的企业。这里，溢价部分的大小取决于兼并带来的经济效益的多少。

第10章

10－1 下面陈述的情况分别属于何种条件下的决策？是确定条件下、不确定条件下还是有风险条件下的决策？

（1）如果大学降低入学标准，估计入学人数增加2 000人的可能是50%；

（2）做一张桌子需要12单位木料和4小时人工；

（3）我不知道明年这一产品能否获利，这完全取决于明年国民经济的发展状况；

（4）这种债券只要到期，就能拿到本金和12%的利息；

（5）根据过去的经验，如果降价，就有20%的可能使销售量增加1 000件。

答：（1）有风险条件下的决策；（2）确定条件下的决策；（3）不确定条件下的决策；（4）确定条件下的决策；（5）有风险条件下的决策。

10－2 请给出风险的定义。

答：风险是指决策方案的各种可能结果在围绕期望值变动时，变动性的大小。

10－3 请说明标准差与变差系数之间的区别。

答：这两种统计量都用来度量投资方案的风险。标准差（σ）用来度量一个方案的绝对风险；变差系数（v）则用来度量一个方案的相对风险，即每单位期望回报的风险。前者的计算公式为$\sigma=\sqrt{\sum_{i=1}^{n}(R_i-\overline{R})^2P_i}$；后者的计算公式为$v=\frac{\sigma}{\overline{R}}$。

10－4 为什么人们厌恶风险？在企业决策中，风险厌恶者是否拒绝任何风险？他们是否也会选择风险较大的方案？请给出解释。

答：人们之所以厌恶风险，是因为其收入的效用函数是边际效用递减的。对于有风险的方案，风险厌恶较大者要求的风险补偿比风险厌恶较小者更多。因此，他们不是拒绝任何风险，只要有足够的风险补偿，他们也会选择风险较大的方案。

10－5 什么是经过风险调整后的贴现率？

答：经过风险调整后的贴现率是指用来评价有风险的投资方案时所用的贴现率。它等于无风险贴现率加风险补偿率。投资方案的风险越大，风险补偿率就应越高。

10－6 假定无风险的利率为5%，为了对下面的投资方案的现金效益量进行折现，你建议它们各应使用多大的贴现率？（即在无风险利率的基础上各应加多大的风险补偿率。）假定风险补偿分三等：较高（4%）、中等（2%）和较低（1%）。

（1）在家乡开办一家便利店（附近没有别的便利店）；

（2）在一个未探明储量的油田上打油井；

（3）对一家生产能力较小、产品的产量不能满足需要的企业进行扩建。

答：这要根据你对三个方案风险的预期来确定。如果你认为方案（1）、方案（3）风险较小，方案（2）风险较大，就可在评价方案（1）、方案（3）时将风险补偿率上调1个百分点，即把风险调整后的贴现率定为6%，在评价方案（2）时将风险补偿率上调4个百分点，即把贴现率定为9%。

10－7 降低风险的途径主要有哪些？请举例说明。

答：主要途径有：

（1）回避风险。即风险大的事不做。例如，保险公司对于70岁以上的老人不办理人寿保险。

（2）减少风险。如在开发新产品之前，先进行周密的市场调查，确保对新产品需求量的预测尽可能准确。

（3）承担风险。主要指大公司每月存一笔钱作为专门的基金，供未来下属的某个工厂或车间发生事故时抵偿损失之用。

（4）分散风险。即实行多元化经营，将自己的资金分散投于多种证券、资产或其他经营活动。

（5）转移风险。即把风险转移给其他人。转移风险的方法包括购买保险、套头交易和分包等。

第11章

11－1 与完全竞争企业相比，垄断企业抬高价格和限制产量会导致无谓损失，请给出解释。

答：

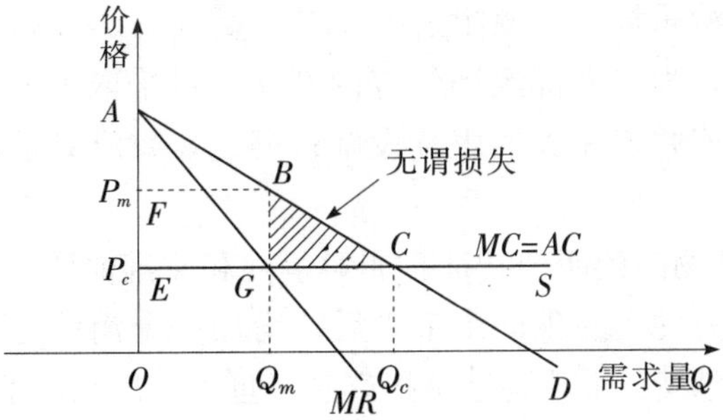

在上图中，如果是完全竞争企业，会按 $P=MC$ 的规则定价，价格为 P_c，产量为 Q_c。但如果是垄断企业，就会按 $MR=MC$ 的规则定价，价格将为 P_m（提高了），产量为 Q_m（减少了）。结果，该行业总的净经济福利效益（消费者剩余与生产者剩余之和）就从△ACE 减少到四边形 $ABGE$，净减少的数量等于△BCG 的面积。净减少的经济福利就是因垄断企业提高价格和限制产量而引起的无谓损失。

11－2 请说明自然垄断企业按边际成本定价的好处和不足。

答：自然垄断企业的重要特点是：它的平均成本曲线（AC）是自左向右向下倾斜的（见右图）。由于 AC 向下倾斜，边际成本就一定小于平均成本（图中 MC 曲线在 AC 曲线的下方）。如果按边际成本定价，产量为 Q。这样定价的好处是：这一产量从社会资源配置的角度看是最优的。但由于 $MC<AC$，这样定价的不足是会导致企业亏损。

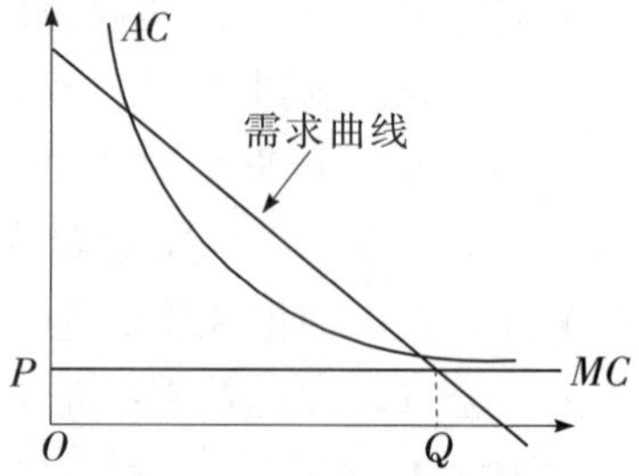

11－3 公共物品的市场需求曲线与私人物品的市场需求曲线有什么重大区别？

答：最大的区别在于：私人物品的市场需求曲线是市场内各单个消费者需求曲线的横向相加，公共物品的需求曲线则是市场内各单个消费者需求曲线的垂直相加。

11－4 下列两个事件中，哪个有外部经济效应，哪个没有？请说明它们的区别。

（1）巴西限制咖啡出口，导致美国咖啡的价格上涨，反过来又导致茶叶价格上涨。

（2）一条飞艇广告分散了汽车司机的注意力，使他不幸撞上了电线杆。

答：限制咖啡出口，导致茶叶价格上涨，不属于外部经济效应。飞艇广告分散了司机的注意力，导致其与电线杆相撞，则属于外部经济效应。两者的重要区别在于：在前一种情况下没有引起咖啡生产的私人成本和社会成本的差异，而在后一种情况下飞艇广告的社会成本大于私人成本。

11－5 下列情况的发生会不会导致外部经济效应的产生？哪些措施可使这一效应得到避免或纠正？

（1）分属两家企业的两口油井挨得很近；

（2）在一个地区建设大型游乐场。

答：（1）两口油井挨得很近，其中一口采油，就会把另一口油井的油也吸走，从而产生负外部经济效应。可以通过下列措施来避免：第一，一口油井并购另一口油井；第二，政府对采油征税。

（2）在一个地区建游乐场，可使附近的旅馆、饭店、加油站和商店都同时受益，故能产生正外部经济效应。为使外部经济效应内部化，可采取下列措施：第一，游乐场的老板在游乐场附近设立或并购相关的服务设施；第二，政府对游乐场的建设给予优惠或进行补贴。

11－6 请解释公共物品的两个特征：非竞争性和非排他性。

答：非竞争性是指一种产品生产出来之后，增加一个消费者，并不需要减少任何其他消费者对这种产品的消费。非排他性是指产品一旦生产出来，不管人们是否付费，都能享用。非竞争性决定了增加一个消费者的边际成本为零，根据资源最优配置原理，$P=MC$，价格也应为零。非排他性决定了对消费者收费是很困难的。也就是说，对公共物品定价既无必要也无可能。正因为这样，市场对公共物品的配置是无能为力的。

11－7 政府为了控制企业的排污量，通常使用两种方法：规定排污限额（或排污标准）；征收排污费（或排污税）。请对这两种方法作出评价。

答：一般来说，征收排污费的方法要优于规定限额的方法。理由是：(1) 规定排污限额是一种行政手段，执行起来程序多、费用大，而且各个企业的情况不同，要为每个企业都规定一个合适的限额是很不容易的，不如收费办法简单可行；(2) 用行政办法规定排污标准，企业一旦达标，就不会有进一步减少污染的动力，但如果按排污量的多少征收排污费，企业就会始终存在这种动力；(3) 实行收排污费的办法有可能使社会治理污染的总成本最低，因为每个企业都会把自己的排污量调整在边际成本与排污的收费标准相等处，这样各企业排污的边际成本相等，企业之间排污量的分配就能自动达到最优。

第 12 章

12－1 ABC 软件公司是一家小型软件生产商，它想改建生产场地，但不打算外雇新员工，而是想利用现有员工（秘书、程序员、销售人员等）。公司对员工进行测试，看谁擅长油漆或木工活，并把擅长者从日常工作中抽调出来去参加改建。请问这一做法是否可取？为什么？

答：根据员工的测试情况抽调擅长者去从事场地的改建，这是利用他们的绝对优势。一名员工在某种产品上能比其他员工产出更多，说明他有绝对优势。一名员工能比其他员工以更低的机会成本生产，说明他在生产这种产品上有相对优势。在本题中，企业主应当抽调那些在改建场地上机会成本（相对于做日常工作）较低的员工。

12－2 假定一种产品的供给曲线为一条水平线，其价格为全球价格。如果政府要对这种产品的进口进行补贴，这种补贴能否提高进口国的福利？请解释。

答：因为进口国是净进口国，全球价格必须低于国内价格。国家的补贴将进一步降低消费者支出，并增加消费量和消费者剩余。消费者剩余的增加将大于生产者剩余的减少。进口国的补贴总数等于进口量乘以单位补贴。这个补贴总数将大于剩余的净变化，故福利会减少。

12－3 假定政府实行配额制或征收关税都能使进口减少同样的数量，政府应选择哪种政策？为什么？

答：配额制和征收关税都能使进口减少同样的数量，说明两者都会使国内价格提升到同样水平。故消费者剩余和生产者剩余的变化将相同。区别在于，征税能使国家增加收入，其大小等于进口量乘以税额；配额制则不能。

选择题

绪 论

00－1 管理经济学认为，企业的长期目标是：
A. 企业利润最大化
B. 企业价值最大化
C. 企业成本最低化
D. 企业的社会效益和经济效益最大化
答：B。
00－2 企业价值最大化是指：
A. 企业利润最大化
B. 企业全部资产价值最大化
C. 企业净资产（资产减负债）价值最大化
D. 企业未来预期利润的现值之和最大化
答：D。
00－3 机会成本是指：
A. 在选择一个行动方案时，因放弃了另一方案而作出的牺牲
B. 有可能发生的成本
C. 在选择一个行动方案时，被放弃的另一方案的成本
D. 从销售收入中扣除正常利润之后得出的成本
答：A。

00-4 某化工厂有一台设备A，原购入价30 000元，已运行5年，每年折旧3 000元，现账面价值（净值）15 000元。但如果现在把它变卖出去，只能卖5 000元。该设备也可经过改造完全替代本厂急需的另一种设备B，设备B目前的价格是20 000元，但改造费用为4 000元。设备A的机会成本应是：

A. 30 000元　　B. 15 000元

C. 5 000元　　D. 16 000元

答：D。

00-5 在做管理决策时：

A. 应尽量使用机会成本

B. 必须使用机会成本

C. 在能确定机会成本时，最好使用机会成本

D. 因机会成本很难确定，不使用也可以

答：B。

00-6 如果边际收入大于边际成本，那么减少产量就会：

A. 使总利润减少　　B. 使总利润增加

C. 对利润无影响　　D. 使单位利润减少

答：A。

00-7 经济利润等于：

A. 会计利润减内涵成本　　B. 会计利润加内涵成本

C. 会计利润减正常利润　　D. 会计利润加正常利润

答：A。

00-8 下面某种情况发生时，企业的利润最大。这种情况是：

A. $MR=MC$

B. TR与TC的差额最大

C. TR曲线与TC曲线的斜率相等

D. 以上都对

答：D。

00-9 张三自己开设商店一年的营业收入为1 000 000元，全部成本支出为900 000元（包括自己的薪酬150 000元）。有一家超市连锁店想聘他去当总经理，答应给他年薪300 000元。张三开设商店的经济利润为：

A. 100 000元　　B. −50 000元

C. −300 000元　　D. −200 000元

答：B。

第1章

01-1 需求的变动是指：

A. 价格发生变动，引起了需求量沿需求曲线发生变动

B. 在每一价格水平上，需求量均发生了变动
C. 因供给曲线发生变化而引起需求量的变动
D. 以上都不对
答：B。
01－2 下列情况中，不会导致需求曲线发生位移的是：
A. 人们的偏好和爱好变化
B. 产品的价格变化
C. 消费者的收入变化
D. 相关产品的价格变化
答：B。
01－3 导致需求曲线发生位移的原因是：
A. 价格变动，引起了需求量的变动
B. 供给曲线发生位移，引起了需求量的变动
C. 影响需求量的非价格因素发生变动，引起了需求量的变动
D. 社会经济因素发生变动，引起了产品价格的变动
答：C。
01－4 如果其他因素保持不变，下列情况中一定会使需求减少的是：
A. 收入增加，同时替代品的价格上涨
B. 收入减少，同时互补品的价格上涨
C. 收入增加，同时替代品的价格下跌
D. 收入减少，同时互补品的价格下跌
答：B。
01－5 一种产品的市场处于均衡状态是指：
A. 当买和卖的量相等时
B. 当需求曲线向右下方倾斜，供给曲线向右上方倾斜时
C. 当消费者想要购买的数量恰好等于供给者想要出售的数量时
D. 当整个社会的总需求等于整个社会的总供给时
答：C。
01－6 如果在增加居民收入的同时，电视机的成本下降了，那么，电视机的价格将会：
A. 上涨　　B. 下降
C. 不变　　D. 不一定
答：D。
01－7 已知市场需求方程为 $Q_D=5\ 000-10P$，市场供给方程为 $Q_S=500+5P$，则均衡价格和均衡购销量是：
A. 均衡价格为 300 元，均衡购销量为 2 000 单位
B. 均衡价格为 100 元，均衡购销量为 6 000 单位
C. 均衡价格为 900 元，均衡购销量为 5 000 单位

D. 以上都不对

答：A。

第 2 章

02－1 下列情况中，应采取薄利多销政策的是：

A. 价格弹性小于 1 时

B. 价格弹性大于 1 时

C. 收入弹性大于 1 时

D. 任何时候

答：B。

02－2 下列情况中，能使销售收入增加的是：

A. 当需求是弹性的时，价格下跌

B. 当需求是弹性的时，价格上涨

C. 当需求是单元弹性的时，价格下跌

D. 当需求是非弹性的时，价格下跌

答：A。

02－3 下列情况中，会使某产品的需求价格弹性增加的是：

A. 可替代的物品减少

B. 消费者收入的大部分要用来购买此物品

C. 该产品的性能和质量有改进

D. 该产品成了名牌产品

答：B。

02－4 下列产品中，价格弹性最大的是：

A. 盐　B. 香烟

C. 普通轿车　D. 高级轿车

答：D。

02－5 下列产品中，价格弹性最小的是：

A. 彩电　B. 长虹彩电

C. 香烟　D. 棉布

答：C。

02－6 下列产品中，收入弹性最大的是：

A. 大米　B. 棉布

C. 液晶电视机　D. 土豆

答：C。

02－7 所有产品的收入弹性：

A. 都是负值　B. 都是正值

C. 绝对值总大于 1　D. 不一定

答：D。

02－8 当需求价格弹性小于1时，边际收入为：

A. 负值　　B. 正值

C. 0　　D. 正值，但小于1

答：A。

02－9 当需求价格弹性等于1时，边际收入为：

A. 负值　　B. 正值

C. 0　　D. 正值，但小于1

答：C。

02－10 下列产品中，交叉弹性为负值的是：

A. 汽车和轮胎　　B. 花生油和豆油

C. 棉布和化纤布　　D. 大米和面粉

答：A。

02－11 下列产品中，交叉弹性为正值的是：

A. 钓鱼竿和钓鱼票价　　B. 木质羽毛球拍和金属羽毛球拍

C. 汽车和汽油　　D. 剃须刀片和剃须刀架

答：B。

02－12 互补品的交叉弹性：

A. 小于1　　B. 小于0

C. 等于0　　D. 大于0

答：B。

02－13 对一个不吃猪肉的人来说，猪肉的需求量和牛肉价格之间的交叉弹性是：

A. 0　　B. 负值

C. 非弹性　　D. 弹性大小不一定

答：A。

02－14 可以互相替代的物品的交叉弹性为：

A. 小于1　　B. 小于0

C. 等于0　　D. 大于0

答：D。

02－15 当总收入最大时：

A. 价格弹性为－1　　B. 需求为非弹性的

C. 需求为弹性的　　D. 边际收入为正值

答：A。

02－16 价格从3元涨到4元，需求量从110单位降到90单位。弧价格弹性应是：

A. －0.7　　B. －0.55

C. －0.88　　D. 1

答：A。

02－17 如果已知需求方程为 $Q=10-2P$，它的边际收入方程应为：

A. $MR=10-4P$　　B. $MR=5-2Q$

C. $MR=5-Q$　　D. $MR=10-Q$

答：C。

02-18　如果物品 Y 的价格下跌，对互补品 X 的影响是：

A. 需求量增加　　B. 需求量减少

C. 需求增加　　D. 需求减少

答：C。

02-19　已知需求方程为 $Q=50-2P$，则在 $P=10$ 处的点价格弹性是：

A. -6.00　　B. -0.67

C. -0.33　　D. 0.33

答：B。

02-20　物品 X 的需求方程估计为 $Q_x=10-2P_x+4I-P_y$，式中，I 为人均收入；P_y 为另一物品的价格。这一方程说明：

A. 物品 X 是正常品，物品 X 和物品 Y 不相关

B. 物品 X 是低档品，物品 X 和物品 Y 为互补品

C. 物品 X 为正常品，物品 X 与物品 Y 为互补品

D. 物品 X 为正常品，物品 X 与物品 Y 为替代品

答：C。

02-21　假如 $Q=250-5P+0.1I$，$I=2\ 000$ 元，$Q=400$。其点收入弹性为：

A. 2　　B. -2

C. 0.1　　D. 0.5

答：D。

02-22　假如 $Q_x=20-0.5P_x+0.1I-2.0P_y$，物品 X 和物品 Y 为：

A. 替代品　　B. 互不相关

C. 低档品　　D. 互补品

答：D。

02-23　对互补品 X 和 Y 来说，下列说法中正确的是：

A. P_y 增加，会使 X 的需求曲线右移

B. P_y 减少，会使 X 的需求曲线右移

C. Y 价格的变化对 X 的需求量的影响和 X 价格的变化对 Y 的需求量的影响相同

D. 交叉弹性为正值

答：B。

02-24　假如 $Q_x=20-0.5P_x+0.1I-2.0P_y$，$P_y=2$ 和 $Q_x=10$，那么物品 X 的交叉弹性为：

A. -0.2　　B. -0.4

C. -0.04　　D. 0.4

答：B。

02-25　假如总收入 $TR=300Q-30Q^2$，$Q=5$，那么，价格弹性为：

A. 0　　B. －1

C. －10　　D. 不确定

答：B。

02－26　正常品是指它的：

A. 价格弹性大于0　　B. 价格弹性小于－1

C. 收入弹性大于1　　D. 收入弹性大于0

答：D。

02－27　假如两种物品之间的交叉弹性为－3，那么，第一种物品涨价会使：

A. 第二种物品的需求曲线右移

B. 第二种物品的需求曲线左移

C. 第二种物品的需求量沿着该物品的需求曲线下移

D. 对第二种物品的需求曲线的影响不确定

答：B。

02－28　需求的价格弹性是指：

A. 需求量的变化量除以价格的变化量

B. 价格变化的百分比除以需求量变化的百分比

C. 需求量变动的百分比除以价格变动的百分比

D. 价格的变化量除以需求量的变化量

答：C。

02－29　下列说法中错误的是：

A. 必需品的收入弹性要大于低档品的收入弹性

B. 必需品的收入弹性大于1

C. 正常品的收入弹性大于0

D. 低档品的收入弹性为负值

答：B。

02－30　已知需求方程为$P=50-5Q$，则属于弹性需求的产量范围是：

A. $Q>10$　　B. $Q<10$

C. $Q>5$　　D. $Q<5$

答：D。

02－31　假如需求方程为$Q_x=50+4P_y$，则$P_y=5$和$P_y=10$之间的交叉弹性为：

A. 4.00　　B. 42.67

C. 0.375　　D. 不确定

答：C。

02－32　边际收入与产品价格之间存在的关系是：

A. 边际收入总是低于或等于价格

B. 边际收入总是高于价格

C. 边际收入有时高于价格，有时低于价格

D. 边际收入总是等于价格

答：A。

第3章

03-1 如果回归模型的可决系数（R^2）等于0.90，人们可以作出以下判断：
A. 在因变量的全部变差中，有10%可由自变量的变差来解释
B. 在因变量的全部变差中，有90%可由自变量的变差来解释
C. 对各自变量系数的估计是基本准确的
D. 整个回归模型是不准确的
答：B。

03-2 在回归分析中，估计标准误差（S_e）是：
A. 用来评价因变量预测值的准确程度的
B. 对因变量的点估计
C. 用来评价自变量系数估计值的准确程度的
D. 用来评价自变量系数估计值的置信区间的
答：A。

03-3 需求函数中的幂函数的特点之一是，每个变量的指数都可解释为：
A. 该变量的增长率　　B. 该变量的弹性
C. 需求的价格弹性　　D. 需求的增长率
答：B。

03-4 当根据一段时间里的数据估计需求函数时，如果需求曲线和供给曲线都发生了位移，可能存在的问题是：
A. 需求量的不确定性　　B. 价格等自变量的不确定性
C. 需求关系的不确定性　　D. 鉴别问题
答：D。

03-5 下列说法中正确的是：
A. 德尔菲法是一种预测销售量的统计方法
B. 德尔菲法是一种预测销售量的对专家意见不断进行修正完善的方法
C. 德尔菲法是一种预测销售量的市场实验方法
D. 德尔菲法是一种预测销售量的市场调查方法
答：B。

03-6 时间序列分解法假定，随着时间的推移，导致企业的销售量发生变化的因素是：
A. 趋势性变动　　B. 季节性变动
C. 周期性变动　　D. 以上都对
答：D。

03-7 季节性变动一般存在于一种数据之中，这种数据是：
A. 月度数据　　B. 季度数据

C. 年度数据　　　　　　　　　　D. A和B都对

答：D。

03-8　根据指数平滑法预测第 $n+1$ 期的销售量，其预测值等于：

A. 第 n 期实际值和预测值的加权平均数

B. 第 n 期实际值和预测值的平均数

C. 以前各期预测值的加权平均数

D. 以前各期实际值的平均数

答：A。

03-9　在使用指数平滑法时，最优的平滑常数（即权值）是指：

A. 能使预测误差最接近零之值

B. 能使预测误差之和最小之值

C. 能使预测误差之和的平方最小之值

D. 能使预测误差平方均值之根最小之值

答：D。

第4章

04-1　一家完全竞争的制造商，按每件100元的价格销售它的商品，每个工人的日工资为200元。要使企业的利润最大，工人的日边际产量应是：

A. 50件　　　　　　　　　　B. 100件

C. 2件　　　　　　　　　　D. 5件

答：C。

04-2　如果某一投入要素的使用是免费的（可以用之不竭），那么，企业应当：

A. 只使用这种投入要素

B. 使用这种投入要素越多越好

C. 用这种投入要素生产产品，直到它的边际产量为零时为止

D. 用这种投入要素生产产品，直到单位投入要素的平均产量最大时为止

答：C。

04-3　根据边际收益递减规律，如果技术不变，其他投入要素的投入量不变，一种投入要素如果过量使用，则：

A. 最终会使总产量下降

B. 总产量能继续保持增长，不过增长的幅度会越来越小

C. 最终会使总产量下降，但不会等于零

D. 会使边际产量减少，直到等于零时为止

答：A。

04-4　对投入要素之间不能完全替代的等产量曲线来说，只要在生产的合理阶段，其边际技术替代率：

A. 总为负值，但不一定递减

B. 总为负值，且它的绝对值是递减的

C. 总为负值，它的值是递减的

D. 它的值是递减的，但不一定为负值

答：B。

04-5 当单一可变投入要素的价格等于它的边际产量收入时，可变投入要素的投入量可使：

A. 企业的生产成本最低　　B. 企业的总产量最大

C. 企业的平均产量最大　　D. 企业的总利润最大

答：D。

04-6 假定横坐标是投入要素 x 的投入量，它的价格为 P_x；纵坐标是投入要素 y 的投入量，它的价格为 P_y，那么，等成本曲线的斜率应为：

A. P_x/P_y　　B. $-P_x/P_y$

C. P_y/P_x　　D. $-P_y/P_x$

答：B。

04-7 下列生产函数中，规模收益递增的是：

A. $Q=1.6L^{0.6}K^{0.8}$　　B. $Q=0.2L+8K$

C. $Q=5L^{0.4}K^{0.6}$　　D. $Q=\sqrt{0.4L^{0.4}K^{0.6}}$

答：A。

04-8 假定某企业有两种可变投入要素 X 和 Y，按照目前的组合方式，X 的边际产量为 10 单位，Y 的边际产量为 8 单位，X 的价格为 4 元，Y 的价格为 2 元。要使总产量不变，但成本降低，对 X 和 Y 的组合比例应进行的调整是：

A. 增加 X 的投入量，减少 Y 的投入量

B. 增加 Y 的投入量，减少 X 的投入量

C. 既减少 X 的投入量，又减少 Y 的投入量

D. 增加 Y 的边际产量，减少 X 的边际产量，直到两者相等

答：B。

04-9 生产函数 $Q=AK^{1-\alpha}L^{2\alpha}$（$\alpha>0$）的规模收益属于：

A. 规模收益不变　　B. 规模收益递增

C. 规模收益递减　　D. 以上都不对

答：B。

04-10 在生产决策分析中，短期是指：

A. 在这段时间里，所有投入要素的投入量都是固定的

B. 在这段时间里，所有投入要素的投入量都是可变的

C. 在这段时间里，至少有一种投入要素的投入量是固定的

D. 这段时间的长度一般小于 5 年

答：C。

04-11 在生产决策分析中，长期是指：

A. 在这段时间里，所有投入要素的投入量都是固定的

B. 在这段时间里，所有投入要素的投入量都是可变的

C. 在这段时间里，至少有一种投入要素的投入量是固定的

D. 这段时间的长度至少等于或大于5年

答：B。

04-12 ________生产函数主要用于企业经营决策；________生产函数主要用于企业规划。

A. 长期；短期　　　　B. 短期；长期

C. 长期；长期　　　　D. 短期；短期

答：B。

04-13 边际产量是指：

A. 总产量的变化除以可变投入要素投入量的变化

B. 总产量的变化除以总产量

C. 可变投入要素投入量的变化除以总产量的变化

D. 总产量的变化除以可变投入要素的投入量

答：A。

04-14 边际产量（*MP*）等于平均产量（*AP*）的情况出现在：

A. *MP* 最大时

B. *AP* 最大时

C. 总产量（*TP*）最大时

D. 总产量为零时

答：B。

04-15 平均产量（*AP*）呈上升趋势的情况出现在：

A. 当边际产量小于 *AP* 时

B. 当边际产量大于 *AP* 时

C. 当边际产量等于 *AP* 时

D. 边际产量和 *AP* 之间互不相关

答：B。

04-16 边际收益递减规律认为：在其他投入要素投入量不变的条件下，一种可变投入要素投入量的增加终究会达到这样一点，越过这一点，边际产量就会：

A. 递减　　　　B. 递增

C. 保持不变　　　　D. 变成负值

答：A。

04-17 边际收益递减规律起作用的情况只有：

A. 所有投入要素的投入量都按同一比例变化

B. 生产函数中只有一种投入要素

C. 生产函数中至少有一种投入要素的投入量是不变的

D. 在柯布-道格拉斯生产函数中诸变量的指数之和小于1

答：C。

04－18 劳动力的边际产量收入是指：

A. 增加一单位劳动力而引起的产量的增加

B. 增加一单位劳动力而引起的销售收入的增加

C. 增加一单位劳动力而引起的利润的增加

D. 增加一单位产量而引起的工人收入的增加

答：B。

04－19 边际产量收入和边际收入的区别在于：

A. 边际产量收入用实物衡量，边际收入用货币衡量

B. 边际产量收入等于边际收入乘产量

C. 边际产量收入是可变投入要素投入量的函数，边际收入则是产量的函数

D. B和C都对

答：C。

04－20 如果在劳动力的价格上涨的同时，它的边际产量下降了，那么：

A. 为了提高生产效率，企业应当相对使用更多的劳动力

B. 为了提高生产效率，企业应当相对使用较少的劳动力

C. 为了提高生产效率，企业的资本-劳动力组合比例应当保持不变

D. 企业的最优资本-劳动力组合比例无法确定

答：B。

04－21 最优的资本-劳动力组合比例一定会变化的条件是：

A. 劳动力的价格和资本的边际产量都提高了

B. 资本的价格和资本的边际产量都提高了

C. 劳动力的价格和劳动力的边际产量都提高了

D. 资本的价格和劳动力的价格都提高了

答：A。

04－22 应当增加投入要素的投入量直至：

A. 该要素的边际产量收入为零

B. 该要素的边际产量收入最大

C. 该要素的边际产量收入等于该要素的价格

D. 该要素的平均产量最大

答：C。

04－23 如果工资率为每小时25元，劳动力的边际产量收入为每小时40元，理性的生产者就会：

A. 在生产中增加使用劳动力　　　　B. 在生产中减少使用劳动力

C. 在生产中劳动力投入量不变　　　D. 提高工资率

答：A。

04－24 等产量曲线的斜率等于：

A. 两种投入要素的价格比

B. 两种投入要素边际产量的比率（负值）

C. 两种投入要素间的边际技术替代率

D. B和C都对

答：D。

04－25 用来表示按一定的成本可购买哪些投入要素组合的函数是：

A. 等收入函数 B. 等利润函数

C. 等成本函数 D. 生产函数

答：C。

04－26 如果价格不变，只是改变企业在投入要素上的总支出，就会使等成本曲线：

A. 发生平行移动

B. 发生移动，但不一定是平行移动

C. 向顺时针方向转动

D. 向逆时针方向转动

答：A。

04－27 在生产中，如果有一种投入要素的价格发生变化，那么：

A. 等成本曲线会平行外移

B. 等成本曲线会平行内移

C. 等成本曲线会发生转动

D. 上述信息仍无法确定等成本曲线的变化

答：C。

04－28 如果在生产中有两种投入要素，这两种投入要素的利用达到最优的条件是：

A. 两要素的平均产量之比等于其价格之比

B. 两要素的边际产量之比等于其价格之比

C. 两要素的平均产量之比等于其产品的价格之比

D. 两要素的边际产量之比等于其产品的价格之比

答：B。

04－29 当产量一定时，为使生产成本最低，要求：

A. 等成本曲线与生产可能性曲线相切

B. 等产量曲线与等利润曲线相切

C. 等产量曲线与等成本曲线相切

D. 等产量曲线与等收入曲线相切

答：C。

04－30 利润最大化要求改变各投入要素的投入量直到：

A. 每一投入要素的边际产量收入等于该投入要素的价格

B. 单位产量的边际收入等于每一投入要素的价格

C. 单位产量的边际收入等于每一投入要素的边际产量收入

D. 企业的总产量最大

答：A。

04－31 当多种投入要素中有一种投入要素的价格发生变化时：

A. 生产函数也会发生变化

B. 等产量曲线也会发生变化

C. 企业就会用相对便宜的投入要素来替代较贵的投入要素

D. 以上都对

答：C。

04－32 假定等成本曲线为 $C=20K+40L$，其中 $C=1\ 200$ 元，如果资本和劳动力的价格都上涨一倍，但总成本（C）仍保持不变，那么：

A. 等成本曲线的斜率会增加一倍

B. 等成本曲线的斜率会保持不变

C. 等成本曲线会向内平移

D. B 和 C 都对

答：D。

04－33 在生产中，劳动力（L）替代资本（K）的边际技术替代率（增加 1 名工人能替代多少资本）等于：

A. $-MP_L/MP_K$　　B. $-P_L/P_K$

C. $-MP_K/MP_L$　　D. $-P_K/P_L$

答：A。

04－34 生产函数 $Q=K^aL^b$ 属于规模收益递减类型的条件是：

A. $a+b=1$　　B. $ab<1$

C. $a+b=0$　　D. $a+b>0$

答：C。

04－35 对生产函数 $Q=2L+3K+KL$ 来说，其规模收益类型属于：

A. 递减　　B. 不变

C. 递增　　D. 无法确定

答：C。

04－36 如果产量已定，实现成本最低的条件是：

A. $MP_L/P_L=MP_K/P_K$　　B. $MP_L/P_K=MP_K/P_L$

C. $MP_L=MP_K$　　D. $P_K=P_L$

答：A。

04－37 如果 $Q=K^aL^b$，劳动力的边际产量为：

A. $aK^{a-1}L^b$　　B. bK^aL^{b-1}

C. $abK^{a-1}L^{b-1}$　　D. 以上都不对

答：B。

04－38 假如生产函数为 $Q=K^{0.5}L^{0.5}$，那么：

A. Q 变化 1%，要求 K 变化 0.5%

B. L 变化 1%，会使 Q 变化 0.5%

C. 资本和劳动力的边际产量均为常数

D. K 增加 1 单位，会使 Q 增加 0.5 单位

答：B。

第5章

05－1 经济成本等于：

A. 外显成本加内涵成本　　B. 销售收入减经济利润

C. 机会成本　　D. 以上都对

答：D。

05－2 在决策前已经发生的成本称为：

A. 机会成本　　B. 内涵成本

C. 沉没成本　　D. 外显成本

答：C。

05－3 在短期决策中，下列成本中与企业未来的决策无关的是：

A. 固定成本　　B. 增量成本

C. 平均变动成本　　D. 平均成本

答：A。

05－4 下列说法中正确的是：

A. 正常利润是经济成本的一部分

B. 正常利润是经济利润的一部分

C. 正常利润不是经济成本的一部分

D. 正常利润与企业决策不相关

答：A。

05－5 计算边际成本的公式为：

A. 成本的变动/投入要素投入量的变动

B. 产量的变动/成本的变动

C. 投入要素投入量的变动/产量的变动

D. 成本的变动/产量的变动

答：D。

05－6 一般来说，决策中的相关成本是指：

A. 沉没成本　　B. 平均固定成本

C. 边际成本或增量成本　　D. 会计成本

答：C。

05－7 固定资产的经济成本是指：

A. 购买该资产时的价格

B. 期初和期末该资产变卖价值的差额

C. 该资产的残值

D. 该资产的账面净值

答：B。

05－8 当边际收益递减时，总变动成本将：

A. 按递增的速度递减 B. 按递增的速度递增

C. 按递减的速度递减 D. 按递减的速度递增

答：B。

05－9 从长期看：

A. 总成本等于总变动成本

B. 总成本大于总变动成本

C. 总成本是否大于总变动成本不确定

D. 平均变动成本的最低点恰好在总成本曲线的拐点上

答：A。

05－10 边际成本等于：

A. 总成本曲线的斜率 B. 总变动成本曲线的斜率

C. 总固定成本曲线的斜率 D. A 和 B 都对

答：D。

05－11 根据所有短期平均成本曲线得出的在每一产量水平上的最低平均成本可通过一种曲线来表示，这种曲线是：

A. 长期总成本曲线 B. 长期平均成本曲线

C. 短期平均成本曲线 D. 短期平均变动成本曲线

答：B。

05－12 下面的陈述中反映了产量函数和成本函数之间的正确关系的是：

A. 当平均产量或边际产量递增时，平均成本或边际成本也是递增的

B. 当平均产量或边际产量递增时，平均成本或边际成本是递减的

C. 当平均产量或边际产量递减时，平均成本或边际成本也是递减的

D. 产量和成本之间的关系不确定

答：B。

05－13 当平均变动成本下降时，边际成本：

A. 一定小于平均变动成本 B. 一定大于平均变动成本

C. 一定也会下降 D. 无法确定

答：A。

05－14 当边际成本等于平均成本时：

A. 总成本最低 B. 边际成本最低

C. 平均成本最低 D. 总利润最高

答：C。

05－15 假定生产一种产品的总固定成本为1 600元，该产品的价格为 10 元/件，变动成本为 6 元/件。其盈亏分界点产量为：

A. 400 件 B. 100 件

C. 600 件 D. 250 件

答：A。

05－16 假定生产一种产品的总固定成本为1 600元，变动成本为 5 元。为使盈亏分界点产量为 100 件，产品价格应定为：

A. 16 元　　B. 21 元

C. 80 元　　D. 11 元

答：B。

05－17 假定生产一种产品的总固定成本为1 600元，该产品的价格为 11 元，变动成本为 6 元，要求利润为 400 元，产量至少应达到：

A. 400 件　　B. 500 件

C. 600 件　　D. 100 件

答：A。

05－18 假定总成本方程为 $TC=10Q-Q^2+0.3Q^3$，平均成本最低时的产量是：

A. $Q=3.33$　　B. $Q=0$

C. $Q=1.67$　　D. 以上都不对

答：C。

05－19 假定总成本方程为 $TC=15+5Q+Q^2$，说明这是一条：

A. 短期成本曲线　　B. 长期成本曲线

C. A 和 B 都对　　D. 根据以上信息，无法确定

答：A。

05－20 下列关于平均固定成本的说法中正确的是：

A. 随着产量的增加而增加　　B. 随着产量的增加而减少

C. 不随产量的变化而变化　　D. 与产量的关系不确定

答：B。

05－21 盈亏分界点产量为400件，价格为 10 元，平均变动成本为 6 元，则总固定成本应为：

A. 100 元　　B. 1 600元

C. 240 元　　D. 2 400元

答：B。

05－22 下列说法中正确的是：

A. 经济利润总是正值

B. 经济利润包括正常利润

C. 经济利润是企业全部经济成本的组成部分

D. 以上都不对

答：D。

05－23 如果平均成本方程为 $AC=200-50Q+0.25Q^2$，那么：

A. 当 $Q=100$ 时，平均成本最低

B. 边际成本为常数

C. 当 $Q>100$ 时，边际成本大于平均成本

D. A 和 C 都对

答：D。

05-24 如果平均成本函数估计为 $AC=200+4P_L+3P_K-2Q$，式中，P_L 和 P_K 为投入要素的价格，Q 为产量，那么它的规模收益：

A. 递增　　B. 递减

C. 不变　　D. 无法确定

答：A。

05-25 如果平均成本函数估计为 $AC=50+3P_L+2Q$，式中，P_L 为劳动力的价格，Q 为产量，那么它的规模收益：

A. 递增　　B. 递减

C. 不变　　D. 无法确定

答：B。

05-26 长期平均成本曲线呈 U 形，最根本的原因是：

A. 短期平均成本曲线是 U 形的

B. 边际收益递减规律在起作用

C. 规模收益递增—不变—递减的规律在起作用

D. 边际成本起初小于平均成本，之后大于平均成本

答：C。

05-27 短期平均成本曲线呈 U 形，最根本的原因是：

A. 边际成本起初小于平均成本，之后大于平均成本

B. 边际收益递减规律在起作用

C. 规模收益递增—不变—递减的规律在起作用

D. 边际成本曲线是 U 形的

答：B。

05-28 当企业处于规模收益递增阶段时会出现的情形是：

A. 短期平均成本呈上升趋势　　B. 短期平均成本呈下降趋势

C. 长期平均成本呈上升趋势　　D. 长期平均成本呈下降趋势

答：D。

05-29 在经济学中，短期成本和长期成本的区别在于：

A. 前者是短期（5 年以下）计划中使用的成本，后者是长期（5 年以上）计划中使用的成本

B. 前者是当前的成本，后者是将来的成本

C. 前者中有些成本是固定的，后者的所有成本都是可以变动的

D. 前者是指经营费用，后者是指投资费用

答：C。

05-30 当边际成本大于平均成本时，平均成本呈：

A. 上升趋势　　B. 下降趋势

C. 水平趋势　　D. 不一定

答：A。

05－31 某灯具公司库存有2 000台过时的灯具，它们当时的制造成本为30 000元。如果对这些灯具重新加工，加工费为10 000元，加工后可按18 000元出售。如果不重新加工，则只能以3 000元的价格售给邻近一个城市的一家批发商。今公司要决定是否需要重新加工。上述数据中，属于沉没成本，与决策无关的是：

A. 30 000元　　B. 10 000元

C. 3 000元　　D. 18 000元

答：A。

05－32 在题05－31中，过时灯具（重新加工前的灯具）的机会成本是：

A. 30 000元　　B. 10 000元

C. 3 000元　　D. 18 000元

答：C。

05－33 在题05－31中，如果对灯具重新加工后出售，能获得的贡献是：

A. 22 000元　　B. 5 000元

C. 8 000元　　D. 11 000元

答：B。

05－34 大昌公司生产袜子，生产能力还有富余。今有人愿按每双5.00元的价格再向它订购20 000双。大昌公司接受这笔业务不需增加新的固定成本。这种袜子正常的价格为8.00元，变动成本为每双4.50元，固定成本为每双1.50元。如果该公司按5.00元的价格接受这笔订货（假定它不会影响原来的销售量），那么，与不接受这笔订货相比，该公司会：

A. 减少利润20 000元　　B. 增加利润10 000元

C. 增加利润100 000元　　D. 减少利润60 000元

答：B。

第6章

06－1 对完全竞争的企业来说，如果产品的平均变动成本高于价格，它就应当：

A. 边生产，边整顿，争取扭亏为盈

B. 暂时维持生产，以减少亏损

C. 当即停产

D. 视市场情况决定是否需要停产

答：C。

06－2 在完全竞争条件下，企业达到长期均衡时的条件是：

A. $P=MC$　　B. $P=MC=AC$

C. $P=MR=MC$　　D. $P=MR=AC$

答：B。

06－3 成本递增行业的长期供给曲线是：

A. 一条水平线　　B. 向右上方倾斜的

C. 向右下方倾斜的　　　D. 不一定

答：B。

06－4　在垄断竞争条件下，企业长期均衡时的条件是：

A. $MR=MC$　　　B. $P=AC$ 和 $MR=MC$

C. $P=AC=MC$　　　D. $P=MR=MC$

答：B。

06－5　完全垄断企业的产量、价格决策总是选择在需求曲线的：

A. 弹性需求段　　　B. 非弹性需求段

C. 单元弹性处　　　D. 不确定

答：A。

06－6　垄断竞争企业的竞争方式有：

A. 价格竞争　　　B. 产品差异化竞争

C. 广告和促销竞争　　　D. 以上都对

答：D。

06－7　以下市场结构中竞争方式主要是非价格竞争的是：

A. 完全竞争　　　B. 垄断竞争

C. 寡头垄断　　　D. A 和 B 都对

答：C。

06－8　假如 A 为广告投入，Q 为产量，CM 为单位产量的贡献，那么企业最优广告投入的条件是：

A. $\frac{dQ}{dA}\cdot CM>0$　　　B. $\frac{dQ}{dA}\cdot CM=0$

C. $\frac{dQ}{dA}\cdot CM=1$　　　D. $\frac{dQ}{dA}=CM$

答：C。

06－9　完全竞争行业与垄断竞争行业的主要区别是：

A. 前者的企业数目很多，后者只有几家

B. 前者出售的产品是同质的，后者则是有差别的

C. 前者只能获得正常利润，后者则能获得超额利润

D. 前者进出行业容易，后者进出行业困难

答：B。

06－10　在下列市场结构中，企业的决策必须考虑到其他企业可能作出的反应的是：

A. 完全竞争　　　B. 垄断竞争

C. 寡头垄断　　　D. B 和 C 都对

答：C。

06－11　在寡头垄断市场里，采取弯折的需求曲线定价模式的前提是：

A. 企业提价，其他企业不提价；企业降价，其他企业也降价

B. 企业提价，其他企业也提价；企业降价，其他企业不降价

C. 企业提价，其他企业也提价；企业降价，其他企业也降价
D. 企业提价，其他企业不提价；企业降价，其他企业不降价
答：A。

06－12 下面的行业中更接近完全竞争市场结构的是：
A. 汽车制造业　B. 烟草业
C. 广播电视业　D. 小麦种植业
答：D。

06－13 在完全竞争条件下，实现利润最大化的条件是：
A. $MR>MC$　B. $TR>TC$
C. $P=MC$　D. $P=MR$
答：C。

06－14 当处于长期均衡状态时，完全竞争企业总是：
A. 经济利润为零　B. 正常利润为零
C. A和B都对　D. 利润不确定
答：A。

06－15 假如一家完全竞争企业的产量为150件，产品价格为每件10元，那么，它的边际收入为：
A. 1 500元　B. 10元
C. 15元　D. 不好确定
答：B。

06－16 假如一家完全竞争企业的边际收入、边际成本和平均变动成本分别为15元、15元和12元。企业就应当：
A. 继续生产　B. 立即停产，退出市场
C. 提高价格　D. A和C同时进行
答：A。

06－17 从短期看，完全竞争企业应当停产的情况是：
A. 价格低于平均固定成本　B. 价格低于平均变动成本
C. 价格低于平均成本　D. 价格低于边际成本
答：B。

06－18 从短期看，如果企业的价格低于平均总成本，但高于平均变动成本，那么它应当：
A. 停产　B. 继续生产，但达不到正常利润
C. 继续生产，但经济利润为零　D. 以上都不对
答：B。

06－19 完全竞争企业的短期供给曲线是指：
A. 边际成本曲线的下降部分
B. 边际成本曲线的上升部分
C. 在平均变动成本曲线最低点以上的边际成本曲线的上升部分

D. 边际成本曲线

答：C。

06－20 从长期看，完全竞争企业将会实现的条件是：

A. $MC=AC$　　B. $P=MC$

C. $P=AC$　　D. 以上都对

答：D。

06－21 垄断企业的边际收入曲线总是：

A. 在需求曲线之上　　B. 在需求曲线下方

C. 与需求曲线相同　　D. 自左向右向上倾斜

答：B。

06－22 下面的陈述中正确的是：

A. 垄断企业会限制产量

B. 垄断企业的定价总是大于边际成本

C. 垄断企业的定价总是大于边际收入

D. 以上都对

答：D。

06－23 如果价格等于平均成本，则：

A. 企业有经济利润　　B. 企业有正常利润

C. 企业的正常利润为零　　D. A 和 B 都对

答：B。

06－24 如果一家完全竞争企业的总成本为 $TC=10+2Q+Q^2$，产品价格$P=10$元，从短期看，利润最大化的产量应为：

A. 10　　B. 8

C. 0　　D. 4

答：D。

06－25 如果一家完全竞争企业的总成本为 $TC=10+2Q+Q^2$，产品价格$P=4$元，从短期看，利润最大化的产量应为：

A. 1　　B. 8

C. 0　　D. 4

答：A。

06－26 下面的市场结构划分标准中使完全竞争企业的需求曲线为水平的是：

A. 大量小规模的买者和卖者

B. 进出市场容易，且产品是同质的

C. 大量小规模的卖者，且产品是同质的

D. 卖者数量多、规模小，且产品是有差异的

答：C。

06－27 垄断竞争市场结构的特征是：

A. 几家企业出售同质的产品　　B. 几家企业出售有差别的产品

C. 许多企业出售同质的产品　　D. 许多企业出售有差别的产品

答：D。

06－28　从长期看，谋求利润最大化的垄断竞争企业将：

A. 面临一条完全弹性的需求曲线

B. 在价格大于边际成本的情形下生产

C. 会达到比完全竞争企业更多的产量

D. 在平均成本处于最低的情形下生产

答：B。

06－29　从长期看，在垄断竞争企业中：

A. 价格等于平均成本　　B. 价格等于边际成本

C. 平均成本等于边际成本　　D. 经济利润能保持下来

答：A。

06－30　从短期看，在垄断竞争企业中：

A. 价格等于平均成本　　B. 价格等于边际成本

C. 经济利润为零　　D. 以上都不对

答：D。

06－31　寡头垄断的一个显著特征是：

A. 企业之间的行为互相依存、相互影响

B. 有一条完全非弹性的需求曲线

C. 不存在市场进入障碍

D. 以上都对

答：A。

06－32　弯折的需求曲线的特点是：

A. 提价时弹性大，降价时弹性小

B. 提价时弹性小，降价时弹性大

C. 无论是提价还是降价，弹性都会变大

D. 无论是提价还是降价，弹性都会变小

答：A。

06－33　弯折的需求曲线可用来说明：

A. 为什么寡头垄断企业不经常变动价格

B. 垄断竞争企业为什么从长期看经济利润为零

C. 为什么提价时需求曲线是非弹性的

D. 在寡头垄断市场里为什么不大可能发生串谋

答：A。

06－34　与弯折的需求曲线相对应的边际收入曲线是：

A. 垂直的　　B. 水平的

C. 连续的　　D. 在弯折点中断和错开的

答：D。

06－35 在价格领导模式中，大企业会：

A. 确定价格，并愿意生产多少就生产多少

B. 确定价格，其产量是为了满足市场总需求量减去全部小企业的供应量之后的剩余需求

C. 确定价格，使价格略低于由竞争形成的价格

D. 确定较高的价格，以巩固其垄断地位

答：B。

06－36 下列情况中会构成市场进入障碍的是：

A. 专利　　B. 政府的特许经营

C. 规模经济性　　D. 产品差异化

E. 以上都对

答：E。

第7章

07－1 博弈论研究的对象是：

A. 企业的决策过程　　B. 博弈参与者的竞争策略

C. 博弈参与者的定价策略　　D. 如何对付欺骗者

答：A。

07－2 博弈论的两个基本概念是：

A. 投入和产出　　B. 劳动力和资本

C. 策略和收益　　D. 成本和收益

答：C。

07－3 如果另一个参与者的策略一定时，使所有的博弈参与者都不能再提高其收益的状态叫做：

A. 支配策略　　B. 纳什均衡

C. 合作博弈　　D. 囚徒困境

答：B。

07－4 安全策略是：

A. 避免风险的策略　　B. 谋求收益最大的策略

C. 谋求投入产出比最大的策略　　D. 避免收入最小的策略

答：A。

07－5 占优策略是：

A. 根据另一家企业的策略选择自己企业的选择

B. 一家企业试图支配另一家企业

C. 一家企业报复另一家企业的策略

D. 一家企业的策略不取决于另一家企业的选择

答：D。

07-6 重复性博弈中对付欺骗者的针锋相对策略的具体做法是：

A. 再不相信欺骗者的承诺　　B. 主动报复欺骗者

C. 模仿上一次博弈中对手的行为　　D. 永远不与欺骗者合作

答：C。

07-7 触发策略的特点是：

A. 和博弈的对方约定好合作的条件

B. 即使对方欺骗了自己，也欢迎对方随时恢复合作

C. 如果对方欺骗了自己，永远不再合作

D. 采取首先欺骗对方的策略

答：C。

第8章

08-1 如果一家企业生产的两种产品是互补的，那么，与产品之间没有互补关系的情况相比，为实现利润最大化，每种产品：

A. 产量应定得较低，价格应定得较高

B. 产量应定得较高，价格应定得较低

C. 产量和价格都应定得较高

D. 产量和价格都应定得较低

答：B。

08-2 如果一家企业生产的两种产品是可以互相替代的，那么，与产品之间无替代关系的情况相比，为实现利润最大化，每种产品：

A. 产量应定得较低，价格应定得较高

B. 产量应定得较高，价格应定得较低

C. 产量和价格都应定得较高

D. 产量和价格都应定得较低

答：A。

08-3 一家企业按固定比例生产两种联产品，为使利润最大，应当增加产量直到：

A. 每种产品的边际收入等于每种产品的边际成本

B. 两种产品的边际收入之和等于两种产品的边际成本之和

C. 两种产品的边际收入之和等于产品组的边际成本

D. 每种产品的边际收入等于产品组的边际成本

答：C。

08-4 对一种新产品定价，应遵循的决策规则是：

A. 销售收入应足以补偿新产品的增量成本和公司分摊下来的固定成本

B. 销售收入至少应足以补偿新产品的增量成本

C. 销售收入足以补偿新产品的增量成本和公司分摊下来的固定成本之间的差额

D. 新产品的利润率应当与其他产品的利润率大致相同

答：B。

08－5 某企业生产的产品售价为10元，原来产量为10 000件，总变动成本为50 000元，总固定成本为20 000元。因生产能力还有富余，打算承接一项新业务，共2 000件，每件的协议价格只有8元，如承接这一业务，将给企业总利润带来的变化是：

A. 增加利润6 000元　　B. 减少利润4 000元

C. 增加利润2 000元　　D. 不好确定

答：A。

08－6 差别定价是指：

A. 一种产品因运输费用的不同而定不同的价格

B. 不同的企业生产的同一种产品因生产成本不同而定不同的价格

C. 一个企业生产两种以上产品，因价格弹性不同而定不同的价格

D. 一种产品因不同顾客的价格弹性不同而定不同的价格

答：D。

08－7 下列各项中不属于差别定价的必要条件的是：

A. 企业对价格要有一定控制能力

B. 企业的市场必须是被分割的

C. 不同市场的边际收入必须不同

D. 不同市场的需求弹性必须不同

答：C。

08－8 可作为实行差别定价的适当基础来划分顾客群的条件是：

A. 年龄　　B. 收入

C. 购买时间　　D. 以上都对

答：D。

08－9 在实行差别定价时，为使利润最大，应当使：

A. 每个市场的边际成本相等

B. 每个市场的边际收入都等于产品的边际成本

C. 企业的边际收入等于每个市场的边际成本

D. 各个市场的边际收入之和等于产品的边际成本

答：B。

08－10 有竞争性外部市场的中间产品的产量应增加到：

A. 中间产品的平均成本等于其边际成本之时

B. 中间产品的价格等于其边际成本之时

C. 中间产品的平均成本等于其价格之时

D. 中间产品的价格等于其边际收入之时

答：B。

08－11 无外部市场的中间产品的价格应等于中间产品的：

A. 平均成本　　B. 平均成本加目标利润

C. 边际成本　　D. 边际收入

答：C。

08-12 无外部市场的中间产品的产量应增加到：

A. 最终产品的边际收入等于中间产品的边际成本之时

B. 中间产品的边际收入之和等于中间产品的边际成本之时

C. 最终产品的边际收入等于中间产品的边际成本之和之时

D. 中间产品的边际收入等于中间产品的边际成本之时

答：C。

08-13 有完全竞争外部市场的中间产品的转移价格应当：

A. 等于平均成本　　B. 等于市场价格

C. 等于平均成本加目标利润　　D. 等于边际成本

答：B。

08-14 假定一家谋求利润最大化的企业用成本加成定价法定价，其产品的边际成本为常数，为4元，价格弹性为－5。那么，其产品价格应定为：

A. 5.00元　　B. 3.33元

C. 4.00元　　D. 无法确定

答：A。

08-15 某企业生产两种产品A和B，产品A的价格弹性为－2，产品B的价格弹性为－5。该企业打算用成本加成定价法定价。这两种产品的目标成本利润率应确定为：

A. 产品A的目标成本利润率应大于产品B

B. 产品A的目标成本利润率应小于产品B

C. 在一家企业内，两种产品的目标成本利润率应当相等

D. 目标成本利润率与价格弹性无关

答：A。

第9章

09-1 下列行为中不属于投资性质的是：

A. 培训本企业职工　　B. 做广告

C. 买股票　　D. 买家具

答：D。

09-2 贴现率的大小对一个现金流系列的现值的影响是：

A. 贴现率越大，现值越小

B. 贴现率越小，现值越小

C. 贴现率的大小会影响现金流系列未来的价值，但不影响其现值

D. 贴现率的大小会怎样影响现值，要视具体数据而定

答：A。

09-3 投资方案A头三年的净现金效益量分别为100万元、100万元和100万元。投资方案B头三年的净现金效益量分别为80万元、100万元和120万元。那么：

A. 不管贴现率多大，两个方案的现值相等

B. 如贴现率为零，两个方案的现值相等

C. 如贴现率大于零，方案 A 的现值小于方案 B

D. B 和 C 都对

答：B。

09-4 在一定贴现率档次上，3 年期的总现值系数等于：

A. 第 1 年到第 3 年每年现值系数的总和

B. 第 1 年现值系数的 3 倍

C. 第 1 年到第 3 年每年现值系数的平均值

D. 总现值系数与现值系数之间无确定关系

答：A。

09-5 下列说法中错误的是：

A. 总现值系数总是大于年金的期数

B. 总现值系数总是小于年金的期数

C. 如果期数相同，贴现率越大，现值系数就越小

D. 在一定的贴现率档次上，n 期的总现值系数总是大于第 n 期的现值系数

答：A。

09-6 企业应当接受一个投资方案，只要它的回报率：

A. 大于它的加权平均资金成本

B. 大于它的边际债务资金成本

C. 大于它的权益资金成本

D. 大于它在股票市场将来可能的回报

答：A。

09-7 如果投资方案未来全部净现金效益量的现值大于期初投资，企业就应当：

A. 拒绝该方案　　B. 接受该方案

C. 还要看内部回报率是否大于零　　D. 无法确定

答：B。

09-8 一个投资方案的期初投资为 20 000 元，每年净现金效益量为 3 000 元，方案的寿命为 10 年，贴现率为 10%（总现值系数$_{(10\%,10)}$=6.145），则该方案的净现值是：

A. －1 565 元　　B. 1 565 元

C. 38 435 元　　D. 30 000 元

答：A。

09-9 投资方案的内部回报率是指：

A. 银行回报给储户的利率

B. 能使未来净现金流量的总现值与净现金投资量相等的贴现率

C. 经济学家计算期初投资带来的净现值时所用的利率

D. 审计投资方案时所用的贴现率

答：B。

09－10 假如有一个投资方案，按10%的贴现率计算净现值，得出净现值为100 000元，那么，这个投资方案的内部回报率一定：

A. 大于0　　B. 小于0

C. 大于10%　　D. 小于10%

答：C。

09－11 资金成本是指：

A. 厂房和设备的购买价格　　B. 投资者要求的回报率

C. 企业的负债　　D. 因投资引起的亏损

答：B。

09－12 资金成本的组成中包括：

A. 厂房的成本　　B. 债务成本

C. 内部回报率　　D. 折旧费

答：B。

09－13 资金的债务成本等于：

A. 企业的债券或借款的税后利率　　B. 企业的债券或借款的税前利率

C. 企业债券的发行费用　　D. B与C之和

答：A。

09－14 综合资金成本是几种资本成本的加权平均值，这些资本成本是指：

A. 厂房和设备购置费用　　B. 债务和权益资本

C. 长期和短期资本　　D. 不同投资方案的成本

答：B。

09－15 某企业的股票，目前市价为每股10元，股利为1元，股利每年预期增长4%，用现金流量贴现模型计算该企业的权益资本成本是：

A. 15%　　B. 8%

C. 10%　　D. 以上都不对

答：D。

09－16 如果政府债券的利息率为7%，某企业的权益资本成本为12%，该企业的风险补偿率应是：

A. 19%　　B. 5%

C. 7%　　D. 12%

答：B。

09－17 在估计权益资本时，资本资产定价模型与现金流量贴现模型的主要区别是前者：

A. 不考虑股利的增长率　　B. 要求股票价格为已知

C. 要求股利收益率为已知　　D. 考虑了不同股票的风险差别

答：D。

09－18 横向兼并的参与企业是：

A. 在同一产品市场上竞争的企业　　B. 处于生产过程不同阶段上的企业

C. 在不同产品市场上竞争的企业　　D. 包括 A 和 C

答：A。

09－19　下面的并购中属于纵向兼并的是：

A. 并购在同一产品市场上竞争的其他企业

B. 并购在不同产品市场上竞争的企业

C. 并购原材料的供应者

D. B 和 C 都对

答：C。

09－20　下面列举的兼并可能带来的好处中，错误的是：

A. 改进管理　　B. 实现规模经济性

C. 增加企业的风险　　D. 实现企业资源互补

答：C。

09－21　净现金效益量和利润的关系可表示为：

A. 净现金效益量＝利润－折旧

B. 净现金效益量＝利润增加量－折旧增加量

C. 净现金效益量＝利润增加量＋折旧增加量

D. 净现金效益量＝利润＋折旧

答：C。

09－22　投资方案甲的寿命为 10 年，方案的净现值为 100 万元。投资方案乙的寿命为 2 年，方案的净现值也是 100 万元。比较后得出的结论是：

A. 方案甲优于方案乙　　B. 方案乙优于方案甲

C. 两个方案无优劣之分　　D. 根据以上数据，无法比较

答：B。

09－23　如果在评价一个投资方案时，资金成本分别按 5%，10%和 15%计算，可以得出净现值分别为正值、0 和负值。那么，这个投资方案的内部回报率应该：

A. 小于 5%　　B. 大于 15%

C. 等于 0　　D. 等于 10%

答：D。

第 10 章

10－1　在投资决策中，风险是指：

A. 冒险的程度　　B. 亏损的可能性

C. 决策结果的变动性　　D. 以上都对

答：C。

10－2　有风险条件下的决策与不确定条件下的决策的区别主要在于：

A. 自然状态是否为已知　　B. 结果是否为已知

C. 自然状态发生的概率是否为已知　　D. 人们是否对风险持中立态度

答：C。

10-3 在风险投资决策中，术语“结果”是指：

A. 用来实现管理目标的行动方案

B. 将来可能存在的环境条件

C. 特定的自然状态和策略相结合所产生的得或失

D. 以上都不对

答：C。

10-4 投资方案A比投资方案B的期望值和标准差都高，则风险厌恶型的决策者会：

A. 选择方案A　　B. 选择方案B

C. 认为两个方案无优劣之分　　D. 根据以上信息，无法选择

答：D。

10-5 如果投资者知道所有可能结果的发生概率，他面临的决策条件就属于：

A. 有风险的　　B. 不确定的

C. 确定的　　D. 决策树

答：A。

10-6 在评价投资方案时，各种可能结果的概率分布的标准差与期望值之间的比率称为：

A. 方差　　B. 风险补偿率

C. 标准差系数　　D. 变差系数

答：D。

10-7 有风险条件下的决策存在的条件是：

A. 决策的可能结果只有一个

B. 决策的可能结果有多个

C. 决策的可能结果有多个，且每种结果的发生概率为已知

D. 决策的可能结果有多个，但不知道每种结果发生的概率

答：C。

10-8 如果一个人的收入的边际效用随着财富的增加而递减，那么，此人是：

A. 风险中立者

B. 风险厌恶者

C. 风险偏好者

D. 有时是风险厌恶者，有时则是风险寻求者

答：B。

10-9 已知下列利润收入和概率：

利润（元）	概率
500	0.25
300	0.50
225	0.25

它的期望值为：

A. 400 元　　B. 394 元

C. 429.7 元　　D. 331.25 元

答：D。

10－10　如果一个投资方案的两种可能结果和概率分别为－10和 0.5，以及 10 和 0.5。这一方案的标准差是：

A. 0　　B. 100

C. 10　　D. 14.14

答：C。

10－11　如果有四种自然状态，决策者已知这四种自然状态的结果和其中三种的概率。下列说法中正确的是：

A. 期望值无法计算　　B. 标准差无法计算

C. 能计算其变差系数　　D. 第四个概率可假定为零

答：C。

10－12　某方案两种自然状态下的结果和概率分别为 10和 0.5，以及 30 和 0.5。该方案的变差系数是：

A. 10　　B. 20

C. 2.0　　D. 0.5

答：D。

10－13　某决策者对三个投资方案 A，B 和 C 分别用 10%，15%和 12%的贴现率进行评价。如果其他因素相同，该决策者认为这三个方案中风险最大的是：

A. 方案 A　　B. 方案 B

C. 方案 C　　D. 三个方案风险相同

答：B。

10－14　某人的效用函数是凸向左上方的，则此人对风险的态度是：

A. 风险中立　　B. 风险偏好

C. 风险厌恶　　D. 无法确定

答：C。

10－15　下列关于风险补偿率的说法中，正确的是：

A. 加在无风险的贴现率上，以便在决策中把风险考虑进去

B. 只供风险寻求者决策时用

C. 要从无风险贴现率中减去，以便在决策中考虑风险

D. B 和 C 都对

答：A。

10－16　无风险利率与风险投资的必要回报率之间的差额为：

A. 贴现率　　B. 标准差

C. 风险补偿率　　D. 变差系数

答：C。

第11章

11-1 消费者剩余是指：

A. 消费者的购买量与实际消费量之间的差额

B. 消费者的需求量与实际消费量之间的差额

C. 消费者愿意支付的费用与实际支付的价格之间的差额

D. 消费者的需求量与实际购买量之间的差额

答：C。

11-2 生产者剩余是指：

A. 生产者的生产能力与实际产量之间的差额

B. 雇员对企业所作的贡献与他们所得工资之间的差额

C. 生产者的销售能力和实际产量之间的差额

D. 生产者的销售收入与成本之间的差额

答：D。

11-3 下列情况中，具有正外部经济效应的是：

A. 钢铁厂的炉渣，卖给水泥厂做原料，使水泥厂的成本降低

B. 企业培训工人，提高了他们的技能，几年后，工人跳槽，新雇主受益

C. 世界石油增产，汽油降价，导致飞机票价格也下降

D. 以上都对

答：B。

11-4 下列物品中属于公共物品的是：

A. 邮政服务　　B. 公共交通

C. 公路建设　　D. 以上都对

答：C。

11-5 非排他性是公共物品的特征之一，下列情况中属于非排他性的是：

A. 不能排除竞争者也生产这种物品

B. 不能排除私人企业也生产这种物品

C. 增加一名消费者不需要排除其他消费者对这种物品的消费

D. 不能排除不付费的消费者也享用这种物品

答：D。

11-6 非竞争性是公共物品的特征之一，下列情况中属于非竞争性的是：

A. 在这一行业里，没有其他竞争者

B. 增加一名消费者不需要减少其他消费者对这种物品的消费

C. 这种物品的生产是政府特许的

D. 这种物品有专门的用途，较难改作他用

答：B。

第 12 章

12-1 能让别人按较低机会成本生产一种产品的能力称为：

A. 竞争性生产　　B. 比较优势

C. 选择性优势　　D. 绝对优势

答：B。

12-2 假如在美国比萨饼的价格为每个 5 美元，啤酒的价格为每桶 25 美元，在德国比萨饼的价格为每个 7 美元，啤酒的价格为每桶 21 美元，那么：

A. 美国有生产啤酒的相对优势

B. 美国有生产啤酒的绝对优势

C. 美国有生产比萨饼的相对优势

D. 美国在生产比萨饼和啤酒方面都有比较优势

答：C。

12-3 假如在美国比萨饼的价格为每个 5 美元，啤酒的价格为每桶 25 美元，在德国比萨饼的价格为每个 7 美元，啤酒的价格为每桶 21 美元，那么：

A. 两个国家都应生产比萨饼和啤酒

B. 美国只生产啤酒，并以此与德国交换比萨饼

C. 美国只生产比萨饼，并以此与德国交换啤酒

D. 以上都有

答：C。

12-4 有两个汽车制造商，一个在越南设厂，一个在澳大利亚设厂，两家工厂的工人人数相同；越南的工厂能生产 150 个引擎，或生产 100 件传速器；澳大利亚的工厂能生产 100 个引擎，或生产 25 件传速器，那么：

A. 越南的工厂在生产引擎和传速器方面都有绝对优势

B. 澳大利亚的工厂在生产传速器方面有绝对优势

C. 越南的工厂在生产传速器方面有比较优势

D. 不必考虑哪家工厂有优势，因为比较优势理论只适用于国家之间，不适用于企业

答：A。

12-5 汇率是指：

A. 用另一种货币来定一种货币的价格

B. 进口产品的货币价值

C. 购买货币需用的黄金量

D. 以上全部

答：A。

12-6 你在美国的公司把部件销售给孟加拉国，要求它们以美元支付，则：

A. 孟加拉国的公司承受汇率风险

B. 你的公司承受汇率风险

C. 双方共担风险

D. 双方都没有风险

答：A。

12-7 下面各项措施中能使汽车的进口减少的是：

A. 征收关税 B. 实行配额制

C. 禁止进口 D. 以上全部

答：D。

12-8 对进口货物实施配额制，将会：

A. 使该货物的需求曲线向下移动

B. 使该货物的供给曲线向上移动

C. 以上两者都会发生

D. 信息不够，尚无法判断

答：B 。

12-9 与自由贸易相比，禁止某种货物进口将会：

A. 提升该货物的国内价格 B. 减少消费者剩余

C. 导致无谓提供 D. 以上全部

答：D。

12-10 某公司被认为是一家跨国公司，是因为：

A. 该公司所控生产资产分布在多个国家

B. 该公司的董事会由多国董事参与

C. 为了逃税

D. 它的股票在多国上市

答：A。

计算题

绪 论

00-1 请填写下列表格，并回答后面的问题。

产量 (Q)	总收入 (TR)	总成本 (TC)	利润 (π)	边际收入 (MR)	边际成本 (MC)
0	0	0			
1	200	10			
2	380	30			
3	540	60			
4	680	100			
5	800	150			
6	900	210			
7	970	280			
8	1 040	360			
9	1 080	450			
10	1 100	550			

(1) 利润最大时的产量是多少?

(2) 在这一产量水平上，边际收入和边际成本之间存在什么关系?

(3) 请解释为什么边际收入和边际成本存在这种关系时的产量能使利润最大。

解

上述表格填入数据如下：

产量 (Q)	总收入 (TR)	总成本 (TC)	利润 (π)	边际收入 (MR)	边际成本 (MC)
0	0	0	0	—	—
1	200	10	190	200	10
2	380	30	350	180	20
3	540	60	480	160	30
4	680	100	580	140	40
5	800	150	650	120	50
6	900	210	690	100	60
7	970	280	690	70	70
8	1 040	360	680	70	80
9	1 080	450	630	40	90
10	1 100	550	550	20	100

（1）当 $Q=7$ 时，利润最大，为690。

（2）在 $Q=7$ 时，$MR=MC=70$。

（3）从表中可以看到：当 $MR>MC$ 时，增产可使总利润增加，说明此时的产量尚未达到最优。当 $MR<MC$ 时，增产会使总利润减少，说明此时减产能使利润增加。故只有当 $MR=MC$ 时，产量能使总利润最大。

00-2 某企业产品的总产量为100件，在两个被分割的市场中销售。市场A的需求曲线方程为 $P_A=100-Q_A$，市场B的需求曲线方程为 $P_B=150-0.5Q_B$。为使总销售收入最大，该企业的产品在A，B市场上应各销售多少？

解

假定在市场A应销售 Q_A，在市场B应销售 Q_B，则

$$Q_A+Q_B=100$$

为使总销售收入最大，根据边际分析法原理，$MR_A=MR_B$，可从需求曲线求得：

$$MR_A=100-2Q_A，MR_B=150-Q_B$$

$$100-2Q_A=150-Q_B \quad (1)$$

$$Q_A+Q_B=100 \quad (2)$$

解联立方程（1）和（2），得

$$Q_A=16.67，Q_B=83.33$$

00-3 某公司下属两家分厂甲和乙，生产相同的产品，但因技术条件不同，其生产成本也不相同。它们在各种产量下的预计总成本见下表：

分厂甲数据

产量（件）	总成本（元）
0	0
1	200
2	500
3	900
4	1 400

分厂乙数据

产量（件）	总成本（元）
0	0
1	100
2	300
3	600
4	1 000

现假定公司共有生产任务 5 件。应如何在这两家分厂中分配，才能使公司总成本最低？此时总成本是多少？

解

先算出两个分厂的边际成本数据（见下表）：

分厂甲数据

产量(件)	总成本(元)	边际成本(元)
0	0	—
1	200	200
2	500	300
3	900	400
4	1 400	500

分厂乙数据

产量(件)	总成本(元)	边际成本(元)
0	0	—
1	100	100
2	300	200
3	600	300
4	1 000	400

根据边际分析原理，两家分厂的边际成本相等时，总成本最低。从上面的表中可看出，边际成本为 300 元时，分厂甲生产 2 件，分厂乙生产 3 件，共 5 件。此时总成本为 1 100 元（500＋600）。

00－4 小李打算放弃年薪为 300 000 元的工作机会自己开店。为此，他将投资 500 000 元，这笔钱原来一直存在银行里，年利率为 4%。他还计划把自己的两间房屋用于开店，这两间房原来是租给别人的，租金为每月 15 000 元。预计商店的年营业收入为 1 070 000 元。商店的其他年度开支有：

广告费	50 000 元
租金	100 000 元
税金	50 000 元
员工薪酬	400 000 元
其他支出	50 000 元

请分别计算该商店的年度会计利润和经济利润。小李自己开店是否合算？

解

$$会计利润=1\ 070\ 000-(50\ 000+100\ 000+50\ 000+400\ 000+50\ 000)=420\ 000(元)$$

$$经济利润=1\ 070\ 000-(50\ 000+100\ 000+50\ 000+400\ 000+50\ 000+500\ 000\times4\%+15\ 000\times12+300\ 000)=1\ 070\ 000-1\ 150\ 000=-80\ 000(元)$$

经济利润为负值，说明自己开店不合算。

00－5 张三是一名裁缝，几年前他买了一块布料，每米 50 元。现在布料的价格已上涨到每米 150 元。他打算用这块布料做衣服，然后卖给邻居。他估计每件衣服需用布 2 米和 4 工时（每工时的价值为 30 元）。如果每件衣服能卖 350 元，张三通过制作和销售衣服能否获得经济利润？经济利润是多少？他应当制作和销售衣服，还是直接出售布料？计算和比较两种情况下的会计利润。

解

先计算制作和销售衣服的经济利润：

销售收入	350 元
经济成本	420 元
其中：布料 2×150＝300 元	
工时 4×30＝120 元	
经济利润	－70 元

经济利润为负值，制作和销售衣服不合算，不如直接出售布料。

下面计算两种情况下的会计利润：

直接出售布料的会计利润＝2×(150－50)＝200(元)

制作和销售衣服的会计利润＝350－(2×50＋4×30)＝130(元)

可见，制作和销售衣服的会计利润要比直接出售布料少 70 元。

第 1 章

01－1 假定一个市场由三个消费者（A，B 和 C）组成。他们的单个消费者需求曲线分别为：

A：$P=35-0.5Q_A$

B：$P=50-0.25Q_B$

C：$P=40-2.0Q_C$

已知行业供给曲线为：$Q_S=40+3.5P$。求：

（1）均衡价格和均衡交易量；

（2）每人的购买量。

解

（1）先求出市场需求曲线方程。对每个消费者需求曲线方程进行移项，得

$$Q_A=70-2P$$
$$Q_B=200-4P$$
$$Q_C=20-0.5P$$

行业需求曲线：$Q_D=290-6.5P$

令 $Q_S=Q_D$，$290-6.5P=40+3.5P$，则 $P=25$，代入需求方程，则

$$Q_D=Q_S=127.50$$

（2）$Q_A=70-2\times25=20$

$Q_B=200-4\times25=100$

$Q_C=20-0.5\times25=7.5$

01－2 某厂生产的牛仔裤在国内和国外两个市场销售，国内外市场的需求曲线方程分别估计为：

国内：$P=100-Q_{内}$

国外：$P=100-2Q_{外}$

求国内外市场的总需求曲线方程。

解

经移项，国内外市场的需求方程可改写为：

$$Q_{内}=100-P$$
$$Q_{外}=50-0.5P$$

市场总需求曲线：$Q_{总}=150-1.5P$，$P=100-0.67Q_{总}$

01-3 假定我国对自行车的需求量如表1所示，对自行车的供给量如表2所示。

表1

价格(元)	年需求量(百万辆)
320	20
400	18
480	16

表2

价格(元)	年供给量(百万辆)
240	14
320	16
400	18
480	19

问：(1) 价格为320元时，是否有过度需求（或过度供给）？价格为480元时，是否有过度需求（或过度供给）？自行车的均衡价格将是多少？

(2) 如果政府对每辆自行车征税160元，那么税后自行车的均衡价格是多少？如果征税后政府又规定自行车最高限价为400元，市场上的自行车是短缺还是剩余？短缺或剩余多少？

解

(1) 价格为320元时，过度需求为4百万辆（20－16）；

价格为480元时，过度供给为3百万辆（19－16）；

均衡价格为400元（此时供给量和需求量相等，均为18百万辆）。

(2) 先求出税后的供给量（见下表）：

价格（元）	年供给量（百万辆）
400	14
480	16
560	18
640	19

税后均衡价格为480元（此时，供给量＝需求量＝16）。如政府规定最高限价为400元，那么，$Q_D=18$，$Q_S=14$，短缺为4百万辆（18－14）。

01-4 假定砂糖的需求曲线为：$P=12-0.3Q_D$（式中，P为价格，单位为元/千克；Q_D为需求量，单位为万千克）；砂糖的供给曲线为：$P=0.5Q_S$（式中，Q_S为供给量，单位为万千克）。问：

(1) 砂糖的均衡价格是多少？

(2) 砂糖的均衡交易量是多少？

(3) 如果政府规定砂糖的最高价格为7元/千克，砂糖的供求关系会发生什么变化？

(4) 如果政府对砂糖每千克征税1元，征税后的均衡价格是多少？

解

(1) 经移项得，需求方程和供给方程分别为：

$$Q_D=40-P/0.3$$
$$Q_S=2P$$

$Q_D=Q_S$

$40-\frac{P}{0.3}=2P$，$P=7.5$(元/千克)

（2）$Q_D=40-7.5/0.3=15$(万千克)

$Q_S=2\times7.5=15$(万千克)

（3）$Q_D=40-7/0.3=16.67$(万千克)

$Q_S=2\times7=14$(万千克)

出现了求大于供的情况。

（4）假定征税后，价格为 P'，那么新供给曲线应为：$P'-1=0.5Q_S$，或$Q_S=2P'-2$。征税不影响需求曲线，故需求曲线不变，为：$P'=12-0.3Q_D$，或 $Q_D=40-3.33P'$。均衡时 $Q_S=Q_D$，所以 $2P'-2=40-3.33P'$，$P'=7.88$ 元/千克。

01-5 假定某地区白糖的月需求和供给函数如下：

需求：$Q_D=40\,000-4\,000P$

供给：$Q_S=-10\,000+10\,000P$

问：均衡价格和均衡购销量各应是多少？

解

均衡时，$Q_D=Q_S$

$40\,000-4\,000P=-10\,000+10\,000P$

则 $P=3.57$

将 $P=3.57$ 代入需求（或供给）函数，得

$Q_D=40\,000-4\,000\times3.57=25\,720$

01-6 已知有一种产品的市场供给和需求曲线为：$Q_S=3\,000+200P$，$Q_D=13\,500-500P$。供应这种产品的行业属于完全竞争行业。有一家企业每期的固定成本为 150，它的边际成本函数和平均变动成本函数为：

$MC=15-4Q+3Q^2/10$

$AVC=15-2Q+Q^2/10$

问：（1）该行业的均衡价格是多少？

（2）该企业的利润最大化产量应是多少？

（3）该企业的最大总利润应是多少？

解

（1）使 $Q_S=Q_D$，$3\,000+200P=13\,500-500P$，或 $700P=10\,500$，$P=15$。

（2）使 $P=MC$，$15=15-4Q+3Q^2/10$，或 $3Q^2/10-4Q=0$，解之得 $Q=0$（舍去）或 $Q=40/3$。

（3）$\pi=TR-TC$

$=15\times(40/3)-[15-2\times(40/3)+(40/3)^2/10]\times(40/3)-150$

$=200-81.4-150$

$=-31.4$

第 2 章

02-1 某零售商发现过去几个月商品 X 的销售量都是每周接近 200 单位，但有两次每周的销售量降到 120 单位。他注意到这种情况与该店商品 Y 的价格从 5 元降到 4 元有关。商品 Y 在降价后很畅销。问：

（1）商品 X（对商品 Y 的价格）的交叉弹性是多少？

（2）如果商品 Y 的价格从 5 元提高到 6 元，预期商品 X 能销售多少？

解

（1）$E_{P_Y}=\dfrac{Q_{X_2}-Q_{X_1}}{P_{Y_2}-P_{Y_1}}\cdot\dfrac{P_{Y_1}+P_{Y_2}}{Q_{X_1}+Q_{X_2}}$

将已知条件代入公式，得

$Q_{X_1}=200$，$Q_{X_2}=120$

$P_{Y_1}=5$，$P_{Y_2}=4$

$$E_{P_Y}=\frac{120-200}{4-5}\times\frac{5+4}{200+120}$$

$$=80\times\frac{9}{320}=2.25$$

（2）$2.25=\dfrac{Q_{X_2}-200}{6-5}\times\dfrac{5+6}{200+Q_{X_2}}$

$2.25Q_{X_2}+450=11Q_{X_2}-2\ 200$

$8.75Q_{X_2}=2\ 650$

$Q_{X_2}=302.86$

02-2 某产品的需求曲线为：$Q=50-20P+0.4A+0.05I$。式中，Q 为需求量；P 为价格；A 为广告投入；I 为人均收入。

（1）设 $P=100$ 元，$A=6\ 000$ 元，$I=9\ 500$ 元，试求：

1）需求的价格弹性；

2）需求的收入弹性。

（2）写出在问题（1）假设下的需求曲线方程。

（3）写出该产品的销售收入函数和边际收入函数。

解

（1）1）$Q=50-20\times100+0.4\times6\ 000+0.05\times9\ 500$

$=925$

$\dfrac{dQ}{dP}=-20$，$\varepsilon_P=\dfrac{dQ}{dP}\cdot\dfrac{P}{Q}=-20\times\dfrac{100}{925}=-2.16$

2）$\dfrac{dQ}{dI}=0.05$，$\varepsilon_I=\dfrac{dQ}{dI}\cdot\dfrac{I}{Q}=0.05\times\dfrac{9\ 500}{925}=0.514$

（2）$Q=50-20P+0.4\times6\ 000+0.05\times9\ 500$

$=2\ 925-20P$

或　　$P=146.25-0.05Q$

（3）$TR=P\cdot Q=(146.25-0.05Q)Q$

或　　$TR=146.25Q-0.05Q^2$

$$MR=\frac{dTR}{dQ}=146.25-0.1Q$$

02-3　假定某企业产品A的需求函数为：$Q_A=200-0.01P_A+0.005P_B-10P_C+0.01Y+0.003M$，其中，产品B和产品C都是产品A的相关产品，$P_A$，$P_B$和$P_C$分别为三种产品的价格；$Y$为居民收入；$M$为广告投入。问：

（1）如果$P_A=11\ 000$元，$P_B=10\ 000$元，$P_C=0.60$元，$Y=6\ 000$元，$M=2\ 000$元，求产品A的点价格弹性。

（2）这时的需求是弹性需求、非弹性需求还是单元弹性需求？

（3）在$P_B=10\ 000$元和$P_B=9\ 000$元之间，产品A（对产品B的价格）的弧交叉弹性是多少？假定P_A，P_C，Y，M的数据同问题（1）。

（4）产品A和产品B是替代品还是互补品？为什么？

解

（1）
$$\begin{aligned}Q_A&=200-0.01\times11\ 000+0.005\times10\ 000-10\times0.60+0.01\times6\ 000\\&\quad+0.003\times2\ 000\\&=200-110+50-6+60+6\\&=200\end{aligned}$$

$$\frac{dQ_A}{dP_A}=-0.01$$

$$\varepsilon_P=\frac{dQ_A}{dP_A}\cdot\frac{P_A}{Q_A}=-0.01\times\frac{11\ 000}{200}=-0.55$$

（2）$0.55<1$，所以为非弹性需求。

（3）
$$E_{P_B}=\frac{Q_{A_2}-Q_{A_1}}{P_{B_2}-P_{B_1}}\cdot\frac{P_{B_1}+P_{B_2}}{Q_{A_1}+Q_{A_2}}$$

$$\begin{aligned}Q_{A_2}&=200-0.01\times11\ 000+0.005\times9\ 000-10\times0.60+0.01\times6\ 000\\&\quad+0.003\times2\ 000\\&=200-110+45-6+60+6\\&=195\end{aligned}$$

$Q_{A_1}=200$，$P_{B_1}=10\ 000$，$P_{B_2}=9\ 000$

$$\begin{aligned}E_{P_B}&=\frac{195-200}{9\ 000-10\ 000}\times\frac{10\ 000+9\ 000}{200+195}\\&=\frac{-5}{-1\ 000}\times\frac{19\ 000}{395}\\&=0.24\end{aligned}$$

（4）因为$E_{P_B}>0$，所以A和B为替代品。

02-4　假定已知某企业的需求曲线为：$P=81-9Q$，问：

（1）边际收入函数是怎样的？

(2) 边际收入为零时的产量是多少?

(3) 销售收入最大是多少?

(4) 销售收入最大时，价格弹性是多少?

解

(1) $TR=P\cdot Q=81Q-9Q^2$

$$MR=\frac{\mathrm{d}TR}{\mathrm{d}Q}=81-18Q$$

(2) $MR=0$ 时，$81-18Q=0$，$Q=4.5$

(3) 销售收入最大时，$MR=0$，$Q=4.5$

$TR=81\times4.5-9\times4.5^2=182.25$

(4) $Q=9-P/9$，$\frac{\mathrm{d}Q}{\mathrm{d}P}=-1/9$

销售收入最大时，$P=81-9\times4.5=40.5$

$$\varepsilon_P=\frac{\mathrm{d}Q}{\mathrm{d}P}\cdot\frac{P}{Q}=-\frac{1}{9}\times\frac{40.5}{4.5}=-1$$

02-5 假定某企业的需求曲线为：$P=a-bQ$。

(1) 请找出销售收入最大时的产量是多少。

(2) 请用点价格弹性的公式算出销售收入最大时的价格弹性是多少。

解

(1) 销售收入最大时，$MR=0$

$$MR=a-2bQ=0，Q=\frac{a}{2b}$$

(2) 销售收入最大时

$$P=a-b\cdot\frac{a}{2b}=\frac{a}{2}$$

经移项，需求曲线方程可改写为：

$$Q=\frac{a}{b}-\frac{P}{b}$$

$$\frac{\mathrm{d}Q}{\mathrm{d}P}=-1/b$$

$$\varepsilon_P=\frac{\mathrm{d}Q}{\mathrm{d}P}\cdot\frac{P}{Q}=-\frac{1}{b}\cdot\frac{a/2}{a/(2b)}=-1$$

即销售收入最大时为单元弹性。

02-6 假定在产品 A 和产品 B 之间有以下关系：$Q_A=80P_B-0.5P_B^2$，式中，Q_A 为消费者对产品 A 的需求量；P_B 为产品 B 的价格。问：

(1) 当产品 B 的价格为 10 元时，产品 A 对产品 B 的价格的交叉弹性是多少?

(2) 产品 A 和产品 B 互为互补品还是替代品?

解

(1) $\varepsilon_{P_B}=\frac{\mathrm{d}Q_A}{\mathrm{d}P_B}\cdot\frac{P_B}{Q_A}$

$\frac{dQ_A}{dP_B}=80-P_B$

$P_B=10$ 元，$Q_A=80\times10-0.5\times10^2=750$

$\varepsilon_{P_B}=(80-10)\times\frac{10}{750}=0.933$

（2）ε_{P_B}为正值（0.933>0），说明产品A和产品B可以互相替代。

02-7 某厂生产玩具气球，它的需求曲线为：$Q=10-P$，式中，Q为月产量（单位：万个）；P为价格（单位：元/个）。

（1）假定该厂计划每月销售玩具气球8万个，价格应定多少？

（2）如果每个售价1元，每月能销售多少？

（3）画出玩具气球的需求曲线、边际收入曲线和总收入曲线。

（4）求气球定价为1.2元/个时的点价格弹性。

解

（1）$P=10-Q$

$P=10-8=2$（元/个）

（2）$Q=10-P=10-1=9$（万个）

（3）玩具气球的需求曲线、边际收入曲线和总收入曲线如下图所示。

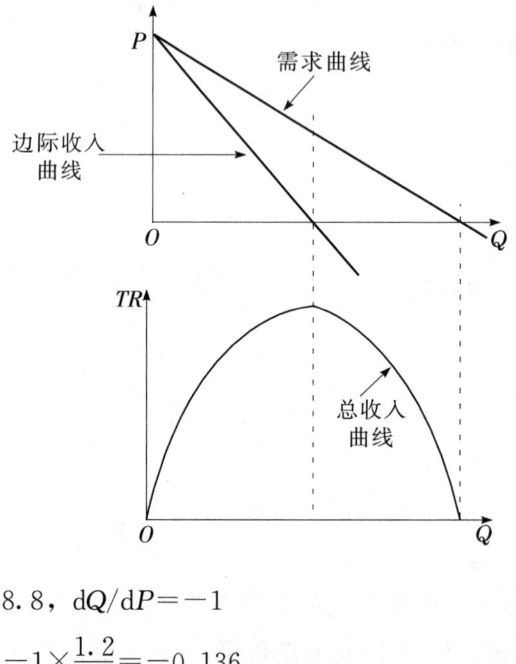

（4）$Q=10-1.2=8.8$，$dQ/dP=-1$

$\varepsilon_P=\frac{dQ}{dP}\cdot\frac{P}{Q}=-1\times\frac{1.2}{8.8}=-0.136$

02-8 假定某企业产品A的需求函数为：

$Q_A=100-0.01P_A+0.02P_B-10P_C+0.01Y+0.02M$

式中，产品B和产品C都是产品A的相关产品，P_A，P_B，P_C分别为三种产品的价格；Y为居民月收入；M为每年广告投入。

(1) 如果 $P_A = 10\ 000$元，$P_B = 8\ 000$元，$P_C = 1.0$ 元，$Y = 5\ 000$元，$M = 2\ 000$元，产品 A 的点价格弹性是多少？

(2) 这时的需求是弹性需求、非弹性需求还是单元弹性需求？

(3) 假定 P_A，P_C，Y 和 M 的数据同问题 (1)，在 $P_B = 8\ 000$ 元到 $P_B = 7\ 000$ 元之间，产品 A 对产品 B 的价格的弧交叉弹性是多少？

(4) 产品 A 和产品 B 互为替代品还是互补品？

解

(1) $Q_A = 100 - 0.01 \times 10\ 000 + 0.02 \times 8\ 000 - 10 \times 1.0 + 0.01 \times 5\ 000$

$+ 0.02 \times 2\ 000 = 240$

$$\varepsilon_P = \frac{dQ}{dP} \cdot \frac{P}{Q} = -0.01 \times \frac{10\ 000}{240} = -\frac{5}{12}$$

(2) 因 $\frac{5}{12} < 1$，故是非弹性需求。

(3) $E_{P_B} = \frac{Q_{A_2} - Q_{A_1}}{P_{B_2} - P_{B_1}} \cdot \frac{P_{B_1} + P_{B_2}}{Q_{A_1} + Q_{A_2}}$

将已知条件代入上面的公式，得

$Q_{A_1} = 240$

$Q_{A_2} = 100 - 0.01 \times 10\ 000 + 0.02 \times 7\ 000 - 10 \times 1.0 + 0.01 \times 5\ 000$

$+ 0.02 \times 2\ 000$

$= 220$

$P_{B_1} = 8\ 000$

$P_{B_2} = 7\ 000$

$$E_{P_B} = \frac{220 - 240}{7\ 000 - 8\ 000} \times \frac{8\ 000 + 7\ 000}{240 + 220} = \frac{15}{23}$$

(4) 因 $\frac{15}{23} > 0$，故产品 A 和产品 B 互为替代品。

02-9 某产品的需求曲线为：$Q = 100 - 20P + 0.5A + 0.1I$，式中，$Q$ 为需求量；P 为价格；A 为广告投入；I 为人均月收入。

(1) 设 $P = 100$ 元，$A = 5\ 000$ 元，$I = 10\ 000$ 元，求：

1) 需求的价格弹性；

2) 需求的收入弹性。

(2) 求在问题 (1) 假设下的需求曲线方程。

(3) 求该产品的总收入函数和边际收入函数。

解

(1) 1) $Q = 100 - 20 \times 100 + 0.5 \times 5\ 000 + 0.1 \times 10\ 000$

$= 1\ 600$

$$\frac{dQ}{dP} = -20$$

$$\varepsilon_P=\frac{\mathrm{d}Q}{\mathrm{d}P}\cdot\frac{P}{Q}=-20\times\frac{100}{1\ 600}$$

$$=-\frac{5}{4}$$

2）$\frac{\mathrm{d}Q}{\mathrm{d}I}=0.1$

$$\varepsilon_I=\frac{\mathrm{d}Q}{\mathrm{d}I}\cdot\frac{I}{Q}=0.1\times\frac{10\ 000}{1\ 600}$$

$$=\frac{5}{8}$$

（2）$Q=100-20P+2\ 500+1\ 000=3\ 600-20P$

或 $P=180-\frac{Q}{20}$

（3）$TR=P\cdot Q=(180-\frac{Q}{20})\cdot Q=180Q-\frac{Q^2}{20}$

$$MR=\frac{\mathrm{d}TR}{\mathrm{d}Q}=180-\frac{Q}{10}$$

02-10 甲公司生产拖鞋，现价30元，2021年销售量为每月10 000双。2022年1月，它的竞争对手乙公司把拖鞋价格从每双32元降到28元。2月，甲公司的销售量下降到每月8 000双。问：

（1）甲公司拖鞋对乙公司拖鞋的价格的交叉弹性是多少？

（2）假设甲公司拖鞋的弧价格弹性为−1.0，乙公司把拖鞋价格保持在28元，甲公司想把销售量恢复到每月10 000双的水平，其拖鞋的价格要降至多少？

解

（1）$E_{P_乙}=\frac{Q_{甲_2}-Q_{甲_1}}{P_{乙_2}-P_{乙_1}}\cdot\frac{P_{乙_1}+P_{乙_2}}{Q_{甲_1}+Q_{甲_2}}$

将已知条件代入上面的公式，得

$Q_{甲_1}=10\ 000$，$Q_{甲_2}=8\ 000$

$P_{乙_1}=32$，$P_{乙_2}=28$

$$E_{P_乙}=\frac{8\ 000-10\ 000}{28-32}\times\frac{32+28}{10\ 000+8\ 000}$$

$$=\frac{5}{3}$$

（2）假定甲公司为恢复到销售量10 000双的水平，需把价格降到P_2元，那么

$$-1.0=\frac{Q_2-Q_1}{P_2-P_1}\cdot\frac{P_1+P_2}{Q_1+Q_2}$$

将已知条件代入上面的公式，得

$Q_1=8\ 000$，$Q_2=10\ 000$，$P_1=30$

$$-1.0=\frac{10\ 000-8\ 000}{P_2-30}\times\frac{30+P_2}{8\ 000+10\ 000}$$

则 $P_2=24$(元)

02－11 某公司生产两种型号的电扇（甲型和乙型），它通过市场调查了解到：如果乙型电扇的价格从180元降到150元，甲型电扇每月的销售量就会从1 000台降到500台。

（1）求甲型电扇对乙型电扇的价格的交叉弹性。

（2）如乙型电扇的价格从180元提高到200元，预期甲型电扇将售出多少？

解

（1）$E_{P_{乙}}=\frac{Q_{甲_2}-Q_{甲_1}}{P_{乙_2}-P_{乙_1}}\cdot\frac{P_{乙_1}+P_{乙_2}}{Q_{甲_1}+Q_{甲_2}}$

将已知条件代入上面的公式，得

$P_{乙_1}=180$，$P_{乙_2}=150$，$Q_{甲_1}=1\ 000$，$Q_{甲_2}=500$

$$E_{P_{乙}}=\frac{500-1\ 000}{150-180}\times\frac{180+150}{1\ 000+500}$$

$$=\frac{11}{3}$$

（2）根据题意，$P_{乙_1}=180$，$P_{乙_2}=200$，$Q_{甲_1}=1\ 000$

所以 $\frac{11}{3}=\frac{Q_{甲_2}-1\ 000}{200-180}\times\frac{180+200}{1\ 000+Q_{甲_2}}$

$Q_{甲_2}=1\ 478$(台)

预期甲型电扇能售出1 478台。

02－12 某企业生产阀门，该产品现在的价格为每件2 000元，目前销售量为每月600件。现在该企业打算把销售量压缩到企业的最大可能产量（生产能力）每月500件。如果产品的价格弹性在价格为2 000～2 500元的范围内为－2，它应如何定价？

解

$$E_p=\frac{Q_2-Q_1}{P_2-P_1}\cdot\frac{P_1+P_2}{Q_1+Q_2}$$

将已知条件代入上面的公式中，得

$$-2=\frac{500-600}{P_2-2\ 000}\times\frac{2\ 000+P_2}{600+500}$$

$P_2=2\ 190.48$(元)

02－13 某比萨饼店的需求方程为：$P=50-5Q$。问：

（1）在什么产量上，它的需求是单元弹性？

（2）在什么产量范围内，它的需求为弹性需求？

（3）假定需求量为8单位，目标是增加总收入，应该提价还是降价？为什么？

解

（1）根据需求方程可得出边际收入方程为：

$MR=50-10Q$

在单元弹性的产量上，$MR=0$

$50-10Q=0$，$Q=5$

（2）在产量$Q<5$的范围内为弹性需求。

（3）$8>5$，说明目前处于非弹性需求段，应提高价格进而提高总收入和利润。

02-14 某产品的需求函数估计为：

$$Q_A=8\ 500-4P_A-2P_B+P_C-0.1Y$$

式中，P 为价格；Y 为居民收入；相关价格和收入的数据为：$P_A=10$ 元，$P_B=15$ 元，$P_C=50$ 元，$Y=40\ 000$ 元。问：

（1）哪些产品是产品 A 的替代品？哪些产品是产品 A 的互补品？

（2）产品 A 是正常品还是低档品？

（3）产品 A 的销售量是多少？

解

（1）产品 C 是产品 A 的替代品，因为 C 涨价会使 A 的需求量增加；产品 B 是产品 A 的互补品，因为 B 涨价会使 A 的需求量减少。

（2）产品 A 为低档品，因为居民收入增加会导致 A 的购买量减少。

（3）$Q_A=8\ 500-4\times10-2\times15+50-0.1\times40\ 000$

$$=4\ 480$$

02-15 一家微型轿车制造厂估计它的需求函数为：

$$Q=1\ 500\ 000-50P+40P_C+0.3A+0.5Y$$

式中，Q 为每周出售微型轿车的数量；P 为微型轿车的价格；P_C 为竞争对手微型轿车的价格；A 为每周的广告投入；Y 为每个家庭的平均可支配收入。

（1）假定 $P=120\ 000$ 元，$P_C=100\ 000$ 元，$A=3\ 100\ 000$ 元，$Y=100\ 000$ 元，求出它的需求曲线方程和需求的价格弹性。

（2）如果该厂的微型轿车涨价，它的总销售收入会出现什么样的变化？

（3）根据问题（1）所给数据，计算微型轿车的收入弹性。它是否属于正常品？是否属于高档品？

（4）计算两种相互竞争的微型轿车之间的交叉弹性。这两种车是替代品还是互补品？

解

（1）先列出需求方程：

$$Q=1\ 500\ 000-50P+40\times100\ 000+0.3\times3\ 100\ 000+0.5\times100\ 000$$

$$Q=6\ 480\ 000-50P$$

$$Q=6\ 480\ 000-50\times120\ 000=480\ 000\text{(辆)}$$

$$\varepsilon_P=\frac{dQ}{dP}\cdot\frac{P}{Q}=-50\times\frac{120\ 000}{480\ 000}=-12.5$$

（2）因 $12.5>1$，故涨价会使销售收入减少。

（3）$\varepsilon_I=\dfrac{dQ}{dI}\cdot\dfrac{I}{Q}$

$$=0.5\times\frac{100\ 000}{480\ 000}=0.104$$

因 $0.104>0$，故微型轿车属正常品。

因收入弹性较小，故不属高档品，而是必需品。

（4）$\varepsilon_{P_C}=\frac{dQ}{dP_C}\cdot\frac{P_C}{Q}=40\times\frac{100\ 000}{480\ 000}=8.33$

因 8.33>0，故两种微型车互为替代品。

02-16 已知某图书的需求方程为：$Q=20\ 000-300P$，该书起初的价格为 30 元。

（1）计算 $P=30$ 元时的点价格弹性。

（2）如果目标是增加销售收入，企业应提价还是降价？为什么？

（3）计算价格从 30 元降到 20 元时的弧价格弹性。

解

（1）当 $P=30$ 元时，$Q=20\ 000-300\times30=11\ 000$

$$\varepsilon_P=\frac{dQ}{dP}\cdot\frac{P}{Q}=-300\times\frac{30}{11\ 000}=-0.818$$

（2）因 0.818<1，为非弹性需求，故此时为了增加销售收入应提价。

（3）$E_P=\frac{Q_2-Q_1}{P_2-P_1}\cdot\frac{P_1+P_2}{Q_1+Q_2}$

将已知条件代入上面的公式，得

$P_1=30$，$P_2=20$

$Q_1=11\ 000$，$Q_2=20\ 000-300\times20=14\ 000$

$$E_P=\frac{14\ 000-11\ 000}{20-30}\times\frac{30+20}{11\ 000+14\ 000}$$

$$=-0.6$$

第 3 章

03-1 下表是大昌公司 8 个月的广告投入和销售量数据。

广告投入（千元）	销售量（件）
320	2 600
200	1 500
230	2 150
240	2 250
720	4 700
560	3 700
470	3 300
750	4 750

（1）用最小二乘法求出它的需求方程；

（2）计算它的可决系数；

（3）对这一回归方程作出评价，根据广告投入的多少来预测销售额是否可靠。

解

（1）相关计算见下表。

x	y	xy	x^2	y^2
320	2 600	832 000	102 400	6 760 000
200	1 500	300 000	40 000	2 250 000
230	2 150	494 500	52 900	4 622 500
240	2 250	540 000	57 600	5 062 500
720	4 700	3 384 000	518 400	22 090 000
560	3 700	2 072 000	313 600	13 690 000
470	3 300	1 551 000	220 900	10 890 000
750	4 750	3 562 500	562 500	22 562 500
$\sum x = 3\ 490$	$\sum y = 24\ 950$	$\sum xy = 12\ 736\ 000$	$\sum x^2 = 1\ 868\ 300$	$\sum y^2 = 87\ 927\ 500$

由表中得：$n=8$，$\sum x = 3\ 490$，$\sum y = 24\ 950$，$\sum xy = 12\ 736\ 000$，$\sum x^2 = 1\ 868\ 300$。把这些数字代入相关的公式，先求β，再求α，则有

$$\beta = \frac{n\sum xy - \sum x \sum y}{n\sum x^2 - (\sum x)^2}$$

$$= \frac{8\times 12\ 736\ 000 - 3\ 490\times 24\ 950}{8\times 1\ 868\ 300 - 3\ 490^2}$$

$$=5.35$$

$$\alpha = \bar{y} - \beta\bar{x}$$

$$= \frac{\sum y}{n} - \beta\frac{\sum x}{n}$$

$$= \frac{24\ 950}{8} - 5.35\times\frac{3\ 490}{8}$$

$$= 785$$

因此，回归需求方程为：

$$y=785+5.35x$$

$$(2)R^2 = \frac{(n\sum xy - \sum x\sum y)^2}{[n\sum x^2 - (\sum x)^2][n\sum y^2 - (\sum y)^2]}$$

$$= \frac{(8\times 12\ 736\ 000 - 3\ 490\times 24\ 950)^2}{(8\times 1\ 868\ 300 - 3\ 490^2)(8\times 87\ 927\ 500 - 24\ 950^2)}$$

$$= 0.98$$

（3）可决系数较高，说明销售量的全部变化中有98%可由广告投入的变化来解释，只有2%是由随机因素引起的。故根据广告投入的多少来预测销售量是基本可靠的。

03-2 某企业生产灯泡，根据对消费者的问卷调查，在灯泡价格和销售量之间存在以下关系（见下表）：

价格（元）	销售量（千只）
10	64
15	53
17	43
20	37
27	29
30	23

（1）用回归分析法求其需求曲线方程，并计算相应的可决系数。

（2）根据问题（1）中求得的需求方程，预测价格为 23 元时的销售量，并对其可能的准确程度作出评价。

解

（1）相关计算见下表。

价格 x（元）	销售量 y（千只）	xy	x^2	y^2
10	64	640	100	4 096
15	53	795	225	2 809
17	43	731	289	1 849
20	37	740	400	1 369
27	29	783	729	841
30	23	690	900	529
$\sum x=119$	$\sum y=249$	$\sum xy=4\ 379$	$\sum x^2=2\ 643$	$\sum y^2=11\ 493$

$$\bar{y}=249/6=41.50,\bar{x}=119/6=19.833\ 3$$

$$\beta=\frac{n\sum xy-\sum x\sum y}{n\sum x^2-(\sum x)^2}$$

$$=\frac{6\times 4\ 379-119\times 249}{6\times 2\ 643-119^2}=-1.978\ 2$$

$$\alpha=\bar{y}-\beta\bar{x}=41.50-(-1.978\ 2\times 19.833\ 3)$$

$$=80.734\ 23$$

故台灯的需求方程为：

$$y=80.734\ 23-1.978\ 2x$$

或 $$P=40.812-0.505\ 5Q$$

$$R^2=\frac{(n\sum xy-\sum x\sum y)^2}{[n\sum x^2-(\sum x)^2][n\sum y^2-(\sum y)^2]}$$

$$=\frac{(6\times 4\ 379-119\times 249)^2}{(6\times 2\ 643-119^2)(6\times 11\ 493-249^2)}$$

$$=0.954\ 55$$

（2）当 $P=23$ 元时，有

$$Q=80.734\ 2-1.978\ 2\times 23=35.235\ 6(\text{千只})$$

为了评估可能的准确程度，还应计算估计标准误差(S_e)和系数标准误差(S_β)：

$$S_e=\sqrt{\frac{\sum y^2-\alpha\sum y-\beta\sum xy}{n-2}}$$

$$=\sqrt{\frac{11\,493-80.734\times 249-(-1.978\,2\times 4\,379)}{6-2}}$$

$$=3.601\,9$$

$$S_\beta=\frac{S_e}{\sqrt{\sum x^2-n\bar{x}^2}}=\frac{3.601\,9}{\sqrt{2\,643-6\times 19.833\,3^2}}$$

$$=0.214\,2$$

由于 R^2 相对较高，可以预期，销售量将在 35.235 6 千台附近。销售量概率为 95% 的置信区间的上限为 35.235 6+2×3.601 9=42.439 4；下限为 35.235 6−2×3.601 9=28.031 8。这里，系数标准误差相对于系数是较低的。系数 95% 置信区间的下限为−1.978 2−2×0.214 2=−2.406 6；上限为−1.978 2+2×0.214 2=−1.549 8。

03-3 已知前 5 期顾客投诉的数量如下表所示。请用指数平滑法来预测第 6 期顾客投诉的数量，假定 $W=0.4$，且第 1 期的预测值按同期的实际值来定。

期数	顾客投诉量
1	45
2	34
3	35
4	42
5	48

解

相关计算见下表。

期数	顾客投诉量	预测值 $F_{t+1}=WA_t+(1-W)\ F_t$
1	45	45
2	34	45
3	35	40.6=0.4×34+0.6×45
4	42	38.4=0.4×35+0.6×40.6
5	48	39.8=0.4×42+0.6×38.4

所以第 6 期的预测值为 43.1（0.4×48+0.6×39.8）。

03-4 下表显示了某产品在过去 12 个月中销售量的时间序列数据。假定 $W=0.5$，请计算这一时间序列数据的指数平滑值和 $RMSE$ 的值。

月度	销售量	月度	销售量
1	105	7	145
2	135	8	140
3	120	9	100
4	105	10	80
5	90	11	100
6	120	12	110

解

相关计算见下表。

月度	实际销售量	预测值	误差	误差平方
1	105	105	0	0
2	135	105	30	900
3	120	120=0.5×135+0.5×105	0	0
4	105	120=0.5×120+0.5×120	−15	225
5	90	112.5=0.5×105+0.5×120	−22.5	506.25
6	120	101.25=0.5×90+0.5×112.5	18.75	351.56
7	145	110.63=0.5×120+0.5×101.25	34.37	1 181.30
8	140	127.82=0.5×145+0.5×110.63	12.18	148.35
9	100	133.91=0.5×140+0.5×127.82	−33.91	1 149.89
10	80	116.96=0.5×100+0.5×133.91	−36.96	1 366.04
11	100	98.48=0.5×80+0.5×116.96	1.52	2.31
12	110	99.24=0.5×100+0.5×98.48	10.76	115.78
				5 946.48

$$RMSE=\sqrt{\frac{\sum(A_t-F_t)^2}{n}}$$

$$=\sqrt{\frac{5\ 946.48}{12}}$$

$$=22.260\ 7$$

第4章

04-1 某企业的生产函数为：$Q=30L-0.5L^2$，式中，L 为劳动力数量；Q 为每小时产量。

（1）求劳动力的边际产量函数。

（2）如果工资为每小时 30 元，产品的边际收入为 24 元，该企业应雇用多少工人？

解

（1）$MP_L=\dfrac{\mathrm{d}Q}{\mathrm{d}L}=30-L$

（2）为使利润最大，$MRP_L=P_L$

或 $(30-L)\times24=30$

$L=28.75$

所以企业应雇用 29 名工人，以使利润最大。

04-2 假定某车间各种设施的数量不变，如果工人人数在 0～10 人之间变动，就会使日总产量发生如下变化（见下表）：

工人数	0	1	2	3	4	5	6	7	8	9	10
总产量	0	4	10	18	28	40	50	58	64	68	70

假定工人的工资为每天 240 元，产品单价保持 30 元不变，问：该车间应使用多少工人，才能使利润最大？

解

先求出边际产量和边际产量收入（见下表）：

工人数	0	1	2	3	4	5	6	7	8	9	10
总产量	0	4	10	18	28	40	50	58	64	68	70
边际产量	—	4	6	8	10	12	10	8	6	4	2
边际产量收入（元）	—	120	180	240	300	360	300	240	180	120	60

为使利润最大，应当使边际产量收入＝日工资＝240 元。从表中看出，此时工人数为 3 人或 7 人。3 人是车间亏损最大之点，应取 7 人。此时总产量为 58 单位，利润最大。

04－3 兴隆碾米厂劳动力的边际产量函数为：$MP_L=10\left(\frac{K}{L}\right)^{0.5}$。目前，企业使用 100 单位资本和 121 单位劳动力。在短期内，资本投入量是固定的，但劳动力投入量每天可变。假设劳动力价格每单位 10 元，产品价格每单位 2 元（假定价格不因销售量变化而变化）。目前该企业的运行是否已达到利润最大？如果尚未达到，最优劳动力投入量应是多少？

解

从短期看，利润最大时，$MRP_L=P_L$。

$$MRP_L=10\times\left(\frac{100}{121}\right)^{0.5}\times 2$$

$$=18.18(元)$$

$$P_L=10(元)$$

因为 18.18>10，说明此时企业尚未达到利润最大，为使利润增加，还应增加劳动力投入。

假定最优劳动力投入量为 L，那么

$$10\times\left(\frac{100}{L}\right)^{0.5}\times 2=10$$

$$L=400(人)$$

所以最优劳动力投入量为 400 人。

04－4 假定某车间的装备不变，但工人人数可在 0～8 人之间变动，其相应的小时总产量变化如下（见下表）：

工人数	0	1	2	3	4	5	6	7	8
总产量	0	5	15	31	55	71	81	86	86

假定工人的小时工资为 40 元，产品的单价为 6 元（不因产量变化而变化），但每增加 1 件产品需增加原材料支出 2 元。该车间应使用多少工人，才能使利润最大？

解

先计算边际产量、边际产量收入和边际支出（见下表）：

工人数（1）	0	1	2	3	4	5	6	7	8
总产量（2）	0	5	15	31	55	71	81	86	86
边际产量（3）	—	5	10	16	24	16	10	5	0
边际产量收入（4）	—	30	60	96	144	96	60	30	0
边际支出（5）=40+(3)×2	—	50	60	72	88	72	60	50	40

从表中看，当工人数为 2 人或 6 人时，$MRP_L=ME=60$，但 2 人为亏损最大之点，故应雇用 6 人，此时利润最大。

04－5 假设等产量曲线的方程为：$Q=K^aL^b$，式中，K 为资本数量；L 为劳动力数量；a 和 b 为常数。又假定 K 的价格为 P_K，L 的价格为 P_L。求这两种投入要素的最优组合比例。

解

$$MP_L=\frac{\mathrm{d}Q}{\mathrm{d}L}=bK^aL^{b-1}$$

$$MP_K=\frac{\mathrm{d}Q}{\mathrm{d}K}=aK^{a-1}L^b$$

最优组合比例的条件是：$\frac{MP_L}{P_L}=\frac{MP_K}{P_K}$，即

$$\frac{bK^aL^{b-1}}{P_L}=\frac{aK^{a-1}L^b}{P_K}$$

$$\frac{K}{L}=\frac{aP_L}{bP_K}$$

04－6 在生产函数 $Q=aK^bL^c$ 中，资本 K 的产量弹性等于 b，劳动力 L 的产量弹性等于 c。请证明之。

证

$$\text{某投入要素的产量弹性}=\frac{\text{产量变化的百分率}}{\text{某投入要素投入量变化的百分率}}$$

$$K\text{ 的产量弹性}=\frac{\Delta Q/Q}{\Delta K/K}=\frac{\mathrm{d}Q}{\mathrm{d}K}\cdot\frac{K}{Q}$$

$$=abK^{b-1}L^c\cdot\frac{K}{aK^bL^c}$$

$$=b$$

$$L\text{ 的产量弹性}=acL^{c-1}K^b\cdot\frac{L}{aK^bL^c}=c$$

04－7 假定某企业的生产函数为：$Q=L^{0.5}K^{0.5}$，式中，L 为劳动力数量；K 为资本数量。

（1）求劳动力的边际产量函数；

（2）求资本的边际产量函数；

（3）求以劳动力代替资本的边际技术替代率（$MRTS$）函数；

（4）假定企业使用16单位劳动力、25单位资本，求出劳动力及资本的边际产量和以劳动力代替资本的边际技术替代率。

解

（1）$MP_L=\frac{\mathrm{d}Q}{\mathrm{d}L}=0.5L^{-0.5}K^{0.5}$

（2）$MP_K=\frac{\mathrm{d}Q}{\mathrm{d}K}=0.5L^{0.5}K^{-0.5}$

（3）$MRTS=\frac{\Delta K}{\Delta L}=\frac{MP_L}{MP_K}=\frac{0.5L^{-0.5}K^{0.5}}{0.5L^{0.5}K^{-0.5}}=K/L$

（4）$MP_L=0.5\times\frac{1}{\sqrt{16}}\times\sqrt{25}=0.625$

$MP_K=0.5\times\sqrt{16}\times\frac{1}{\sqrt{25}}=0.4$

$MRTS=\frac{K}{L}=1.5625$

04-8 如果某企业的生产函数为$Q=LK$，式中，Q为年产量；L为使用的劳动力数量；K为使用的资本数量。假定劳动力的成本为每单位20元，资本成本为每单位40元。如果该企业打算每年生产50单位产品，投入劳动力和资本各多少时成本最低？

解

$$MP_L=\frac{\mathrm{d}Q}{\mathrm{d}L}=K$$

同理 $MP_K=L$

成本最低时，$\frac{MP_L}{P_L}=\frac{MP_K}{P_K}$

或 $\frac{K}{20}=\frac{L}{40}$

$$L=2K \quad (1)$$

$$Q=LK=50 \quad (2)$$

解联立方程（1）和（2），有

$2K^2=50$，$K=5$，$L=10$

04-9 东兴农场种植柑橘，据估计，每月增加灌溉用水10吨，能使产量每月增加1500千克；或者每月增加肥料2吨，能使产量每月增加900千克。水的价格为每吨6元，肥料的价格为每吨25元。目前该农场使用水和肥料的比例是否最优？如果不是最优，是应增加水、减少肥料，还是应减少水、增加肥料？

解

$$MP_{水}=\frac{1500}{10}=150$$

$$MP_{肥}=\frac{900}{2}=450$$

$P_{水}=6$，$P_{肥}=25$

$$每元水的边际产量=\frac{MP_{水}}{P_{水}}=\frac{150}{6}=25$$

$$每元肥料的边际产量=\frac{MP_{肥}}{P_{肥}}=\frac{450}{25}=18$$

25>18，说明两者比例目前不是最优，应增加用水、减少肥料。(这样可以在不增加总成本的前提下使产量增加。)

04－10 假定某企业的生产函数为：$Q=140L+160K-5L^2-2K^2$，又假定 L 的价格（P_L）为 12 元，K 的价格（P_K）为 24 元。当总成本（TC）为 732 元时，L 和 K 的投入量应各为多少，才能使产量最大？此时的产量是多少？

解

$$MP_L=\frac{dQ}{dL}=140-10L$$

$$MP_K=\frac{dQ}{dK}=160-4K$$

$$\frac{140-10L}{12}=\frac{160-4K}{24}$$

或　$K=5L-30$　(1)

又　$12L+24K=732$

或　$L+2K=61$　(2)

解联立方程（1）和（2），得

$L=11$，$K=25$

$$Q=140\times11+160\times25-5\times11^2-2\times25^2$$
$$=3\ 685$$

04－11 某市税务局聘用高级会计师和初级会计师分别对公司和个人的税单进行审计，高级会计师的年薪为 624 000 元，初级会计师为 364 000 元。研究表明，按照该税务局目前的状况，再增加一名高级会计师来审计公司税单，一年可增加税收 200 000 元，而增加一名初级会计师，一年只能增加税收 160 000 元。

（1）如果税务局的目标是在目前的预算支出条件下使税收最大，该局现在高级会计师和初级会计师的组合是否已达到最优？为什么？

（2）如果两者的组合目前不是最优的，是应增加高级会计师、减少初级会计师，还是相反？

解

（1）对于高级会计师：$\frac{2\ 000\ 000}{624\ 000}=3.21$

对于初级会计师：$\frac{1\ 600\ 000}{364\ 000}=4.40$

$4.40\neq3.21$，说明目前高级会计师和初级会计师的组合比例不是最优。

（2）4.40>3.21，说明应增加初级会计师，减少高级会计师。

04－12 已知生产函数 $Q=0.8L^{3/4}K^{1/4}$。问：

（1）这一生产函数的规模收益属于哪种类型？

（2）如果已知 $P_L=20$ 元，$P_K=10$ 元，L 和 K 的最佳组合比例是多少？

解

（1）3/4+1/4=1，说明这一生产函数属于规模收益不变型。

（2）当组合比例最优时：$\dfrac{MP_K}{P_K}=\dfrac{MP_L}{P_L}$

$$MP_K=0.2L^{3/4}K^{-3/4}$$

$$MP_L=0.6L^{-1/4}K^{1/4}$$

因此 $$\frac{0.2L^{3/4}K^{-3/4}}{10}=\frac{0.6L^{-1/4}K^{1/4}}{20}$$

或 $$\frac{L}{K}=\frac{3}{2}$$

04-13 已知某企业的生产函数为 $Q=1.5L^{0.75}K^{0.50}$。

（1）这一生产函数的规模收益属于哪种类型？

（2）如果已知 $P_L=10$ 元，$P_K=15$ 元，K 和 L 的最佳组合比例是多少？

解

（1）0.75+0.50=1.25>1，说明该生产函数为规模收益递增型。

（2）$MP_L=\dfrac{\mathrm{d}Q}{\mathrm{d}L}=1.5\times0.75\times L^{-0.25}K^{0.50}$

$$MP_K=\frac{\mathrm{d}Q}{\mathrm{d}K}=1.5\times0.50\times L^{0.75}K^{-0.50}$$

$$\frac{1.5\times0.75L^{-0.25}K^{0.50}}{10}=\frac{1.5\times0.50L^{0.75}K^{-0.50}}{15}$$

或 $$\frac{K}{L}=0.44$$

04-14 某企业的生产函数为：$Q=12KL+0.7KL^2-\dfrac{1}{30}KL^3$，如果 $K=5$：

（1）它的最大产量应是多少？

（2）劳动力的平均产量（AP_L）最大时，总产量（Q）应是多少？

（3）劳动力的边际收益开始递减时，产量是多少？

解

（1）$Q=12KL+0.7KL^2-\dfrac{1}{30}KL^3$

将 $K=5$ 代入上面的公式，得

$$Q=12\times5L+0.7\times5L^2-\frac{1}{30}\times5L^3$$

或 $$Q=60L+3.5L^2-\frac{1}{6}L^3$$

Q 最大时，$MP_L=0$。

$$MP_L=\frac{\mathrm{d}Q}{\mathrm{d}L}=60+7.0L-\frac{1}{2}L^2=0$$

解之得

$$L=20$$

$$Q=60\times20+3.5\times20^2-\frac{1}{6}\times20^3$$
$$=1\,267$$

故最大产量为 1 267。

（2）$AP_L=\frac{Q}{L}=\frac{60L+3.5L^2-\frac{1}{6}L^3}{L}=60+3.5L-\frac{1}{6}L^2$

AP_L 最大时，$\frac{\mathrm{d}(AP_L)}{\mathrm{d}Q}=0$

$$\frac{\mathrm{d}(AP_L)}{\mathrm{d}Q}=3.5-\frac{1}{3}L=0，L=10.5$$

代入得

$$Q=60\times10.5+3.5\times10.5^2-\frac{1}{6}\times10.5^3$$
$$=823$$

故平均产量最大时，总产量为 823。

（3）边际收益开始递减之点，也是边际产量最大之处。

$$MP_L=\frac{\mathrm{d}Q}{\mathrm{d}L}=60+7L-0.5L^2$$

MP_L 最大时，$\frac{\mathrm{d}(MP_L)}{\mathrm{d}L}=0$。

$$7-L=0，L=7$$

代入产量函数，得

$$Q=60\times7+3.5\times7^2-\frac{1}{6}\times7^3=534$$

故总产量为 534 时，劳动力的边际收益开始递减。

04-15 请判断下列每个生产函数的规模收益类型：

（1）$Q=3\,200+10L+5K$

（2）$Q=120K^{0.75}L^{0.25}$

（3）$Q=20L+4KL+2K$

（4）$Q=2K^3+6K^2L+6KL^2+L^3$

解

（1）将 $L=10$，$K=10$ 代入公式，得

$$Q=3\,200+10\times10+5\times10=3\,350$$

又假定投入量增加 1 倍，将 $L=20$，$K=20$ 代入公式，得

$$Q=3\,200+10\times20+5\times20=3\,500$$

投入量增加了 1 倍，但产量增加不到 1 倍，说明此生产函数为规模收益递减型。

（2）如所有要素投入量都增至 k 倍：

$$hQ=120k^{0.75+0.25}K^{0.75}L^{0.25}$$
$$=120kK^{0.75}L^{0.25}$$

式中，$h=k$，即投入量增至 k 倍，导致产量也增至 k 倍，说明此生产函数为规模收益不变型。

（3）将 $L=K=10$ 代入公式，得

$$Q=20\times10+4\times10\times10+2\times10=620$$

再将 $L=K=20$ 代入公式，得

$$Q=20\times20+4\times20\times20+2\times20=2\ 040$$

投入要素增加了1倍，产量增加超过1倍，说明此生产函数为规模收益递增型。

（4）将 $L=10$，$K=10$ 代入公式，得

$$Q=2\times10^3+6\times10^2\times10+6\times10\times10^2+10^3=15\ 000$$

将 $L=20$，$K=20$ 代入公式，得

$$Q=2\times20^3+6\times20^2\times20+6\times20\times20^2+20^3=120\ 000$$

投入量增加了1倍，产量增加超过1倍，说明此生产函数为规模收益递增型。

04－16 请判断下列每个生产函数的规模收益类型：

（1）$Q=2K+3L+KL$

（2）$Q=200K^{0.6}L^{0.5}$

（3）$Q=100+3K+2L$

（4）$Q=5K^aL^b$，$a+b=1$

解

可用简单方法来判断规模收益类型：先将 $K=1$，$L=1$ 代入生产函数，求 Q_1；然后将 $K=2$，$L=2$ 代入，求 Q_2。如果产量增加1倍以上，该函数为规模收益递增型；如产量增加不到1倍，属于规模收益递减型；如产量增加恰好为1倍，属于规模收益不变型。

（1）$Q=2K+3L+KL$

$$Q_1=2\times1+3\times1+1\times1=6$$

$$Q_2=2\times2+3\times2+2\times2=14$$

故属于规模收益递增型。

（2）$Q=200K^{0.6}L^{0.5}$

$$Q_1=200\times1^{0.6}\times1^{0.5}=200$$

$$Q_2=200\times2^{0.6}\times2^{0.5}=428.7$$

故属于规模收益递增型。

（3）$Q=100+3K+2L$

$$Q_1=100+3\times1+2\times1=105$$

$$Q_2=100+3\times2+2\times2=110$$

故属于规模收益递减型。

（4）$Q=5K^aL^b$（$a+b=1$）

$$Q_1=5\times1^a\times1^b=5$$

$$Q_2=5\times2^a\times2^b=5\times2^{a+b}=10$$

故属于规模收益不变型。

第5章

05-1 假定已知总成本函数为：$TC=10\,000+9Q$，式中，Q 为产量。

（1）求总固定成本（TFC）和总变动成本（TVC）的方程，并画图表明 TFC，TVC 和 TC 三条成本曲线之间的关系；

（2）求出平均固定成本（AFC）、平均变动成本（AVC）、平均总成本（ATC）和边际成本（MC）的方程，并画图表明这些成本曲线之间的相互关系。

解

（1）$TFC=10\,000$

$TVC=9Q$

相关曲线见下图。

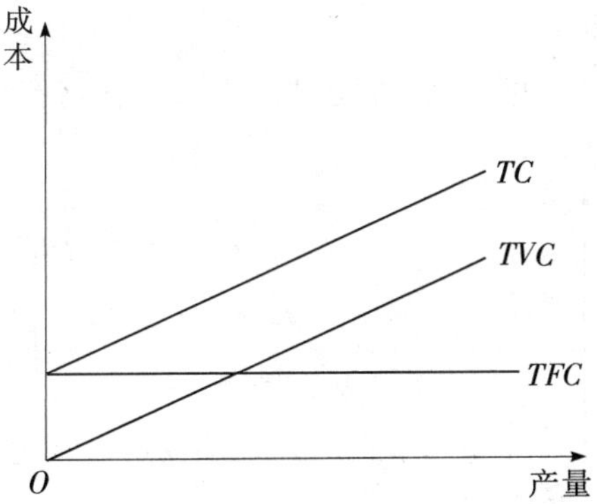

（2）$AFC=\dfrac{10\,000}{Q}$

$AVC=9$

$MC=9$

$ATC=\dfrac{10\,000}{Q}+9$

相关曲线见下图。

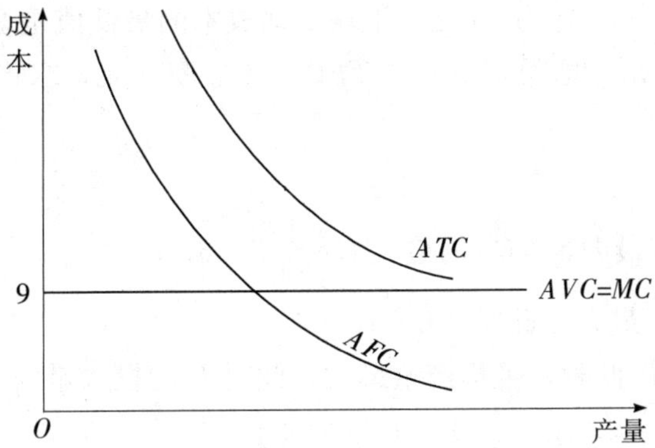

05-2 假定某企业的销售收入（TR）和总成本（TC）的函数为：$TR=21Q-Q^2$，

$TC=Q^3/3-3Q^2+9Q+6$，式中，Q 为产量。

（1）企业总收入最大时的产量是多少？

（2）企业利润最大时的产量是多少？

解

（1）销售收入最大时，$MR=0$。

$$MR=\frac{dTR}{dQ}=21-2Q=0$$

$$Q=10.5$$

（2）利润最大时，$MR=MC$。

$$MR=21-2Q,\ MC=\frac{dTC}{dQ}=Q^2-6Q+9$$

$$21-2Q=Q^2-6Q+9$$

$Q=6$ 或 $Q=-2$（舍去）

故利润最大化时的产量为 $Q=6$。

05-3 假定投入要素 L 为唯一的可变投入要素。它与产量的关系如下图所示。

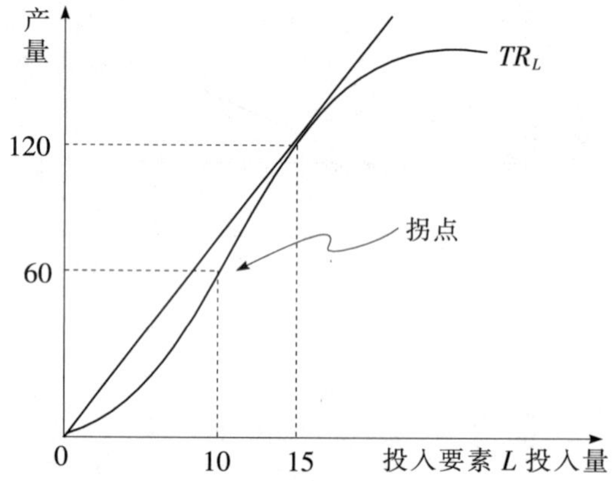

（1）求平均产量（AP_L）的最大值。

（2）求边际产量（MP_L）最大时 L 的投入量。

（3）如果 L 的价格（P_L）为 96 元，平均变动成本的最低值是多少？

（4）如果 P_L 为 96 元，总固定成本（TFC）为 4 800 元，求产量为 60 时的总成本（TC）和平均成本（AC）。

解

（1）在切点上 AP_L 最大，AP_L 的最大值$=\frac{120}{15}=8$。

（2）在拐点上 MP_L 最大，此时，$L=10$。

（3）平均变动成本最低时，平均产量最大，此时 L 的投入量为 15。

$$TVC=15\times96=1\ 440,\ AVC=\frac{1\ 440}{120}=12$$

（4）在产量为 60 时，有

$$TC=TVC+TFC=10\times96+4\ 800=5\ 760$$

$$AC=\frac{TC}{Q}=\frac{5\ 760}{60}=96$$

05-4 某企业的短期总成本函数为：$TC=3\ 000+240Q-7Q^2+Q^3$。

（1）写出企业的边际成本（MC）、平均变动成本（AVC）和平均总成本（ATC）的方程；

（2）求 MC 最低时的产量；

（3）求 AVC 最低时的产量。

解

（1）$MC=\frac{\mathrm{d}TC}{\mathrm{d}Q}=240-14Q+3Q^2$

$$AVC=\frac{TVC}{Q}=240-7Q+Q^2$$

$$ATC=\frac{3\ 000}{Q}+240-7Q+Q^2$$

（2）MC 最低时，$\frac{\mathrm{d}MC}{\mathrm{d}Q}=-14+6Q=0$。

$$Q=2.33$$

（3）AVC 最低时，$\frac{\mathrm{d}AVC}{\mathrm{d}Q}=-7+2Q=0$。

$$Q=3.5$$

05-5 假定某企业的总成本函数为：$TC=550+9Q-0.15Q^2+0.005Q^3$。

（1）分别求边际成本（MC）、平均变动成本（AVC）、平均成本（AC）和平均固定成本（AFC）的函数。

（2）分别求 MC，AVC，AFC 最低时的产量。

（3）当 AVC 最低时，MC 和 AVC 的值分别是多少？

解

（1）$MC=\frac{\mathrm{d}TC}{\mathrm{d}Q}=9-0.3Q+0.015Q^2$

$$AVC=\frac{TVC}{Q}=9-0.15Q+0.005Q^2$$

$$AC=\frac{TC}{Q}=\frac{550}{Q}+9-0.15Q+0.005Q^2$$

$$AFC=\frac{TFC}{Q}=550/Q$$

（2）MC 最低时，$\frac{\mathrm{d}MC}{\mathrm{d}Q}=-0.3+0.03Q=0$，$Q=10$

AVC 最低时，$\frac{\mathrm{d}AVC}{\mathrm{d}Q}=-0.15+0.01Q=0$，$Q=15$

AFC 最低时，$\frac{\mathrm{d}AFC}{\mathrm{d}Q}=(-550)\times Q^{-2}=0$，$Q=\infty$

（3）从问题（2）中得知，AVC 最低时的产量为 15，下面求产量为 15 时 MC 和

AVC 的值：

$$MC=9-0.3\times15+0.015\times15^2=7.875$$

$$AVC=9-0.15\times15+0.005\times15^2=7.875$$

可见，当 AVC 最低时，$MC=AVC$。

05-6 东南航空公司有一个航班的飞机过去一直在A地过夜，需付过夜费每晚5 000元。今打算开辟一条去B地的新航线，晚上9点启程，次日早晨6点返回，单程需飞1小时，预计单程平均只有10名乘客，每人票价500元，但飞机在B地不需要过夜费。飞机的飞行成本为每小时6 000元。如果增加新航线，公司还要其分摊固定成本每小时3 000元。该飞机是在A地过夜好，还是在A地和B地之间开一条新航线好？

解

如开辟新航线（与不开辟相比）：

增量收入＝10×2×500＋5 000＝15 000(元)

增量成本＝6 000×2＝12 000(元)

贡献＝3 000(元)

说明开辟新航线比不开辟可多获利3 000元。故开辟新航线的方案是可以接受的。这里，5 000元是开辟新航线可节省的过夜费，是一种机会收入。分摊的3 000元固定成本则是沉没成本，在决策中不应考虑。

05-7 南方公司所属工厂的年生产能力为25 000件，有关销售和成本的数据估计如下：

销售额（20 000件，每件50元）	1 000 000元
制造成本：	
其中：变动成本（包括材料、工资和变动间接费用）	40元/件
固定间接费用	30 000元
销售和管理费用	
其中：变动成本（含销售佣金每件1元）	2元/件
固定成本	7 000元

现在该公司接到一张特殊的订单，要求公司按每件45元的价格供货4 000件。这笔订货不影响原来的正常销售。它的单位产品销售佣金只有原来的一半。南方公司是否应承接这笔订货？

解

如承接这笔订货：

增量收入＝4 000×45＝180 000(元)

增量成本＝40×4 000＋1.5×4 000＝166 000(元)

贡献＝180 000－166 000＝14 000(元)

所以该公司应承接这批订货。

05-8 某电子设备公司生产A型计量仪器。这种产品的价格一般是平均变动成本的200%（即单位贡献等于价格的1/2）。公司刚刚接到一客户的订单，愿以7 000元/台的价格购买公司B型仪器80台（只需对A型稍加改造）。生产经理估计生产这80台仪器的成本如下：

原材料费用	120 000 元
直接人工费用	80 000 元
变动间接费用	40 000 元
固定间接费用	64 000 元
B 型专用的工具和冲模成本	24 000 元
总成本	328 000 元

这个客户还特别要求，80 台仪器必须在 6 个月内交货。由于公司现有生产能力有限，为了生产这 80 台 B 型仪器，不得不放弃销售额为560 000元的 A 型仪器的生产。根据以上条件，公司是否应承接这笔订货？

解

如承接生产 B 型仪器：

增量收入＝7 000×80＝560 000(元)

增量成本＝120 000＋80 000＋40 000＋24 000＋280 000＝544 000(元)

(这里，280 000 元系放弃 560 000 元 A 型仪器生产的机会成本，等于 560 000×$\frac{1}{2}$。)

贡献＝560 000－544 000＝16 000(元)

因为有贡献，所以可承接这笔订货。

05－9 假定大昌公司原设计能力为 5 000 机器工时，但实际开工率只有原生产能力的 80%，现准备将剩余生产能力用于开发新产品甲或新产品乙。老产品和甲、乙两种新产品的有关资料如下表：

	老产品（实际）	新产品甲（预计）	新产品乙（预计）
每件定额工时	20	5	2
销售单价	60 元	82 元	44 元
单位变动成本	50 元	70 元	38 元
固定成本总额	14 000 元		

根据以上资料，公司开发哪种产品最为有利？

解

可利用的机器工时限定为：5 000×20%＝1 000(工时)

开发新产品甲：单位产品贡献＝82－70＝12(元)

单位工时贡献＝$\frac{12}{5}$＝2.4(元)

开发新产品乙：单位产品贡献＝44－38＝6(元)

单位工时贡献＝$\frac{6}{2}$＝3(元)

因为 3＞2.4，所以有限的工时应优先用来开发新产品乙。

05－10 假定丽华公司本年度生产甲、乙、丙三种产品，其损益情况如下：

甲产品净盈利	5 000 元
乙产品净亏损	(2 000 元)
丙产品净盈利	1 000 元
净利润合计	4 000 元

又假定三种产品的销售量、单价和成本资料如下表：

	甲产品	乙产品	丙产品
销售量	1 000 件	500 件	400 件
单价	20 元	60 元	25 元
单位变动成本	9 元	46 元	15 元
固定成本总额	18 000 元		

问：(1) 乙产品是否要停产？

(2) 如果将乙产品停产，转产丁产品，丁产品的销售价格为 50 元，单位变动成本为 30 元，根据市场预测，一年可销售 600 件，假定转产这 600 件不需要新投资，转产丁产品是否可行？

解

(1) 生产乙产品的贡献：

$$(60-46)\times 500=7\ 000(\text{元})$$

有贡献就不应停产。

(2) 生产丁产品的贡献：

$$(50-30)\times 600=12\ 000(\text{元})$$

因为 12 000>7 000，所以转产丁产品是可行的。

05 - 11 某公司制造电锯，现有生产能力为 300 000 台，预计来年在国内可销售 250 000 台（国内售价为每台 500 元），但也有国外厂商向它订购 100 000 台（国外售价为每台 400 元），假定电锯的单位变动成本为 330 元，还假定如承接国外订货，就必须承接全部 100 000 台，不然就完全不承接。公司要不要承接这批国外订货？

解

如承接国外订货：

$$\begin{aligned}\text{贡献}&=100\ 000\times(400-330)-50\ 000\times(500-330)\\&=70\ 000\ 000-8\ 500\ 000=-1\ 500\ 000(\text{元})\end{aligned}$$

贡献为负值，说明承接国外订货不合算。

05 - 12 泰山汽车公司所用的 10 000 个 CRX - 16 零件过去都是自己生产的。其成本如下：

材料（变动成本）	20 000 元
劳动力（变动成本）	55 000 元
其他变动成本	45 000 元
固定成本	70 000 元
全部成本	190 000 元

今有大地汽车装配厂提出，愿意以 18 元/个的价格向泰山公司出售这种零件 10 000 个。如果泰山公司同意购买，那么现在用于生产这种零件的部分设备可以租给第三者使用，租金收入为每年 15 000 元。另外，还可以节省固定成本 40 000 元。泰山公司是否应该购买这批零件？为什么？

解

如购买这批零件：

增量收入（节省成本）＝20 000＋55 000＋45 000＋15 000＋40 000

＝175 000(元)

增量成本＝10 000×18＝180 000(元)

贡献＝175 000－180 000＝－5 000(元)

贡献为负值，说明外购不合算。

05－13 大兴公司用同一台机器既可以生产甲产品，也可以生产乙产品（但不能两者都生产）。它们的有关数据预计如下：

	甲产品	乙产品
销售量	100 件	50 件
单价	11.50 元	26.80 元
单位变动成本	8.20 元	22.60 元

大兴公司生产哪一种产品更有利？

解

生产甲产品的贡献＝(11.50－8.20)×100＝330(元)

生产乙产品的贡献＝(26.8－22.6)×50＝210(元)

因为 330＞210，所以应生产甲产品。

05－14 东方出租汽车公司的固定成本为每月 100 000 元，每辆出租汽车走 1 公里的变动成本为 1.0 元。公司出租汽车的价格为每公里 2.00 元。

(1) 该公司出租汽车每月至少应走多少公里，才能做到不盈不亏？

(2) 如果目标是每月利润达到 20 000 元，出租汽车每月应走多少公里？

解

(1) $Q_1=\dfrac{100\ 000}{2-1}=100\ 000$(公里)

(2) $Q_2=\dfrac{100\ 000+20\ 000}{2-1}=120\ 000$(公里)

05－15 某产品预计销售量为 200 000 件，每件的变动成本为 8 元，总固定成本为 400 000 元。每件产品的最低售价定为多少，才能实现目标利润 100 000 元？

解

$$200\ 000=\frac{400\ 000+100\ 000}{P-8}$$

或 $200\ 000P-1\ 600\ 000=500\ 000$

$P=10.50$(元)

05－16 某厂计划每年销售某种产品 100 000 件，单价为 30 元，单位变动成本为 20

元，总固定成本为 400 000 元。

（1）该厂可实现多少利润？

（2）如企业采取各项措施，能使总固定成本减少 7%，单位变动成本减少 2%，销售量增加 5%，这些措施能否使利润增加 20%？

解

（1）$\pi = 30\times 100\ 000 - 20\times 100\ 000 - 400\ 000$

$= 600\ 000$(元)

（2）$\pi' = 30\times 100\ 000\times 105\% - 20\times 98\%\times 100\ 000\times 105\% - 400\ 000\times 93\%$

$= 720\ 000$(元)

$$\frac{720\ 000 - 600\ 000}{600\ 000} = 20\%$$

故这些措施刚好能使利润增加 20%。

05－17 某企业的固定成本总额为 100 000 元，单一生产某产品，销售单价为 10 元，可销售 20 000 件。如欲实现目标利润 20 000 元，每件产品的变动成本应不超过多少？

解

假设单位变动成本为 V，则

$$20\ 000 = \frac{100\ 000 + 20\ 000}{10 - V}$$

$$V = \frac{80\ 000}{20\ 000} = 4(\text{元})$$

05－18 某沙发制造商的成本和收入数据如下：

销售收入（50 套，每套售价 1 000 元）		50 000 元
减：变动制造成本	20 000 元	
固定制造成本	5 000 元	25 000 元
毛利		25 000 元
减：变动销售费用	10 000 元	
固定销售费用	5 000 元	15 000 元
净收入		10 000 元

（1）求该制造商的盈亏分界点产量。

（2）如该制造商对生产流程进行了改造，使固定制造成本上升为 10 000 元，使变动制造成本减少为每套 100 元。假定单位变动销售费用、总固定销售费用和销售价格不变，求此时的盈亏分界点产量。

解

（1）$$Q = \frac{F}{P-V} = \frac{5\ 000 + 5\ 000}{1\ 000 - \dfrac{20\ 000 + 10\ 000}{50}}$$

$$= 25(\text{套})$$

（2）$$Q = \frac{10\ 000 + 5\ 000}{1\ 000 - \left(100 + \dfrac{10\ 000}{50}\right)} = 21.43(\text{套})$$

05－19 有多家工厂向某汽车制造商供应汽车部件 A。其中一家工厂的销售经理认为，如果降低部件 A 的价格，它的销售量就可以增加 30%。部件 A 的有关数据见下表：

	目前	建议
单价	2.5 元	2.00 元
销售量	200 000 件	增加 30%
变动成本	350 000 元	单位变动成本不变
固定成本	120 000 元	120 000 元
利润	30 000 元	?

问：(1) 按照销售经理的建议，该厂的利润将是多少？你认为这一建议是否合理？

(2) 部件 A 的价格降到 2.00 元后，为保住原来的 30 000 元利润，销售量必须达到多少？

解

(1) $\pi = TR - TC = 2.00\times 200\ 000\times 130\% - 350\ 000\times 130\% - 120\ 000$

$= -55\ 000$(元)

可见，这个建议会导致亏损，是不合理的。

(2) $Q=\dfrac{120\ 000+30\ 000}{2-\dfrac{350\ 000}{200\ 000}}=600\ 000$(件)

为保住原有的利润水平，销售量必须增加到 600 000 件。

05－20 大昌摩托车厂的有关数据如下：

摩托车价格：8 000 元/辆

总变动成本（元）：$TVC=3\ 500Q+10Q^2$

总固定成本（元）：$TFC=500\ 000$

(1) 求盈亏分界点产量；

(2) 求利润最大化产量。

解

(1) 在盈亏分界点上，$TR=TC$。

$8\ 000Q=500\ 000+3\ 500Q+10Q^2$

或 $50\ 000-450Q+Q^2=0$

$Q=200$(辆) 或 $Q=250$(辆)

这里有两个盈亏分界点。

(2) 利润最大时，$MR=MC$。

$$MR=\frac{\mathrm{d}TR}{\mathrm{d}Q}=8\ 000$$

$$MC=\frac{\mathrm{d}TC}{\mathrm{d}Q}=3\ 500+20Q$$

$8\ 000=3\ 500+20Q$

$Q=225$(辆)

第6章

06-1 假定某企业处于完全竞争行业，其产品的市场均衡价格为70元。假定企业的总成本函数为 $TC=200+25Q-6Q^2+\frac{1}{3}Q^3$。该企业利润最大时的产量为多少？此时，它的盈利（或亏损）是多少？

解

利润最大时，$P=MC$

$MC=25-12Q+Q^2$，$P=70$

$Q^2-12Q+25=70$ 或 $Q^2-12Q-45=0$

$(Q-15)(Q+3)=0$

$Q=15$ 或 $Q=-3$（不合理，舍去）

$$\pi=P\cdot Q-TC=70\times15-(200+25\times15-6\times15^2+\frac{1}{3}\times15^3)$$

$$=700(\text{元})$$

06-2 大新服装厂是一家完全竞争的企业，其长期成本函数为：

$TC=45Q-2.5Q^2+0.04Q^3$。

假定企业的成本函数能保持稳定，它的产品的长期价格应为多少？

解

长期均衡时，P 等于 LAC 的最低值，有

$$LAC=\frac{LTC}{Q}=45-2.5Q+0.04Q^2$$

$\frac{\mathrm{d}LAC}{\mathrm{d}Q}=0$ 时，LAC 为最低，即

$-2.5+0.08Q=0$

$Q=31.25$

当 $Q=31.25$ 时，有

$$P=LAC=45-2.5\times31.25+0.04\times31.25^2=5.94(\text{元})$$

所以该厂的长期价格应为5.94元。

06-3 大东面粉厂处于完全竞争行业，它的需求函数和成本函数如下：

$P=100(=MR)$

$TC=1\,000+125Q-0.5Q^2$

（1）它的利润最大化产量是多少？

（2）当 $MR=MC$ 时，它是盈利还是亏损？

（3）比较它的价格和平均变动成本，该厂是应该继续经营还是应该停产？

解

（1）利润最大时，$MR=MC$

$$MR=100，MC=\frac{dTC}{dQ}=125-Q$$

$$125-Q=100，Q=25$$

（2）当 $Q=25$ 时：

$$\pi=P\cdot Q-TC=100\times25-(1\ 000+125\times25-0.5\times25^2)$$
$$=-1\ 312.5（元）$$

即 $Q=25$ 时，亏损最少，亏损额为 1 312.5 元。

（3）当 $Q=25$ 时：

$$AVC=\frac{TVC}{Q}=125-0.5Q=125-0.5\times25$$
$$=112.5$$

$100<112.5$，即 $P<AVC$，故应停产，以减少亏损（如停产，只亏损固定成本 1 000 元）。

06-4 南方公司在垄断竞争市场中经营。其需求方程为 $P=350-Q$，长期总成本方程为 $TC=355Q-2Q^2+0.05Q^3$。

（1）该企业的长期均衡价格和产量是多少？

（2）该企业的经济利润是多少？

（3）在问题（1）中得出的均衡产量能否使边际收入等于边际成本？

解

（1）长期均衡时，需求曲线与平均成本曲线相切，则

$$\frac{dLAC}{dQ}=\frac{dP}{dQ}$$

$$LAC=355-2Q+0.05Q^2$$

$$\frac{dLAC}{dQ}=-2+0.1Q，\frac{dP}{dQ}=-1$$

$$-2+0.1Q=-1，Q=10$$

此时的价格为：$P=350-10=340$

（2）此时，$LAC=355-2\times10+0.05\times10^2=340$

因 $P=LAC=340$，故经济利润为 0。

（3）$MC=355-4Q+0.15Q^2$

将 $Q=10$ 代入上面的公式，得

$$MC=355-4\times10+0.15\times10^2=330$$

$$MR=350-2Q$$

将 $Q=10$ 代入上面的公式，得

$$MR=350-2\times10=330$$

所以，问题（1）中得出的均衡产量能使 $MR=MC$。

06-5 长城公司的销售经理估计公司产品的广告投入与销售量之间的关系见下表：

广告投入（元）	销售量（件）
100 000	500
200 000	800
300 000	1 000
400 000	1 100
500 000	1 100

该产品的价格为每件 1 000 元，平均变动成本为 500 元。问：

（1）如果该公司目前的广告投入为 200 000 元，此时增加 1 元广告投入能使企业增加多少毛利？

（2）200 000 元是不是该公司的最优广告投入？

（3）如果 200 000 元不是最优广告投入，该公司应当增加还是减少广告投入？

（4）假定长城公司的生产能力有富余，能够增产，最优的广告投入应是多少？

解

（1）增加 1 元广告投入能使企业毛利增加：

$$\frac{\Delta Q}{\Delta A}\cdot CM=\frac{800-500}{200\ 000-100\ 000}\times(1\ 000-500)$$
$$=1.5(\text{元})$$

（2）$1.5\neq1$，故 200 000 元不是最优广告投入。

（3）因为 $1.5>1$，所以应增加广告投入。

（4）最优广告投入的条件是：$\frac{\Delta Q}{\Delta A}\cdot CM=1$。

当广告投入为 300 000 元时，有

$$\frac{\Delta Q}{\Delta A}\cdot CM=\frac{200}{100\ 000}\times500=1$$

故 300 000 元为最优广告投入。

06-6 海顿公司是化肥行业中的一家领先企业。它的顾问们根据商务部的有关数据，估计本行业的需求和供给方程如下：

$$Q_S=3\ 000P$$
$$Q_D=1\ 000\ 000-2\ 000P$$

（1）假定该行业属完全竞争市场结构，求该行业的均衡价格和产量。

（2）假定由于限制进口和政府特许，该公司是该行业唯一的企业，求该行业处于均衡状态时的价格和产量。

（3）对问题（1）和问题（2）的结果作出评论。

解

（1）市场均衡时，$Q_S=Q_D$

$$3\ 000P=1\ 000\ 000-2\ 000P$$
$$P=200(\text{元})$$

此时均衡产量 $Q_S=3\ 000\times200=600\ 000$。

（2）由于该行业只有一家垄断企业，行业供给曲线就是该企业的 MC 曲线，行业需求曲线就是该企业的需求曲线，即

$Q_S=3\,000P$ 或 $MC=0.000\,33Q$

$Q_D=1\,000\,000-2\,000P$ 或 $P=500-0.000\,5Q$

$MR=500-0.001Q$

垄断企业的定价规则为：$MR=MC$。

$500-0.001Q=0.000\,33Q$

$Q=375\,940$

$P=500-0.000\,5\times375\,940=312$(元)

（3）从问题（1）和问题（2）的结果中可以看出，垄断会使价格抬高（从 200 元提高到 312 元），产量减少（从 600 000 减少到 375 940）。

06-7 假定电视机的市场需求曲线为 $P=1\,000-10Q$，该行业由一家大企业（价格领袖）和两家小企业（价格跟随者）组成。小企业的边际成本方程的总和为：$\sum MC_F=2.5Q_F$。大企业的边际成本方程为：$MC_L=Q_L$。如果目标是使利润最大：

（1）大企业应如何定价？

（2）两家小企业应如何定价？

（3）大企业的市场份额是多少？

解

（1）先求大企业的需求曲线方程。

已知市场需求曲线为：$P=1\,000-10Q$ 或 $Q_T=100-0.1P$

小企业的总供给曲线为：$P=2.5Q_F$ 或 $Q_F=0.4P$

大企业的需求曲线为：$Q_L=Q_T-Q_F=100-0.5P$ 或 $P=200-2Q_L$

$MR_L=200-4Q_L$

已知 $MC_L=Q_L$

$MR_L=MC_L$

$200-4Q_L=Q_L$，$Q_L=40$

$P_L=200-2\times40=120$(元)

（2）小企业跟随大企业定价，所以也应将价格定为 120 元。

（3）小企业的供给方程为：$P=2.5Q_F$

$120=2.5Q_F$，$Q_F=48$

$Q_T=Q_L+Q_F=40+48=88$

大企业的市场份额为：$\frac{40}{88}=45.45\%$

06-8 有一家大企业在行业中处于领导地位，其他企业都是小企业，都按大企业确定的价格销售产品。假定这个行业的需求曲线为：$P=60-0.2Q$，式中，P 为产品价格，Q 为总需求量；其他企业的供给量 $Q_f=5P$；大企业的边际成本曲线为 $MC_L=0.8Q_L$，式中，Q_L 为大企业产量。大企业的利润最大化产量应是多少？它应如何定价？这个行业的总产量将是多少？

解

先求大企业的需求曲线方程：

$Q=300-5P$（市场需求曲线方程经过改写）

$\underline{Q_f=5P}$

$Q_L=Q-Q_f=300-10P$ 或 $P=30-0.1Q_L$

再求大企业的最优产量 Q_L：

$MR_L=30-0.2Q_L$

$MC=0.8Q_L$

$30-0.2Q_L=0.8Q_L$，$Q_L=30$

再求 P：

$P=30-0.1\times30=27$

再求行业总产量 Q：

$Q=300-5P=300-5\times27=165$

06-9 大兴公司生产儿童座椅，有一条弯折的需求曲线 $P_1=60-Q$（当 $Q\leqslant10$ 千套时），$P_2=80-3Q$（当 $Q\geqslant10$ 千套时），公司的总成本函数为 $TC=50+20Q+0.5Q^2$，式中，Q 为产量（单位：千套）。

（1）画出它的需求曲线、边际收入曲线和边际成本曲线。

（2）指出该公司属于什么市场结构。

（3）公司的最优价格和产量是多少？此时利润是多少？

解

（1）相关曲线见下图。

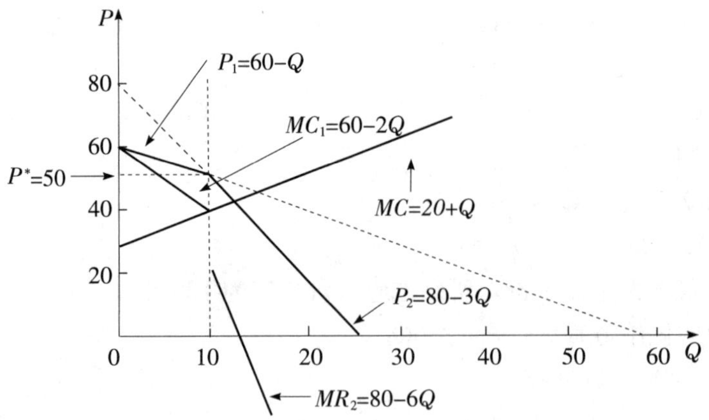

（2）该公司属于寡头垄断市场结构。

（3）从图中可得出：

$P^*=50$，$Q^*=10$(千套)

也可以通过计算得出：

$MR_1=60-2Q$（当 $Q\leqslant10$）

$MR_2=80-6Q$（当 $Q\geqslant10$）

$MR_1=MC$，$60-2Q=20+Q$，$Q=13.3$（>10）

$MR_2=MC$，$80-6Q=20+Q$，$Q=8.57$（<10）

由于 $Q=13.3$ 和 $Q=8.57$ 都不在相关范围内，最优产量应取

$Q^*=10$(千套)，$P^*=60-10=50$

$\pi=50\times10-(50+20\times10+0.5\times10^2)=200$

06-10 在一个行业中有四家企业形成卡特尔，它们协议统一定价以谋求利润最大。四家企业的成本函数为：

企业 1：$TC_1=10\ 000+0.1Q_1^2$，$MC_1=0.2Q_1$

企业 2：$TC_2=10\ 000+0.1Q_2^2$，$MC_2=0.2Q_2$

企业 3：$TC_3=10\ 000+0.1Q_3^2$，$MC_3=0.2Q_3$

企业 4：$TC_4=10\ 000+5Q_4+0.05Q_4^2$，$MC_4=5+0.1Q_4$

市场需求曲线为：$P=100-0.03Q_T$，式中，$Q_T=Q_1+Q_2+Q_3+Q_4$。问：

（1）该卡特尔应如何定价？

（2）这四家企业应如何分配产量以求总成本最低？

解

（1）总边际收入曲线为：

$MR=100-0.06Q_T$

总边际成本曲线为各企业边际成本曲线水平相加：

$Q_1=5MC_1$

$Q_2=5MC_2$

$Q_3=5MC_3$

$Q_4=-50+10MC_4$

$Q_T=-50+25MC$ 或 $MC=2+0.04Q_T$

利润最大时，$MR=MC$。

$100-0.06Q_T=2+0.04Q_T$，$Q_T=980$

$P=100-0.03\times980=70.60$

（2）分配产量规则（为使总成本最低）：

$MR=MC_1=MC_2=MC_3=MC_4$

$MR=100-0.06Q_T=100-0.06\times980=41.2$

$Q_1=5MC_1=5\times41.2=206$

$Q_2=5MC_2=5\times41.2=206$

$Q_3=5MC_3=5\times41.2=206$

$Q_4=-50+10\times41.2=362$

式中，各企业产量之和等于行业总产量：$206+206+206+362=980$。

06-11 某石油卡特尔由三家大企业组成，共同规定世界范围的石油价格为每桶 25 美元。假定不管产量有何变化，在两年内这个价格不变。这三家企业的边际成本为：

$MC_1=2+0.001Q_1$

$MC_2=1.9+0.001\ 2Q_2$

$MC_3=1.6+0.002Q_3$

在三家企业中如何分配产量，才能使卡特尔总利润最大?

解

总利润最大的条件是：$MR=MC_1=MC_2=MC_3$。

$2+0.001Q_1=25$，$Q_1=23\ 000$

$1.9+0.001\ 2Q_2=25$，$Q_2=19\ 250$

$1.6+0.002Q_3=25$，$Q_3=11\ 700$

06-12 兴隆公司是一家垄断企业，下设两家工厂，分别建在不同的地点，但生产同样的产品。公司的需求方程为：$P=600-2Q$，式中，$Q=Q_1+Q_2$，Q_1 和 Q_2 分别是两家工厂的产量。两家工厂的成本方程分别为：$TC_1=30+2Q_1^2$，$TC_2=25+Q_2^2$。

（1）求公司的边际收入方程。

（2）求利润最大化的 Q_1 和 Q_2。

（3）求利润最大化的价格。

（4）求最大利润。

解

（1）$MR=\dfrac{d(P\cdot Q)}{dQ}=\dfrac{d(600Q-2Q^2)}{dQ}=600-4Q$

（2）当 $MR=MC_1=MC_2$ 时，Q_1 和 Q_2 为利润最大化产量：

$TC_1=30+2Q_1^2$，$\therefore MC_1=4Q_1$

$TC_2=25+Q_2^2$，$\therefore MC_2=2Q_2$

$4Q_1=600-4(Q_1+Q_2)$ （1）

$2Q_2=600-4(Q_1+Q_2)$ （2）

解联立方程（1）和（2），得

$Q_1=37.5$，$Q_2=75$

$Q=37.5+75=112.5$

（3）$P=600-2\times112.5=375$

（4）$\pi=375\times112.5-(30+2\times37.5^2)-(25+75^2)$

$=33\ 695$

第7章

07-1 A、B两家公司为同业企业，两家公司都决定要进军海外市场，可供选择的海外市场包括南亚市场、西亚市场、北非市场和欧洲市场。A公司拟选择进入的海外市场是南亚市场和欧洲市场，B公司拟选择进入的海外市场是西亚市场和北非市场。需要说明的是，这些海外市场并不是完全独立的市场，即市场之间会有产品的流动，比如，南亚的产品会有一部分流向西亚和北非市场，西亚的产品也可能流向南亚和欧洲市场。因此，一家公司（如A公司）选择进入某一市场后，其收益还要取决于另一家企业（B公司）的海外市场的选择。比如，如果A公司选择进入南亚市场时，B公司选择进入西亚市场，会有较多的B公司产品流入南亚市场，因此A公司的利润为500万元；但如果

B 公司选择进入北非市场，B 公司产品流入北非市场的数量会比较少，A 公司的利润为 750 万元。两家企业进入海外市场博弈的收益矩阵如下表所示（表中括号内前面的数字是 A 公司的收益，后面的数字是 B 公司的收益）。

单位：万元

		B公司	
		进入西亚市场	进入北非市场
A 公司	进入南亚市场	(500，1 000)	(750，400)
	进入欧洲市场	(100，350)	(500，500)

(1) A 公司有占优策略吗？如果有，是什么？

(2) B 公司有占优策略吗？如果有，是什么？

解

(1) A 公司有占优策略。对于 A 公司来说，选择进入南亚市场的收益分别为 500 万元和 750 万元，选择进入欧洲市场的收益分别为 100 万元和 500 万元，选择进入南亚市场的收益高于进入欧洲市场的收益。因此，选择进入南亚市场是占优策略。

(2) B 公司选择进入西亚市场的收益分别为 1 000 万元和 350 万元，选择进入北非市场的收益分别为 400 万元和 500 万元，无法判断哪个策略带来的收益最大。因此，B 公司不存在占优策略。

07－2 A、B 两家汽车制造公司是同一市场的两家寡头企业。两家公司要制定自己公司的质量保证售后服务政策，每家公司可以选择的质量保证政策有售后 5 年免费维修的质量保证（简称 5 年质保）和售后 10 年免费维修的质量保证（简称 10 年质保）。两家公司不同售后服务政策所获得的利润如下表所示（表中括号内前面的数字是 A 公司的收益，后面的数字是 B 公司的收益）。

单位：万元

		B公司	
		5 年质保	10 年质保
A 公司	5 年质保	(2 000，2 000)	(1 200，3 000)
	10 年质保	(1 400，3 000)	(1 500，1 500)

(1) A 公司有安全策略吗？如果有，是什么？

(2) B 公司有安全策略吗？如果有，是什么？

解

(1) A 公司有安全策略。A 公司选择 5 年质保可能的收益是 2 000 万元或 1 200 万元，最小收益是 1 200 万元；选择 10 年质保可能的收益是 1 400 万元或 1 500 万元，最小收益是 1 400 万元。选择 10 年质保可能的最小收益大于选择 5 年质保可能的最小收益，因此选择 10 年质保就是 A 公司的安全策略。

(2) B 公司有安全策略。B 公司选择 5 年质保可能的收益是 2 000 万元或 3 000 万元，最小收益是 2 000 万元；选择 10 年质保可能的收益是 3 000 万元或 1 500 万元，最小收益是1 500万元。选择5年质保可能的最小收益大于选择10年质保可能的最小收益，因此选择5年质保就是B公司的安全策略。

07-3 如果题07-2中的A、B两家汽车制造公司的质量保政策的收益矩阵如下表所示（表中括号内前面的数字是A公司的收益，后面的数字是B公司的收益）。

单位：万元

		B公司	
		5年质保	10年质保
A公司	5年质保	(2 000，2 000)	(1 000，3 000)
	10年质保	(3 000，1 000)	(1 500，1 500)

(1) A、B两家公司有占优策略吗？如果有，是什么？

(2) A、B两家公司有安全策略吗？如果有，是什么？

解

(1) A公司选择5年质保可能的收益是2 000万元或1 000万元，选择10年质保可能的收益是3 000万元或1 500万元，选择10年质保的可能收益高于选择5年质保可能的收益，因此选择10年质保是A公司的占优策略。与A公司相同，B公司选择5年质保可能的收益是2 000万元或1 000万元，选择10年质保可能的收益是3 000万元或1 500万元，选择10年质保的可能收益高于选择5年质保可能的收益，因此选择10年质保也是B公司的占优策略。

(2) A公司选择5年质保可能的收益是2 000万元或1 000万元，最小收益是1 000万元；选择10年质保可能的收益是3 000万元或1 500万元，最小收益是1 500万元。因此，选择10年质保是A公司的安全策略。与A公司相同，B公司选择5年质保可能的收益是2 000万元或1 000万元，最小收益是1 000万元；选择10年质保可能的收益是3 000万元或1 500万元，最小收益是1 500万元；因此选择10年质保也是B公司的安全策略。

07-4 A、B两家奶茶店要同时进行广告决策，每家奶茶店可以选择做广告和不做广告两种策略。如果一家奶茶店选择做广告，另一家奶茶店选择不做广告，则做广告的奶茶店顾客增加，利润也会较高，不做广告的奶茶店顾客减少，利润会下降。如果两家奶茶店都选择做广告，两家奶茶店的利润都会下降，而如果两家奶茶店都选择不做广告，两家奶茶店的利润都会提高。A、B两家奶茶店的收益矩阵如下表所示（表中括号内前面的数字是A奶茶店的收益，后面的数字是B奶茶店的收益）。

单位：万元

		B奶茶店	
		做广告	不做广告
A奶茶店	做广告	(200，200)	(800，100)
	不做广告	(100，800)	(500，500)

(1) A、B两家奶茶店都有占优策略和纳什均衡吗？如果有，是什么？

（2）如果两家奶茶店达成协议，都选择不做广告，两家奶茶店都获得 500 万元的利润，利润之和为 1 000 万元，是最高的。但这个不做广告策略不是一个稳定的均衡，请解释其原因。

解

（1）A 奶茶店选择做广告策略的可能收益是 200 万元或 800 万元，选择不做广告的可能收益是 100 万元或 500 万元，选择做广告策略的可能收益大于选择不做广告的可能收益，因此，选择做广告是占优策略。与 A 奶茶店完全相同，B 奶茶店选择做广告也是占优策略。

A、B 两家奶茶店都选择做广告是纳什均衡。因为两家奶茶店都选择做广告，两家奶茶店的利润都是 200 万元，任何一家奶茶店选择不做广告，则该奶茶店的利润会从 200 万元下降到 100 万元，因此 A、B 两家奶茶店都选择做广告是纳什均衡。

（2）如果两家奶茶店达成协议，都选择不做广告，两家奶茶店的利润之和达到最大，但这一不做广告策略不是一个稳定的均衡，其原因在于，如果一家奶茶店（如 A 奶茶店）按照协议，选择了不做广告策略，则 B 奶茶店不遵守协议，选择做广告的策略，可以将利润从 500 万元增加到 800 万元。既然不遵守协议可以增加企业的利润，就会使两家奶茶店出现不遵守协议的动机，使得两家奶茶店达成的不做广告的协议难以维持。

07－5 A、B 两家公司为同业企业，由于最近一段时间人员工资和原材料价格上涨较快，两家公司的利润都从原来的 200 万元下降到 100 万元。现在两家公司需要重新制定自己的价格策略。A、B 两家公司可以选择的价格策略有两种：维持原价或将产品价格提高 10%。如果两家企业都选择维持原价，则两家公司的利润均为 100 万元；如果两家企业都选择提价 10%，两家公司的利润都增加到 200 万元；如果一家企业选择维持原价，另一家企业选择提价 10%，则提价的企业利润为 0 万元，维持价格的企业利润为 250 万元。

（1）写出这个博弈的收益矩阵；

（2）如果这一定价博弈只进行一次，两家公司会采取什么策略？

（3）如果这一定价博弈是动态博弈，两家公司会采取什么策略？

解

（1）收益矩阵如下表所示。

		B公司	
		维持原价	提价 10%
A公司	维持原价	（100，100）	（250，0）
	提价 10%	（0，250）	（200，200）

（2）以 A 公司为例，选择维持原价策略的可能收益是 100 万元和 250 万元，采取提价 10%策略的可能收益是 0 万元和 200 万元，采取维持原价策略为占优策略，因此，A 公司会选择维持原价策略。与 A 公司相同，选择维持原价策略也是 B 公司的占优策略。因此，如果这一定价博弈只进行一次，A、B 两家公司都会选择维持原价策略。

（3）如果这一定价博弈是动态博弈，A、B 两家公司可能会通过某种方式达成协议或默契，都选择提价10%的价格策略。因为从收益矩阵的数据可以看出，在第一次定价博弈中，两家公司共同提价10%，两家公司的利润都是200万元，在第二次定价博弈中，两家公司继续合作，共同提价10%，两家公司的利润还是200万元，这样，两次博弈结束后，每家公司的利润都是200万元+200万元=400万元。如果在第一次定价博弈中，一家公司（如A公司）选择提价10%的策略，另一家企业（B公司）选择了维持原价策略，则选择了维持原价策略的B公司的利润为250万元，高于选择提价10%的策略的利润。但B公司选择了维持原价策略的结果，A公司的利润降为0元。到了第二次定价博弈时，A公司一定会改变提价10%的策略，选择维持原价策略，因为这样会使A公司的利润增加到100万元或250万元，而不再是0元。此时B公司仍然选择维持原价策略，其利润为100万元。这样，两次定价博弈结束后，B公司的利润为250万元+100万元=350万元，低于在第一次博弈时就选择提价10%策略的收益，而且博弈重复的次数越多，两家公司共同采取提价10%策略的利润会越大。因此，如果是动态博弈，A、B两家公司都会选择提价10%的价格策略。

07-6 A、B两家公司为同业企业，两家企业都决定进军海外市场，可供选择的海外市场包括南亚市场和北非市场。两家企业进入海外市场博弈的收益矩阵如下表所示（表中括号内前面的数字是A公司的收益，后面的数字是B公司的收益）。

单位：万元

		B公司	
		进入南亚市场	进入北非市场
A公司	进入南亚市场	（100，80）	（250，100）
	进入北非市场	（140，120）	（120，90）

（1）A、B两家公司分别会选择进入哪个海外市场？

（2）如果A公司已经选择进入南亚市场，B公司会选择进入哪个市场？

解

（1）A公司选择进入南亚市场可能的收益是100万元或250万元，选择进入北非市场可能的收益是140万元或120万元，A公司不存在占优策略。B公司选择进入南亚市场可能的收益是80万元或120万元，选择进入北非市场可能的收益是100万元或90万元，B公司也不存在占优策略。其次，在这一博弈中存在两个纳什均衡，分别是A公司进入北非市场、B公司进入南亚市场和A公司进入南亚市场、B公司进入北非市场。A、B两家公司难以作出策略选择。此时，可能的策略选择是安全策略。A公司进入南亚市场可能的收益是100万元或250万元，最小收益是100万元，进入北非市场可能的收益是140万元或120万元，最小收益是120万元。为了规避风险，A公司会选择进入北非市场。B公司选择进入南亚市场可能的收益是80万元或120万元，最小收益是80万元，选择进入北非市场可能的收益是100万元或90万元，最小收益是90万元。为了规避风险，B公司会选择进入北非市场。

（2）如果A公司已经选择进入南亚市场，B公司选择进入南亚市场的收益是80万元，选择进入北非市场的收益是100万元，所以B公司会选择进入北非市场。

第 8 章

08-1 一家自行车商店的经理用成本加成定价法来确定自行车的利润最大化价格。自行车的平均成本为 200 元（=边际成本）。经理估计自行车的需求价格弹性为−3.0。利润最大化的价格应是多少？

解

$$\text{利润最大化价格} = MC\left(1+\frac{1}{|\varepsilon_P|-1}\right)$$
$$= 200\times\left(1+\frac{1}{3-1}\right)$$
$$= 300(\text{元})$$

08-2 某公司生产割草机，固定成本为每年200 000元。管理部门估计每年销售2 000台，这时的总变动成本将为100 000元。企业的总投资为400 000元。它谋求用成本加成定价法实现投资的目标回报率。如果价格定为 200 元，目标回报率是多少？

解

假定投资目标回报率为 r：

$$200 = \frac{200\ 000}{2\ 000}+\frac{100\ 000}{2\ 000}+\frac{400\ 000r}{2\ 000}$$
$$= 100+50+200r$$
$$r = 25\%$$

08-3 某理发店每月平均理发 4 000 次，每次理发的平均价格为 50 元。该店全部固定成本为每月 12 000 元。该店正在考虑雇用一名摄影师，当顾客理完发后为他们照相。照相价格为每位 5 元，估计每月有 400 名顾客要照相。照相服务需每月额外支出的总成本为：$TC=800+Q$，式中，Q 为每月提供的照相服务数。要不要提供这项服务？为什么？

解

如提供照相服务：

增量收入=400×5=2 000(元)

增量成本=800+400=1 200(元)

贡献=800(元)

有贡献，说明提供照相服务是可行的。

08-4 大昌公司生产的产品目前售价为 16 元/件，单位产品的成本数据如下（单位：元）：

变动成本：		
其中：	材料	5.10
	人工	3.20
固定成本：		
其中：	间接费用	4.00
	销售费用	2.10
全部成本		14.40

目前，大昌公司的年销售量为100 000件，生产能力为150 000件。今有一国外零售商来找大昌公司，想来年按每件13元的价格订购60 000件。国外的销售不影响大昌公司在国内的市场。大昌公司是否应接受这一订货？为什么？

解

如接受国外订货：

$$贡献=[13-(5.10+3.20)]\times 60\,000-[(60\,000+100\,000)-150\,000]\times[16-(5.10+3.20)]=282\,000-77\,000=205\,000(元)$$

有贡献，故应接受这批订货。这里，间接费用和销售费用均为沉没成本，决策时不予考虑。

08-5 一家大型管材供应商最近因遭受洪涝灾害而缺货，管材采购员张某便转向一家小公司订货，准备按6.00元/件的价格购买2 000单位管材。小公司的销售经理陈某在电话里告诉他，这种管材的平均成本为每件7.00元，按6.00元出售是不可能的，但考虑到生产能力还有富余，愿意按7.35元/件的低价（在成本的基础上加5%的利润）出售2 000单位产品。张某没有接受，又转向另一家制造商采购。这种管材的平均变动成本是5.00元。如果你是小公司的总经理，是否会同意陈某的出价？为什么？

解

$$贡献=(6.00-5.00)\times 2\,000=2\,000(元)$$

因为生产能力有富余，如果按6.00元出售，仍可获得利润。可见陈某的出价是不当的。

08-6 大地仪器公司生产的一种产品所在的市场竞争激烈，它的替代品很多。生产这种产品的固定成本为200 000元，平均变动成本为每件5元。市场总容量估计为1 000 000件，大地仪器公司希望能保持10%的市场份额，它的生产能力是足够的。

（1）按10%的市场份额，为保证不盈不亏，应如何定价？

（2）如果希望获得的利润为固定成本的20%，又应如何定价？

解

（1）$Q=\dfrac{F}{P-V}$

$$1\,000\,000\times 10\%=\frac{200\,000}{P-5}$$

$P=7(元)$

（2）$Q=\dfrac{F+\pi}{P-V}$

$$1\,000\,000\times 10\%=\frac{200\,000+200\,000\times 20\%}{P-5}$$

$P=7.4(元)$

08-7 某公司生产一种计算机用新型U盘，它的存储容量比旧U盘增加10倍。该公司打算在美国和日本两个市场销售这种产品。这两个市场的需求曲线分别为：

$$Q_{美}=50-5P_{美}，Q_{日}=16-P_{日}$$

式中，$Q_{美}$，$Q_{日}$，$P_{美}$，$P_{日}$ 分别为两国市场的销售量（单位：万个）和价格（单位：美元）。问：

（1）假定生产这种 U 盘的边际成本是常数，为 2 美元。该公司在这两个市场上的最优价格和最优销售量分别是多少？

（2）假如这种 U 盘的平均变动成本为 2 美元，年总固定成本为 20 万美元，该公司实行差别定价的总利润是多少？

解

（1）$Q_{美}=50-5P_{美}$ 或 $P_{美}=10-0.2Q_{美}$

$MR_{美}=10-0.4Q_{美}$

$Q_{日}=16-P_{日}$ 或 $P_{日}=16-Q_{日}$

$MR_{日}=16-2Q_{日}$

差别定价最优化的条件是：$MR_{美}=MR_{日}=MC$

$10-0.4Q_{美}=2$，$Q_{美}=20$(万个)

$16-2Q_{日}=2$，$Q_{日}=7$(万个)

$P_{美}=10-0.2\times 20=6$(美元)

$P_{日}=16-7=9$(美元)

（2）$\pi=6\times 20+9\times 7-[(20+7)\times 2+20]$

$=109$(万美元)

08－8 假定一家企业的产品面临两个市场。市场 A 的需求曲线为：$P_A=30-2Q_A$，市场 B 的需求曲线为：$P_B=24-Q_B$。式中，P_A，P_B，Q_A，Q_B 分别为产品在市场 A 和市场 B 上的价格和销售量。又假定该企业的总成本函数为：$TC=6+2Q+Q^2$，式中，$Q=Q_A+Q_B$。

（1）这种产品在两个市场上的最优价格和销售量是多少？此时企业的总利润是多少？

（2）如采用统一价格，企业的最优产量和价格是多少？总利润是多少？

解

（1）$P_A=30-2Q_A$，$MR_A=30-4Q_A$

$P_B=24-Q_B$，$MR_B=24-2Q_B$

$MC=\dfrac{dTC}{dQ}=2+2Q$

差别定价最优化的条件是：$MR_A=MR_B=MC$。

$30-4Q_A=2+2(Q_A+Q_B)$ 或 $6Q_A+2Q_B=28$　　(1)

$24-2Q_B=2+2(Q_A+Q_B)$ 或 $2Q_A+4Q_B=22$　　(2)

解联立方程（1）和（2），得

$Q_A=3.4$，$Q_B=3.8$，$Q=3.4+3.8=7.2$

$P_A=30-2\times 3.4=23.2$，$P_B=24-3.8=20.2$

$\pi=P_AQ_A+P_BQ_B-(6+2Q+Q^2)$

$=23.2\times 3.4+20.2\times 3.8-(6+2\times 7.2+7.2^2)$

$=83.4$

（2）要统一定价，先求总需求曲线（为两个市场的需求曲线的水平相加）：

$P_A = 30 - 2Q_A$ 或 $Q_A = 15 - 0.5P_A$

$P_B = 24 - Q_B$ 或 $Q_B = 24 - P_B$

总需求曲线为：$Q = 39 - 1.5P$ 或 $P = 26 - 0.67Q$

$MR = 26 - 1.33Q$

最优化的条件是：$MR = MC$。

$26 - 1.33Q = 2 + 2Q$，$Q = 7.2$

$P = 26 - 0.67 \times 7.2 = 21.2$

$\pi = P \cdot Q - TC = 21.2 \times 7.2 - (6 + 2 \times 7.2 + 7.2^2)$

$= 80.4$

可见，统一定价的利润要少于差别定价的利润（$80.4 < 83.4$）。

08-9 一家企业在两个被分割的市场上销售产品，生产产品的边际成本为常数，等于2。两个市场上的需求曲线方程如下：

市场1：$P_1 = 14 - 2Q_1$

市场2：$P_2 = 10 - Q_2$

产品在两个市场上的最优价格和销售量各应是多少？此时总利润是多少？

解

根据需求曲线，可求得边际收入方程为：

$MR_1 = 14 - 4Q_1$，$MR_2 = 10 - 2Q_2$

差别定价最优化的条件是：$MR_1 = MR_2 = MC$。

$14 - 4Q_1 = 2$，$Q_1 = 3$

$10 - 2Q_2 = 2$，$Q_2 = 4$

$P_1 = 14 - 2 \times 3 = 8$

$P_2 = 10 - 4 = 6$

$\pi = P_1Q_1 + P_2Q_2 - 2(Q_1 + Q_2) = 8 \times 3 + 6 \times 4 - 2 \times (3 + 4)$

$= 34$

08-10 某商店出售低成本的剃须刀和刀片。销售这两种产品的总收入方程为：

$TR = 200Q_T - 6Q_T^2 + 100Q_S - 4Q_S^2 + Q_TQ_S$

式中，Q_T 和 Q_S 分别为剃须刀和刀片的销售量。剃须刀的边际成本为20元，刀片的边际成本为10元。

（1）这两种产品是替代品还是互补品？

（2）每种产品的利润最大化产量是多少？

（3）如果两种产品之间在需求上没有联系，它们的利润最大化产量是多少？

解

（1）这两种产品是互补品。首先，从直观上就可以明显判断两者是互补的。因为剃须刀和刀片是配套产品，必须一起使用。其次，从每种产品的边际收入方程中也可找到这种互补关系。

$$\frac{dTR}{dQ_T}=MR_T=200-12Q_T+Q_S$$

$$\frac{dTR}{dQ_S}=MR_S=100-8Q_S+Q_T$$

从式中可以看出，增加一种产品的销量，可使另一种产品的边际收入增加，说明这两种产品在需求上是互补的。

（2）利润最大时，$MR_T=MC_T$，$MR_S=MC_S$。

$$200-12Q_T+Q_S=20 \qquad (1)$$

$$100-8Q_S+Q_T=10 \qquad (2)$$

解联立方程（1）和（2），得

$$Q_S=13.26，Q_T=16.08$$

（3）如果两种产品在需求上没有联系，刀片的边际收入方程中，就要舍弃 Q_T 项；剃须刀的边际收入方程中，就要舍弃 Q_S 项。这就得出新的边际收入方程如下：

$$MR_T=200-12Q_T=20，Q_T=15$$

$$MR_S=100-8Q_S=10，Q_S=11.25$$

与问题（2）的答案相比可知，产品之间如果存在需求互补，其最优产量将大于它们之间没有互补关系时的最优产量。

08 - 11 有一家企业生产两种计算器 A 和 B。它们的总收入（TR）和总成本（TC）方程如下，其中 Q_A 和 Q_B 分别为两种计算器每年的销售量，以千台计。

$$TR=2Q_A+3Q_B$$

$$TC=Q_A^2-2Q_AQ_B-2Q_B^2+6Q_A+14Q_B+5$$

（1）为使利润最大，企业应各生产每种计算器多少千台？

（2）企业能获得的最大利润是多少？

解

（1）为使利润最大，$MR=MC$。

$$MR_A=2，MR_B=3$$

$$MC_A=2Q_A-2Q_B+6$$

$$MC_B=-4Q_B-2Q_A+14$$

$$2Q_A-2Q_B+6=2 \text{ 或 } Q_A-Q_B+2=0 \qquad (1)$$

$$-4Q_B-2Q_A+14=3 \text{ 或 } 4Q_B+2Q_A-11=0 \qquad (2)$$

解联立方程（1）和（2），得

$$Q_A=0.5(\text{千台})，Q_B=2.5(\text{千台})$$

（2）$\pi=TR-TC$

$$=(2\times0.5+3\times2.5)-(0.5^2-2\times0.5\times2.5-2\times2.5^2+6\times0.5+14\times2.5+5)$$

$$=-19.75$$

说明企业在最好的情况下仍将亏损 19.75。

08 - 12 有一家小型养兔场专门制作和出售兔的毛皮和后腿。每只兔子能提供 1 张毛皮和1对后腿，毛皮和后腿的需求方程如下：

$$P_{毛皮}=20.0-0.01Q_{毛皮}$$

$$P_{后腿}=16.0-0.01Q_{后腿}$$

饲养和加工每只兔子的边际成本为20元。毛皮和后腿的利润最大化产量和价格各应是多少？

解 先求总边际收入曲线（毛皮和后腿的 MR 曲线垂直相加）：

$$MR_{毛皮}=20.0-0.02Q_{毛皮}$$

$$MR_{后腿}=16.0-0.02Q_{后腿}$$

$$MR_T=36.0-0.04Q$$

式中，Q 为饲养和加工的兔子数。

利润最大化的条件是：

$$MR=MC$$

$$36.0-0.04Q=20，Q=400$$

$$P_{毛皮}=20.0-0.01\times400=16(元)$$

$$P_{后腿}=16.0-0.01\times400=12(元)$$

08-13 某土豆加工商通过对土豆原料的加工，生产速食土豆泥和淀粉（副产品）两种产品。企业的总成本和边际成本函数为：

$$TC=500+3Q+3Q^2，MC=3+6Q$$

式中，Q 为土豆泥—淀粉组合的数量。同时，这两种产品的需求方程为：

$$Q_I=800-P_I，Q_S=150-P_S$$

式中，Q_I，Q_S，P_I 和 P_S 分别为土豆泥和淀粉的产量和价格。假定每生产一单位土豆泥，同时生产出一单位淀粉（即 $Q=Q_I=Q_S$）。速食土豆泥和淀粉应分别如何定价？它们的产量各为多少？

解

土豆泥的需求方程为：

$$Q_I=800-P_I$$

或 $P_I=800-Q_I$

故 $MR_I=800-2Q_I$

淀粉的需求方程为：

$$Q_S=150-P_S$$

或 $P_S=150-Q_S$

故 $MR_S=150-2Q_S$

总边际收入方程为：

$$MR_T=MR_I+MR_S=950-4Q$$

利润最大时，$MR=MC$

$$950-4Q=3+6Q，Q=94.7$$

由于 $Q=Q_I=Q_S$，因此两种产品的产量均为94.7。

$$P_I=800-94.7=705.3$$

$P_S = 150 - 94.7 = 55.3$

08-14 黄河制衣公司在下属三个工厂生产 T 恤衫。三个工厂的总成本和边际成本函数如下：

工厂 1：$TC_1 = 800 + 0.2Q_1^2$，$MC_1 = 0.4Q_1$

工厂 2：$TC_2 = 1\,000 + 0.1Q_2^2$，$MC_2 = 0.2Q_2$

工厂 3：$TC_3 = 900 + 0.15Q_3^2$，$MC_3 = 0.3Q_3$

该公司 T 恤衫的需求方程估计为：

$P = 100 - 0.05Q_T$

(1) T 恤衫的最优价格和产量应是多少？

(2) 最优产量应如何在各工厂之间分配？

(3) 此时公司总利润是多少？

解

(1) 总边际成本曲线是各厂 MC 曲线的水平相加：

$MC_1 = 0.4Q_1$，$Q_1 = 2.5MC_1$

$MC_2 = 0.2Q_2$，$Q_2 = 5MC_2$

$MC_3 = 0.3Q_3$，$Q_3 = 3.3MC_3$

总边际成本曲线为：$Q_T = 10.8MC_T$ 或 $MC_T = 0.092\,6Q_T$。

$P = 100 - 0.05Q_T$，$MR = 100 - 0.1Q_T$

$MR = MC$，$100 - 0.1Q_T = 0.092\,6Q_T$，$Q_T = 519.21$

$P = 100 - 0.05 \times 519.21 = 74.04$

(2) 分配原则：$MC_1 = MC_2 = MC_3 = MC_T$

$MC_T = 0.092\,6 \times 519.21 = 48.079$

$Q_1 = 2.5 \times 48.079 = 120.198$

$Q_2 = 5 \times 48.079 = 240.395$

$Q_3 = 3.3 \times 48.079 = 158.661$

(3) $\pi = TR - TC_1 - TC_2 - TC_3$

$= 74.04 \times 519.21 - (800 + 0.2 \times 120.198^2)$

$- (1\,000 + 0.1 \times 240.395^2) - (900 + 0.15 \times 158.661^2)$

$= 23\,297.82$

08-15 东兴公司是一家纵向联合企业，生产纸和练习本。练习本的需求方程为：$P_{练} = 3.00 - 0.001Q$，式中，Q 为练习本的销量。生产一本练习本所需用纸的边际成本为：$MC_{纸} = 1.00 + 0.001Q$。把纸加工成练习本的成本为每本 0.5 元。如果纸没有外部市场，管理层应怎样为纸定价？

解

$MR_{练} = 3.00 - 0.002Q$

$MC_{练} = 1.00 + 0.001Q + 0.5 = 1.50 + 0.001Q$

产量最优时，$MR_{练} = MC_{练}$

$3.00 - 0.002Q = 1.50 + 0.001Q$

$Q=500$

即练习本的最优产量为 500 本。

无外部市场条件下，中间产品价格等于其边际成本：

$$P_{纸}=MC_{纸}=1.00+0.001Q$$
$$=1.00+0.001\times500$$
$$=1.5(元)$$

即每本练习本所需用纸的价格应定为 1.5 元。

08-16 大昌毛织品公司下设两个分公司：毛线分公司和针织品分公司。毛线分公司生产毛线，用来供应针织品分公司织成毛衣。生产毛线的边际成本估计为：$MC=0.5Q$（这里 1 单位 Q 是指织一件毛衣所需的毛线数量，下同）。生产出来的毛线有完全竞争的外部市场，毛线的市场价格为每单位 10 元。针织品分公司把毛线织成毛衣，每件需另加成本 20 元。毛衣的需求方程为：$P=120-Q$，式中，Q 为毛衣数。

（1）毛线卖给针织品分公司的转移价格应定为多少？

（2）毛线分公司应生产多少毛线？

（3）针织品分公司应购买的毛线总数是多少？

（4）如果问题（2）和问题（3）的答案不相等，请给出解释。

解

（1）因毛线有完全竞争的外部市场，转移价格应等于市场价格，即为 10 元。

（2）为实现利润最大，$P=MC$，$10=0.5Q$，$Q=20$，即毛线分公司应生产 20 单位毛线。

（3）$MR=120-2Q$，$MC=10+20=30$

$MR=MC$，$120-2Q=30$，$Q=45$

即针织品分公司的最优产量为 45 件，它总共需要购买生产 45 件毛衣所需的毛线。

（4）针织品分公司所需的 45 单位毛线中，20 单位购自毛线分公司，25 单位则购自外部市场。

08-17 在题 08-16 中，假如毛线分公司生产出来的毛线是一种特殊产品，无外部市场，全部供应针织品分公司（后者也只能从毛线分公司买到这种毛线）。其他数据同题 08-16。

（1）针织品分公司应向毛线分公司购买多少毛线？

（2）毛线分公司应向针织分公司供应多少毛线？转移价格应是多少？

解

（1）$MR=120-2Q$，$MC=0.5Q+20$

$MR=MC$，$120-2Q=0.5Q+20$

$Q=40$

即针织品分公司的最优产量为 40 件，它应向毛线分公司购买 40 单位毛线。

（2）无外部市场条件下，转移价格等于边际成本，即

$P=MC$，$P=0.5\times40=20(元)$

即毛线分公司应向针织品分公司供应 40 单位毛线，转移价格定为每单位 20 元。

第9章

09-1 请回答下面三个问题：

（1）大华公司发行企业债券的利息率为6%，所得税税率为40%。该公司税后债务成本是多少？

（2）大华公司股票的市场价格为50元/股，下一年的股利估计为5元/股，股利的年增长率估计为5%。这种普通股的资本成本是多少？

（3）大华公司的资本结构为：债务占40%，权益资本占60%。它的综合资金成本是多少？

解

（1）税后债务成本为：

$6\%\times(1-0.40)=3.6\%$

（2）$k_e=\frac{D_1}{W}+g=\frac{5}{50}+5\%=15\%$

（3）综合资金成本$=3.6\%\times40\%+15\%\times60\%$

$=10.44\%$

09-2 已知三家大公司的相关信息如下表所示。假定无风险利率为5%，股票市场的平均回报率为12%。请根据相关信息确定每家公司的债务成本，并分别用现金流量贴现模型和资本资产定价模型确定它们的权益资本成本。

企业	税率（%）	企业债券利率	普通股价格（元）	β	预计下年股利（元）	股利增长率（%）
甲	36	8.9	21	1.30	0.60	10
乙	30	7.9	44	1.05	0.92	14
丙	36	8.5	33	0.65	1.98	5

解

先求税后债务成本。

甲：$8.9\%\times(1-0.36)=5.70\%$

乙：$7.9\%\times(1-0.30)=5.53\%$

丙：$8.5\%\times(1-0.36)=5.44\%$

再求权益资本成本。

（1）用现金流量贴现模型：

$$k_e=\frac{D_1}{W}+g$$

甲：$k_e=\frac{0.60}{21}+10\%=12.9\%$

乙：$k_e=\frac{0.92}{44}+14\%=16.1\%$

丙：$k_e=\frac{1.98}{33}+5\%=11.0\%$

（2）用资本资产定价模型：

$$k_e=\frac{无风险}{利率}+\left(\frac{股票平均}{回报率}-\frac{无风险}{利率}\right)\times\beta$$

甲：$k_e=5\%+(12\%-5\%)\times 1.30=14.1\%$

乙：$k_e=5\%+(12\%-5\%)\times 1.05=12.35\%$

丙：$k_e=5\%+(12\%-5\%)\times 0.65=9.55\%$

09－3 大地仪器公司已经确定每个投资方案的内部回报率（见下表）：

投资方案	投资量（百万元）	内部回报率（%）
A	5.2	12.9
B	8.6	15.2
C	3.4	10.0
D	5.1	14.8
E	11.2	19.0
F	6.5	7.9

企业的边际资本成本函数为：$r=8+0.10I$，式中，r 为资金成本（用百分率表示）；I 为总投资量（以百万元表示）。

（1）应采用哪些投资方案？企业的总投资量应是多少？

（2）如果金融市场银根趋紧，使企业的边际资本成本函数变为：$r=8+0.35I$，企业应采用哪些投资方案？企业的总投资量应是多少？

解

（1）根据内部回报率的大小，对投资方案进行排序，并计算总投资量和边际资本成本（见下表）：

投资方案	内部回报率（%）	投资量（百万元）	总投资量（百万元）	边际资本成本（$r=8+0.10I$）	边际资本成本（$r=8+0.35I$）
E	19.0	11.2	11.2	9.1	11.9
B	15.2	8.6	19.8	10.0	14.9
D	14.8	5.1	24.9	10.5	16.7
A	12.9	5.2	30.1	11.0	18.5
C	10.0	3.4	33.5	11.4	19.7
F	7.9	6.5	40.0	12.0	22.0

凡是内部回报率大于资本成本的投资方案都是可取的。因此，如果 $r=8+0.10I$，可采用的方案应是 E，B，D 和 A，总投资量为 30.1 百万元。

（2）如果 $r=8+0.35I$，可采用的方案应是 E 和 B。总投资量为 19.8 百万元。

09－4 长江钢铁公司的工程部提出若干投资方案和有关数据，见下表：

方案	将来所有净现金流量的总现值（万元）	期初投资（万元）
A	19	20
B	21	15
C	60	50
D	49	40
E	35	30

（1）假定资本预算可不受限制，应采用哪些方案？为什么？

（2）如果资本预算不得超过 50 万元，应采用哪些方案？为什么？

解

先算出各方案的净现值，见下表：

方案	将来所有净现金流量的总现值（万元）	期初投资（万元）	净现值（万元）
A	19	20	−1
B	21	15	6
C	60	50	10
D	49	40	9
E	35	30	5

（1）如资本预算不受限制，凡净现值大于零的方案都可以接受，故应采用方案 B，C，D，E。

（2）如资本预算不能超过 50 万元，可能的方案组合和净现值可计算见下表：

方案组合	净现值（万元）
B	6
E	5
B，E	11
C	10
D	9

从表中可看出，应采用方案 B 和 E 的组合，因为其净现值为 11 万元，最大。

09－5 某方案的投资额为 100 000 元，预期方案寿命为 10 年，在 10 年内每年的净现金流入为 13 587 元。

（1）这一方案的返本期是多长？

（2）假定资金成本为 12%，该方案的净现值是多少？

（3）这一方案的内部回报率是多少？

（总现值系数$_{(6\%,10)}$ =7.360，总现值系数$_{(12\%,10)}$ =5.650）

解

（1）$返本期=\dfrac{100\ 000}{13\ 587}=7.36(年)$

（2）$NPV=13\ 587\times 总现值系数_{(12\%,10)}-100\ 000$

$=13\ 587\times 5.650-100\ 000$

$=-23\ 233.5(元)$

（3）$总现值系数_{(?,10)}=\dfrac{100\ 000}{13\ 587}=7.36$

经查，与此总现值系数相对应的贴现率为 6%，故内部回报率为 6%。

09－6 方案甲的净现金投资量为 1 800 万元，预期方案寿命为 5 年，在 5 年内每年的净现金流入量为 524.32 万元。问：

（1）这一方案的返本期是多长？

（2）假定资金成本为 12%，该方案的净现值是多少？

（3）这一方案的内部回报率是多少？
（总现值系数$_{(12\%,5)}$=3.605，总现值系数$_{(14\%,5)}$=3.433）

解

（1）返本期$=\dfrac{1\ 800}{524.32}=3.433$（年）

（2）$NPV=524.32\times$总现值系数$_{(12\%,5)}-1\ 800$
$=524.32\times 3.605-1\ 800$
$=90.17$（万元）

（3）$524.32\times$总现值系数$_{(?,5)}=1\ 800$
总现值系数$_{(?,5)}=3.433$

查表得贴现率为14%，也就是这一方案的内部回报率。

09-7 某公司打算添置一台新机器，共有两种选择，有关数据预计如下表所示：

	机器1	机器2
购买价格	50 000元	60 000元
寿命	4年	4年
残值	无	无
税前净现金效益量		
第1年	25 000元	45 000元
第2年	25 000元	19 000元
第3年	25 000元	25 000元
第4年	25 000元	25 000元
企业所得税税率为40%		

假定资金成本为8%，每种机器的净现值是多少？

解

先计算税后净现金效益量（见下表）：

单位：元

年次	税前净现金效益量(1)	折旧(2)	应纳税收入(3)=(1)-(2)	所得税(4)=(3)×40%	税后净现金效益量(5)=(3)-(4)+(2)
机器1					
1	25 000	12 500	12 500	5 000	20 000
2	25 000	12 500	12 500	5 000	20 000
3	25 000	12 500	12 500	5 000	20 000
4	25 000	12 500	12 500	5 000	20 000
机器2					
1	45 000	15 000	30 000	12 000	33 000
2	19 000	15 000	4 000	1 600	17 400
3	25 000	15 000	10 000	4 000	21 000
4	25 000	15 000	10 000	4 000	21 000

再计算净现值（见下表）：

单位：元

年次	现金流量	现值系数或总现值系数（贴现率=8%）	现值
机器 1			
0	(50 000)	1.000	(50 000)
1～4	20 000	3.312	66 240
			净现值=16 240
机器 2			
0	(60 000)	1.000	(60 000)
1	33 000	0.926	30 558
2	17 400	0.857	14 912
3	21 000	0.794	16 674
4	21 000	0.735	15 435
			净现值=17 579

09-8 某市政府准备扩建自来水厂，有两个设计方案（甲和乙），都要投资 2 000 万元，但可能带来的年净现金效益量不同（见下表）：

年次	方案甲净现金效益量（每年）	年次	方案乙净现金效益量（每年）
1～10	3 000 000 元	1～5	1 000 000 元
11～20	2 000 000 元	6～20	5 000 000 元

若贴现率为 12%，应选哪个方案？

解

$$NPV_{甲}=3\,000\,000\times 总现值系数_{(12\%,10)}+2\,000\,000\times 总现值系数_{(12\%,10)}\times 现值系数_{(12\%,10)}-20\,000\,000$$
$$=3\,000\,000\times 5.650+2\,000\,000\times 5.650\times 0.322-20\,000\,000$$
$$=588\,600(元)$$

$$NPV_{乙}=1\,000\,000\times 总现值系数_{(12\%,5)}+5\,000\,000\times 总现值系数_{(12\%,15)}\times 现值系数_{(12\%,5)}-20\,000\,000$$
$$=1\,000\,000\times 3.605+5\,000\,000\times 6.811\times 0.567-20\,000\,000$$
$$=2\,914\,185(元)$$

因 2 914 185>588 600，故应选方案乙。

09-9 下列两个方案的投资额均为 87 500 元，假定贴现率均为 8%，如果两个方案是互斥的，应选哪个方案？

（1）购买一家饭店集团的股票，每年股利收入 5 000 元，8 年后全部股票可按 100 000 元价格出售。

（2）购买一家商店，每年的净现金收入为 18 000 元，8 年后残值为 7 000 元。

（现值系数$_{(8\%,8)}$=0.540，总现值系数$_{(8\%,8)}$=5.747）

解

（1）$NPV=5\,000\times 总现值系数_{(8\%,8)}+100\,000\times 现值系数_{(8\%,8)}-87\,500$
$$=5\,000\times 5.747+100\,000\times 0.540-87\,500$$
$$=-4\,765(元)$$

(2) $NPV = 18\ 000 \times 5.747 + 7\ 000 \times 0.540 - 87\ 500$
$= 19\ 726$(元)

因 19 726＞－4 765，故应选购买商店的方案。

09－10 淮海运输公司拥有大客车多辆，其中一辆已破旧不堪，如现在加以翻修，需立即支付翻修费用 40 000 元，翻修后该客车可使用 10 年，但预计第 5 年年末需大修一次，大修成本预计为 16 000 元。10 年后预计该车有残值 10 000 元。该车每年的运营成本估计为 32 000 元（不包括折旧）。

现在淮海运输公司还有一个方案，即将旧车出售，可得价款 14 000 元，另行购置新车，需要支付购车价款 80 000 元。新车使用寿命为 10 年。预计新车在第 5 年年末需大修一次，大修成本为 5 000 元。10 年期满新车残值亦为 10 000 元，新车每年的运营成本为 24 000 元（不包括折旧）。又假定该公司的资金成本为 18%。该公司应选哪个方案？（总现值系数$_{(18\%,10)}=4.494$，现值系数$_{(18\%,5)}=0.437$）

解

如更新车辆而不是翻修：

净现金投资增加量＝(80 000－14 000)－40 000
＝26 000(元)

第 5 年大修费用增加量＝5 000－16 000
＝－11 000(元)

残值增加量＝10 000－10 000＝0

净现金效益增加量＝32 000－24 000
＝8 000(元)

$NPV = 8\ 000 \times 4.494 - (-11\ 000) \times 0.437 - 26\ 000$
$= 14\ 759$(元)

所以应采用更新方案。

09－11 大地仪器公司一套生产设备的主机系 4 年前购入，购置成本为 200 000 元，估计可使用 6 年，假定期满无残值，已提折旧 80 000 元，账面净值为 120 000 元。使用该机器每年可获销售收入 298 000 元，每年支付的直接材料和直接人工费用为 226 000 元。

该公司为降低产品的成本，准备购置一台装有自动控制设备的主机来代替原有主机，约需价款 300 000 元，估计可使用 6 年，期满有残值 15 000 元。购入新机时，旧机可作价 70 000 元。使用新机后，每年可节约直接材料和直接人工费用 50 000 元，销售收入不变。若资金成本为 12%，该公司更新设备是否合算？（总现值系数$_{(12\%,6)}=4.111$，现值系数$_{(12\%,6)}=0.507$）

解

如更新设备：

净现金投资量＝300 000－70 000＝230 000(元)

净现金效益增加量＝50 000(元)

残值＝15 000(元)

$$NPV = 50\,000 \times 4.111 + 15\,000 \times 0.507 - 230\,000$$
$$= -16\,845(\text{元})$$

故更新不合算。

09-12 假定购买新机器时有两种方案可供选择。方案 1：新机器寿命为 6 年，净现值为 40 000 元。方案 2：新机器寿命为 4 年，净现值为 30 000 元。这两个方案的贴现率均为 10%。应选哪个方案？（现值系数$_{(10\%,6)}$=0.564，现值系数$_{(10\%,4)}$=0.683，总现值系数$_{(10\%,6)}$=4.355，总现值系数$_{(10\%,4)}$=3.170）

解

（1）先用最小共同寿命法评价（最小共同寿命为 12 年），见下图：

方案 1

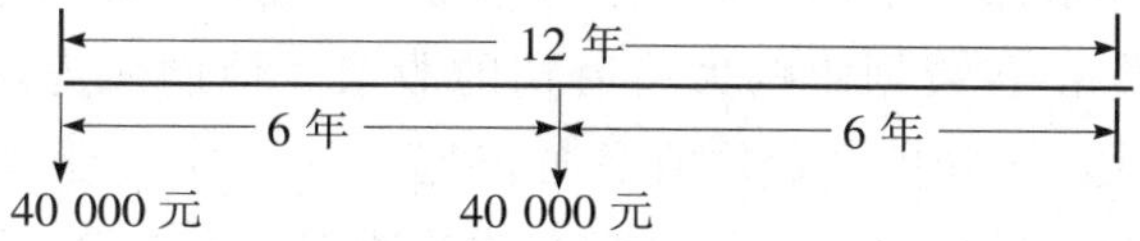

方案 2

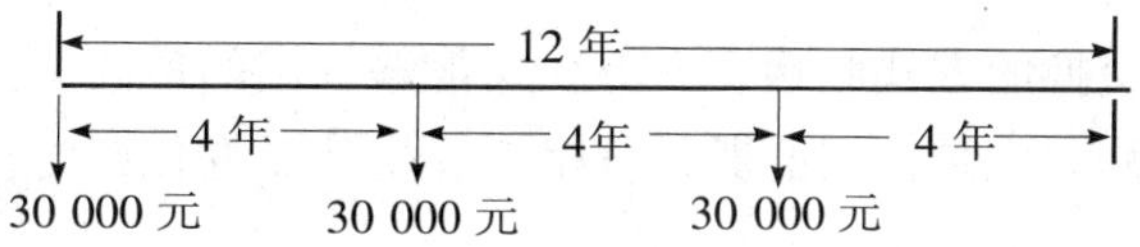

$$\text{方案 1 总净现值} = 40\,000 + 40\,000 \times 0.564$$
$$= 62\,560(\text{元})$$

$$\text{方案 2 总净现值} = 30\,000 + 30\,000 \times 0.683 + 30\,000 \times 0.683 \times 0.683$$
$$= 64\,485(\text{元})$$

因 64 485>62 560，故应选方案 2。

（2）再用净现值年金法进行评价：

$$\text{方案 1 净现值的年金} = \frac{40\,000}{4.355} = 9\,184.85(\text{元})$$

$$\text{方案 2 净现值的年金} = \frac{30\,000}{3.170} = 9\,463.72(\text{元})$$

因 9 463.72>9 184.85，故应选方案 2。

09-13 大昌公司正在考虑两个互斥的投资方案。方案 A 的投资额为 120 万元，每年的净现金效益量为 40 万元，寿命 6 年，期末无残值；方案 B 的投资额为 100 万元，每年的净现金效益量为 50 万元，寿命 3 年，期末亦无残值。假定资金成本为 12%，两个方案风险相同。大昌公司应选择哪个方案？（总现值系数$_{(12\%,6)}$=4.111，总现值系数$_{(12\%,3)}$=2.402，现值系数$_{(12\%,3)}$=0.712）

解

先计算两个方案的净现值：

$$NPV_A = 40 \times 4.111 - 12 = 44.44(\text{万元})$$

$$NPV_B = 50 \times 2.402 - 10 = 20.10(\text{万元})$$

（1）用最小共同寿命法计算总净现值（最小共同寿命为 6 年）：

方案A的总净现值＝44.44(元)

方案B的总净现值＝20.10＋20.10×0.712

＝34.411 2(万元)

因44.44＞34.411 2，故应选方案A。

(2) 也可用净现值年金化法计算两个方案净现值的年金：

$$方案A的净现值年金=\frac{44.44}{4.111}=10.81(元)$$

$$方案B的净现值年金=\frac{20.10}{2.402}=8.368(元)$$

因10.81＞8.368，故应选方案A。

09-14 大昌公司股票目前的市场价格为每股40元，而南方公司股票的价格为10元。南方公司的管理层正在策划收购大昌公司的股票。他们认为，如能兼并大昌公司，通过改进管理，可使大昌公司的企业价值增加25%。

(1) 如果用现金向大昌公司的普通股股东购买股票，南方公司能够提出的最高价格是多少？

(2) 如果用股票交换的方式收购，南方公司能够提出的最高交换比率是多少？

(3) 一旦宣布收购，大昌公司的股票价格会发生什么变化？为什么？

解

(1) 40×(1.00＋0.25)＝50(元)

(2) 用等值的股票进行交换，即南方公司用值50元的股票（共5股，每股市价10元），去交换大昌公司将来可能值50元的股票（1股，目前只值40元）。因此，最高交换比率为5∶1。

(3) 大昌公司的股票价格会上涨，因为投资者相信，南方公司兼并大昌公司之后，一定会提高大昌公司的盈利水平和企业价值。

09-15 大昌公司发行在外的普通股共10 000 000股，现在市价为每股20元。去年大昌公司的会计报表表明，它全年净获利20 000 000元。南方公司的股票价格目前为每股60元。南方公司的管理层相信，如果并购大昌公司，可使大昌公司的年度获利水平增加到30 000 000元。

(1) 南方公司如果收购大昌公司股票，最高价格应是多少？

(2) 如果通过股票交换来实现兼并，南方公司愿意提出的最高交换比率应是多少？

解

(1) 购买大昌公司股票的最高价格应不超过每股30元（20×150%）。

(2) 用等值的股票进行交换，即南方公司用值60元的股票（1股）交换大昌公司将来可能值60元的股票（2股，目前每股只值20元）。所以，最高交换比率为1∶2。

第10章

10-1 某企业的管理层考虑在两种产品（产品甲和产品乙）之间选择一种产品生

产。在以后三年中，两种产品的年净现金效益量和概率如下表所示：

单位：元

宏观经济状况	概率	产品甲净现金效益量	产品乙净现金效益量
繁荣	0.2	20 000	42 000
正常	0.5	15 000	20 000
衰退	0.3	9 000	(5 000)

（1）计算每种产品净现金效益量的期望值、标准差和变差系数。

（2）生产哪种产品风险较小？

解

（1）产品甲：

$$期望值=20\ 000\times0.2+15\ 000\times0.5+9\ 000\times0.3$$
$$=14\ 200(元)$$

$$标准差=\sqrt{(142-200)^2\times0.2+(142-150)^2\times0.5+(142-90)^2\times0.3}\times100$$
$$=3\ 893.58$$

$$变差系数=\frac{3\ 893.58}{14\ 200}=0.274$$

产品乙：

$$期望值=42\ 000\times0.2+20\ 000\times0.5+(-5\ 000)\times0.3$$
$$=16\ 900(元)$$

$$标准差=\sqrt{(420-169)^2\times0.2+(200-169)^2\times0.5+(-50-169)^2\times0.3}\times100$$
$$=\sqrt{12\ 600.2+480.5+14\ 388.3}\times100$$
$$=\sqrt{27\ 469}\times100$$
$$=16\ 573.77$$

$$变差系数=\frac{16\ 573.77}{16\ 900}=0.98$$

（2）$0.274<0.98$，故产品甲的风险小。

10-2 兴源公司生产钓鱼用具系列产品。该公司有剩余资金，正在考虑收购一家生产钓鱼竿的企业。已经找到两家可供收购的目标企业，即大新公司和永乐公司。对两家企业的收购价格相同。每家收购对象将来所有现金效益增加量的现值及其概率分布如下表：

大新公司		永乐公司	
概率	现金效益增加量的现值（元）	概率	现金效益增加量的现值（元）
0.40	0	0.20	100 000
0.20	200 000	0.50	200 000
0.40	500 000	0.30	250 000

（1）对每个投资方案作出全面分析（即计算将来所有现金效益增加量的期望值、标

准差和变差系数)。

(2) 在两家企业中应收购哪一家？为什么？

解

(1) 大新公司：

$$期望值=0.4\times0+0.20\times200\ 000+0.40\times500\ 000=240\ 000(元)$$

$$标准差=10^4\sqrt{(0-24)^2\times0.4+(20-24)^2\times0.2+(50-24)^2\times0.4}=224\ 499(元)$$

$$变差系数=\frac{224\ 499}{240\ 000}=0.94$$

永乐公司：

$$期望值=0.20\times100\ 000+0.50\times200\ 000+0.30\times250\ 000=195\ 000(元)$$

$$标准差=10^4\sqrt{(10-19.5)^2\times0.2+(20-19.5)^2\times0.5+(25-19.5)^2\times0.3}=52\ 202$$

$$变差系数=\frac{52\ 202}{195\ 000}=0.27$$

(2) 根据题中现有数据，尚不能确定选择哪个收购方案。因为收购大新公司的方案期望值大，但风险也大；收购永乐公司的方案期望值小，但风险也小。最终如何选择，将取决于兴源公司对风险所持的态度。

10－3 假定有两个投资方案，其投资额均为20 000元，每年可能的净现金效益量及其概率如下表所示：

投资方案A

净现金效益量（元）	概率
9 000	0.2
11 000	0.5
12 000	0.3

投资方案B

净现金效益量（元）	概率
22 000	0.5
4 000	0.5

又假定你收入的效用函数如下表：

收入（元）	4 000	9 000	10 000	11 000	12 000	22 000
效用	31	63	68	73	78	109

(1) 计算两个方案的期望净现金效益量。

(2) 计算这两个方案的期望效用。你会选择哪个方案？

解

(1) 计算期望净现金效益量：

方案A：$\bar{R}_A=9\ 000\times0.2+11\ 000\times0.5+12\ 000\times0.3=10\ 900(元)$

方案 B：$\bar{R}_B=22\ 000\times0.5+4\ 000\times0.5$

$=13\ 000$(元)

(2) 计算期望效用：

方案 A：$\bar{U}_A=63\times0.2+73\times0.5+78\times0.3$

$=72.5$

方案 B：$\bar{U}_B=109\times0.5+31\times0.5$

$=70$

根据期望效用，72.5>70，故会选择方案 A（尽管方案 A 的期望净现金效益量小于方案 B，但因方案 A 风险较小，它的期望效用仍大于方案 B）。

10-4 某个投资方案的年净现金效益量及其概率分布如下表所示：

概率	净现金效益量（万元）
0.2	60
0.1	80
0.3	90
0.2	115
0.2	150

(1) 计算此方案净现金效益量的期望值、标准差和变差系数。

(2) 假如投资额为 300 万元，寿命为 4 年，期末无残值。与此方案风险水平相当的贴现率为 8%，计算它的净现值。是否可采用这一方案？

解

(1) 期望值$=60\times0.2+80\times0.1+90\times0.3+115\times0.2+150\times0.2$

$=100$(万元)

标准差$=\sqrt{(100-60)^2\times0.2+(100-80)^2\times0.1+(100-90)^2\times0.3+(100-115)^2\times0.2+(100-150)^2\times0.2}$

$=30.58$

变差系数$=\dfrac{30.58}{100}=0.31$

(2) $NPV=100\times$总现值系数$_{(8\%,4)}-300$

$=100\times3.312-300$

$=31.2$(万元)

净现值为正值，说明可以采用这一方案。

10-5 大新公司正在考虑两个互斥的投资方案。每个方案的投资额均为175 000元（在期初支付），寿命均为 3 年。每年的净现金效益量（假定均发生在年末）的概率分布如下表：

方案	概率	净现金效益量（元）
1	0.2	100 000
	0.6	125 000
	0.2	130 000

续表

方案	概率	净现金效益量（元）
2	0.2 0.6 0.2	0 125 000 250 000

大新公司打算对风险较大的方案按 13％的贴现率进行评价，对风险较小的方案按 11％的贴现率进行评价。大新公司应选用哪个方案？

解

先计算期望净现金效益量：

$$\begin{aligned}\text{方案 1 的期望值} &= 100\ 000\times 0.2+125\ 000\times 0.6+130\ 000\times 0.2\\ &= 121\ 000(\text{元})\end{aligned}$$

$$\begin{aligned}\text{方案 2 的期望值} &= 0\times 0.2+125\ 000\times 0.6+250\ 000\times 0.2\\ &= 125\ 000(\text{元})\end{aligned}$$

哪个方案风险大，准确的判断方法是计算它们的标准差和变差系数。但从题中可以直观地看出，方案 2 的现金流量的分布更为分散，说明方案 2 风险大。故方案 1 可采用 11％的贴现率，方案 2 采用 13％的贴现率。下面分别用这两个贴现率计算经过风险调整后的净现值：

$$\begin{aligned}\text{方案 1 的净现值} &= \frac{121\ 000}{(1+0.11)^1}+\frac{121\ 000}{(1+0.11)^2}+\frac{121\ 000}{(1+0.11)^3}-175\ 000\\ &= 120\ 689(\text{元})\end{aligned}$$

$$\begin{aligned}\text{方案 2 的净现值} &= \frac{125\ 000}{(1+0.13)^1}+\frac{125\ 000}{(1+0.13)^2}+\frac{125\ 000}{(1+0.13)^3}-175\ 000\\ &= 120\ 144(\text{元})\end{aligned}$$

因 120 689＞120 144，说明方案 1 略优于方案 2。

10－6 兴隆公司打算购买一台技术更先进的新机器，以降低成本和增加利润。新机器的购买价格为 30 000 元。管理层预计购买新机器之后，每年的净现金效益量为 30 000 元。新机器的使用寿命估计为 3 年。

该公司通常采用的贴现率为 7％。但公司财务部门认为使用这台机器的风险相对较大，为了考虑这一风险，还需要在 7％的基础上再加 1 个百分点的风险补偿率。请计算该机器经风险调整后的净现值，并确定这一方案是否可以接受。

解

$$\begin{aligned}NPV &= 30\ 000\times\left(\sum_{t=1}^{3}\frac{1}{1.08^t}\right)-30\ 000\\ &= 30\ 000\times 2.577-30\ 000\\ &= 47\ 310(\text{元})\end{aligned}$$

考虑了风险之后，净现值仍为正值，这一方案可以接受。

10－7 大华软件公司生产个人计算机中使用的游戏软件。最近该公司管理层觉得过去对软件市场的价格弹性可能估计过低，打算通过降价来增加自己的销售收入和利润。

他们估计，如果软件价格下降 50%，第 1 年的效果将如下表所示。

第 1 年

方案	概率	利润（元）
降价 50%	0.8（成功） 0.2（失败）	120 000 11 000
价格维持不变	1.0（成功）	70 000

由于降价，到了第 2 年，竞争者可能会作出反应。因此大华软件公司估计第 2 年的可能情况如下表所示。

第 2 年

方案	概率	竞争者有无反应	利润（元）
降价 50%	0.6（如果第 1 年成功） 0.4（如果第 1 年成功） 0.1（如果第 1 年失败） 0.9（如果第 1 年失败）	有 无 有 无	125 000 130 000 10 000 11 000
价格维持不变	0.5（如果第 1 年成功） 0.5（如果第 1 年成功）	有 无	70 000 91 000

（1）画出决策树图，表示两个方案第 1 年和第 2 年的可能结果。

（2）假定所有现金流量均发生在每年年末，风险大的方案（降价方案）贴现率为 13%，风险小的方案（价格不变方案）贴现率为 11%，计算两个方案的期望净现值。

解

（1）画出决策树图如下：

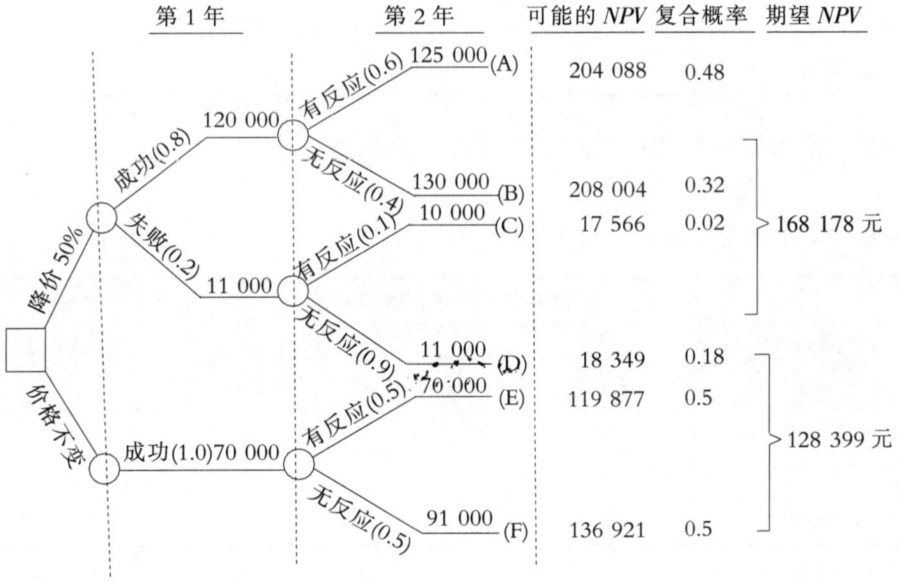

（2）计算两个方案的期望 NPV：

降价方案：

$$NPV_A = \frac{120\ 000}{1.13} + \frac{125\ 000}{1.13^2} = 204\ 088(\text{元})$$

$$NPV_B = \frac{120\ 000}{1.13} + \frac{130\ 000}{1.13^2} = 208\ 004(\text{元})$$

$$NPV_C = \frac{11\ 000}{1.13} + \frac{10\ 000}{1.13^2} = 17\ 566(\text{元})$$

$$NPV_D = \frac{11\ 000}{1.13} + \frac{11\ 000}{1.13^2} = 18\ 349(\text{元})$$

$$\begin{aligned}\text{期望 } NPV &= 204\ 088 \times 0.48 + 208\ 004 \times 0.32 + 17\ 566 \times 0.02 \\ &\quad + 18\ 349 \times 0.18 \\ &= 168\ 178(\text{元})\end{aligned}$$

价格不变方案：

$$NPV_E = \frac{70\ 000}{1.11} + \frac{70\ 000}{1.11^2} = 119\ 877(\text{元})$$

$$NPV_F = \frac{70\ 000}{1.11} + \frac{91\ 000}{1.11^2} = 136\ 921(\text{元})$$

$$\text{期望 } NPV = 119\ 877 \times 0.5 + 136\ 921 \times 0.5 = 128\ 399(\text{元})$$

因 $168\ 178 > 128\ 399$，故应选降价方案。

10-8 大华公司有三个产品方案，它们在不同宏观经济状况下的收益如下表所示：

方案	自然状态：宏观经济状况			每个方案的最小收益
	(1) 繁荣	(2) 停滞	(3) 衰退	
1. 用新产品代替老产品	5	1	−0.5	
2. 改进老产品	3	2.5	0.5	
3. 维持产品现状	1	1.5	2	

请用最大最小收益决策法确定大华公司应当选择哪个方案。

解

计算每个方案的最小收益（见下表）：

方案	自然状态：宏观经济状况			每个方案的最小收益
	(1) 繁荣	(2) 停滞	(3) 衰退	
1. 用新产品代替老产品	5	1	−0.5	−0.5
2. 改进老产品	3	2.5	0.5	0.5
3. 维持产品现状	1	1.5	2	1

从最小收益中找出的最大收益为1，故应选方案3。

10－9 大华公司有三个产品方案，它们在不同宏观经济状况下的收益如下表所示：

方案	自然状态：宏观经济状况			每个方案的最大遗憾值
	(1) 繁荣	(2) 停滞	(3) 衰退	
1. 用新产品代替老产品	5	1	－0.5	
2. 改进老产品	3	2.5	0.5	
3. 维持产品现状	1	1.5	2	

请用最小最大遗憾值决策法确定大华公司应当选择哪个方案。

解

计算各方案的遗憾值（见下表）：

方案	自然状态：宏观经济状况			每个方案的最大遗憾值
	(1) 繁荣	(2) 停滞	(3) 衰退	
1. 用新产品代替老产品	0	－1.5	－2.5	－2.5
2. 改进老产品	－2	0	－1.5	－2
3. 维持产品现状	－4	－1	0	－4

从最大遗憾值中找出的最小遗憾值为－2，故应选方案 2。

第 11 章

11－1 一家垄断企业的需求曲线为 $P=50-2Q$，边际成本为 10 元。请计算因垄断定价而引起的无谓损失。

解

计算无谓损失就是计算右图中$\triangle bcd$ 的面积。

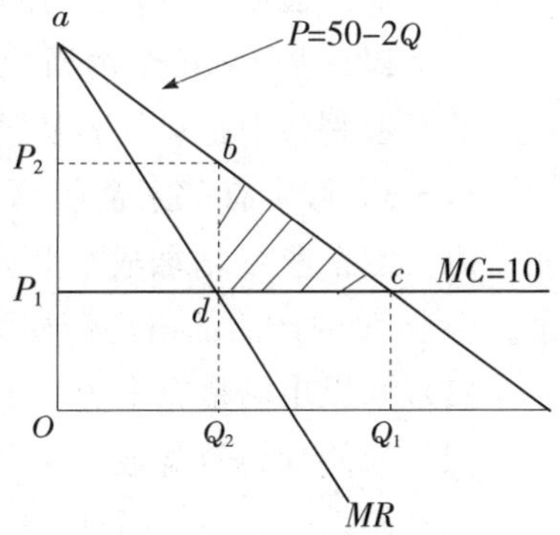

先按边际成本定价法确定产量 Q_1：

$$P_1=MC，50-2Q_1=10$$

$$Q_1=20，P_1=10$$

再按利润最大化定价法确定产量 Q_2：

$$MR=MC，MR=50-4Q_2=10$$

$$Q_2=10$$

$$P_2=50-2\times10=30$$

$$\triangle bcd \text{ 的面积}=(30-10)\times(20-10)\times\frac{1}{2}$$

$$=100$$

11－2 大昌混凝土厂是东安县唯一供应混凝土的垄断企业。已知企业混凝土的需求曲线为：$P=110-4Q$。边际成本为常数，等于 10。

（1）利润最大化的价格和产量应定为多少？

（2）该厂因垄断而引起的无谓损失是多少？

（3）与边际成本定价法相比较，有多少经济福利从消费者转向了垄断资本家？（即垄断利润是多少？）

解

相关曲线见下图。

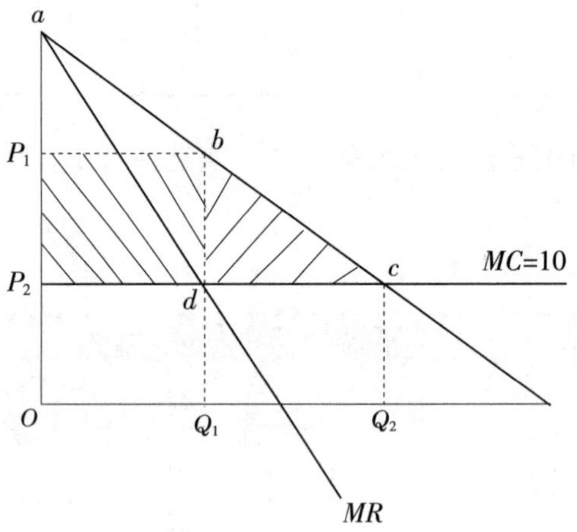

（1）利润最大化的条件：$MR=MC$。

$MR=110-8Q_1$，$MC=10$

$110-8Q_1=10$，$Q_1=12.5$

$P_1=110-4\times12.5=60$

（2）无谓损失等于上图中$\triangle bcd$的面积。先求出$P=MC$时的P_2和Q_2，有

$$P_2=10,\ Q_2=\frac{110}{4}-\frac{P}{4}=\frac{110}{4}-\frac{10}{4}=25$$

$$\triangle bcd\text{ 的面积}=(25-12.5)\times(60-10)\times\frac{1}{2}=312.5$$

（3）求四边形P_1bdP_2的面积，也就是垄断利润的大小：

四边形P_1bdP_2的面积$=12.5\times(60-10)=625$

在原消费者剩余中，有625从消费者转向了生产者，构成了生产者的垄断利润。

11-3 假定有三家企业A，B和C。企业A每生产单位产品会使企业B增加效益7元，但会使企业C增加成本3元。企业A的边际成本$MC_A=4Q_A$，式中，Q_A为A的产量。企业A的产品的市场价格为16元（假定这就是社会消费单位产品的边际收益MB）。

（1）如果市场是完全竞争的，为使利润最大，企业A的最优产量应是多少？

（2）为使社会效益最大，企业A的最优产量应是多少？

（3）如果企业A和企业B合并，应如何确定合并后企业的最优产量？这一产量对社会来说是否也是最优产量？

解

（1）在完全竞争市场里，最优产量的条件是：

$P=MC$

$16=4Q_A$，$Q_A=4$

为使利润最大，企业 A 的最优产量为 4。

（2）为使社会效益最大，应使 $MB=MC$。

$MB=16+7=23$，$MC=4Q_A+3$

$4Q_A+3=23$，$Q_A=5$

从社会资源合理配置的角度看，企业 A 的最优产量为 5。

（3）对于合并后的企业，$MR=16+7=23$，$MC=4Q_A$。

$MR=MC$，$23=4Q_A$，$Q_A=5.75$

合并后的企业的最优产量为 5.75，这个产量比对社会来说的最优产量（5）要大。

11-4 有一位养蜂人住在苹果园的附近。苹果园的主人因此受益，因为每一箱蜜蜂可以为约一亩地的苹果树授粉，而苹果园主人无须为此付费。但因蜜蜂数量不足以使整个苹果园都授到粉，果园主人还必须以每亩 100 元的成本来进行人工授粉。养蜂人的边际成本为：$MC=100+20Q$，式中，Q 为蜂箱的数量。每一箱蜂所产蜜的价值为 200 元。

（1）从养蜂人的角度看，他应当持有多少箱蜜蜂？

（2）从社会资源合理配置的角度看，养蜂人应当持有多少箱蜜蜂？

（3）可以采取哪些行动来保证资源配置的高效率？

解

（1）从养蜂人的角度看，利润最大时，$MR=MC$。

$MR=200$，$MC=100+20Q$

$200=100+20Q$，$Q=5$

（2）如果蜜蜂不来，果园主人就要人工授粉，每亩 100 元，即养蜂人每多持有一箱蜜蜂，果园主人最高愿意付出 100 元。所以，每箱蜜蜂的社会边际收益为 300 元（200+100），大于私人边际收益 200 元。社会福利最大时，$MB=MC$，$300=100+20Q$，$Q=10$。即从社会资源合理配置的角度看，养蜂人应持有 10 箱蜜蜂。

（3）为了实现资源配置的高效率，应当使外在效益内部化，办法是把果园和养蜂两种经营活动加以合并。如果不能合并，养蜂人和果园主人应当就授粉服务事宜签订一份协议。

11-5 假定在一个市场里，只有两个消费者 A 和 B。他们对某种产品的需求曲线分别为：

$Q_A=10-P_A$ 或 $P_A=10-Q_A$

$Q_B=12-2P_B$ 或 $P_B=6-0.5Q_B$

请确定下列情况下该产品的市场需求曲线：

（1）假如这种产品是私人物品；

（2）假如这种产品是公共物品。

解

（1）假如是私人物品（市场需求曲线是单个消费者需求曲线的水平相加）：

$Q_T=Q_A+Q_B=(10-P)+(12-2P)$

故市场需求曲线为：$Q_T=22-3P$ 或 $P=7.33-0.33Q_T$。

（2）假如是公共物品（市场需求曲线是单个消费者需求曲线的垂直相加）：

$$P_T = P_A + P_B = (10-Q) + (6-0.5Q)$$
$$= 16 - 1.5Q$$

故市场需求曲线为：$P_T = 16 - 1.5Q$。

11-6 在某地区，假定只有三个群体，他们对电视节目的需求曲线如下：

$$W_1 = 150 - T$$
$$W_2 = 200 - 2T$$
$$W_3 = 250 - T$$

式中，W_1，W_2 和 W_3 分别为三个群体愿意支付的电视资费（代表电视节目的社会边际收益），T 为节目小时数。假定电视属于公共物品，生产电视节目的边际成本为每小时 400 元。为使社会福利效益最大，该地区应当制作和播放多少小时的节目？

解

先求市场需求曲线：

$$MB = W_1 + W_2 + W_3 = 600 - 4T$$

社会福利最大时，$MB = MC$

$$600 - 4T = 400$$
$$T^* = 50\text{（节目小时数）}$$

第12章

12-1 集宝玩具公司是马来西亚一家规模较小的玩具制造商。它打算生产一种新款玩具。生产这种玩具需要一笔初置费用，以后支出的是不变的可变费用。这种玩具（i）的成本函数是：$C = 12\,000 + 2Q_i$，式中，Q_i 为这种玩具的数量。在马来西亚，这种玩具的需求函数为 $Q_i = 4\,000 - 1\,000p$。该公司谋求利润最大化，如果亏损（$p < AC$），就要停产。如果该公司只能在马来西亚国内销售，是否值得生产此玩具，如果玩具还能销往新加坡，新加坡的需求曲线和马来西亚的完全一样，它又将如何决策？

解

因为成本函数为 $C = 12\,000 + 2Q_i$，故

$$MC = 2$$

其需求曲线可以写为：

$$P = 4 - 0.001Q_i \text{ 或 } MR = 4 - 0.002Q_i$$

谋求利润最大，要求 $MC = MR$。

$$z = 4 - 0.002Q_i$$

或 $$2 = 0.002Q_i$$

$$Q_i = 1\,000$$

利润最大化的价格为：$P = 4 - 0.001Q_i$。

$$P = 4 - 0.001 \times 1\,000$$
$$= 3$$

因 3>2（即 $P>AVC$），故该公司应当生产。

如果玩具还能销往新加坡，则需求曲线应为：

$$Q'_i=(4\ 000-10\ 000P)+(4\ 000-10\ 000P)$$
$$=8\ 000-2\ 000P$$

或 $$P=4-0.000\ 5Q'_i$$
$$MR=4-0.001Q$$

为使利润最大，$MR=MC$。

$$z=4-0.001Q$$
$$2=0.001Q$$
$$Q=2\ 000$$

利润最大化价格为：

$$P=4-0.000\ 5Q$$
$$=4-0.000\ 5\times 2\ 000$$
$$=3$$

因 3>2（即 $P>AVC$），故该公司应当生产。

12-2 加拿大拥有全世界近 20%的干净水源。多年来，美国和加拿大之间签有协议，由加拿大向美国的若干缺水地区输出净水，但也有些加拿大人（如加拿大的不列颠哥伦比亚省和安大略省的居民）认为自己并无多余净水可以出口。假如净水市场是竞争性的，请用图表示，加拿大禁止出口净水会对两个国家的消费者剩余和生产者剩余有何影响。

解

首先，我们先看美国的净水市场（见图 1）。P_W 为自由贸易的价格，按此价格美国的供给量为 Q_S，需求量为 Q_D。假如加拿大禁止向美国出口，美国的需求量就为零，美国国内的价格就为 P_1，均衡量为 Q_1。禁止出口会使美国的消费者剩余减少 $A+B+C$，同时使生产者剩余增加 A。故无谓损失为 $B+C$。

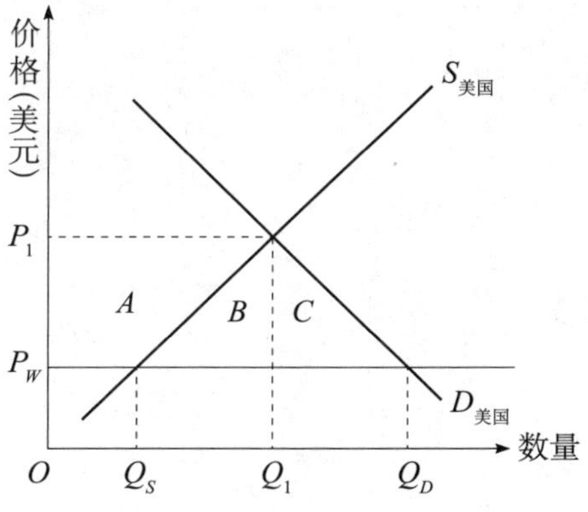

图 1

再来看加拿大的市场（见图 2）。自由贸易价格为 P_W，这时，加拿大的供给量为 Q_S，需求量为 Q_D。假如禁止出口，国内价格就会降到 P_1，国内均衡量为 Q_1。禁止出口会使

消费者剩余增加 $A+B$，同时使生产者剩余减少 $A+B+C$。禁止出口的无谓损失为 C。

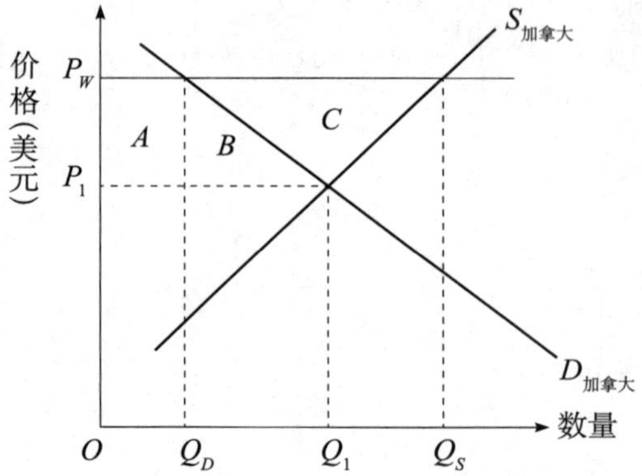

图 2

图书在版编目（CIP）数据

《管理经济学（第8版）》学习指导与题库/吴德庆，王保林编著. -- 北京：中国人民大学出版社，2023.1
新编21世纪工商管理系列教材
ISBN 978-7-300-31307-8

Ⅰ.①管… Ⅱ.①吴… ②王… Ⅲ.①管理经济学－高等学校－教学参考资料 Ⅳ.①C93-05

中国国家版本馆CIP数据核字（2023）第003831号

"十二五"普通高等教育本科国家级规划教材　配套参考书
北京高等教育精品教材
新编21世纪工商管理系列教材
《管理经济学（第8版）》学习指导与题库
吴德庆　王保林　编著
Guanli Jingjixue Dibaban Xuexi Zhidao yu Tiku

出版发行	中国人民大学出版社		
社　　址	北京中关村大街31号	**邮政编码**	100080
电　　话	010－62511242（总编室）		010－62511770（质管部）
	010－82501766（邮购部）		010－62514148（门市部）
	010－62515195（发行公司）		010－62515275（盗版举报）
网　　址	http://www.crup.com.cn		
经　　销	新华书店		
印　　刷	北京宏伟双华印刷有限公司		
开　　本	787 mm×1092 mm　1/16	**版　　次**	2023年1月第1版
印　　张	17.5插页1	**印　　次**	2023年11月第2次印刷
字　　数	399 000	**定　　价**	49.00元

中国人民大学出版社　管理分社

教师教学服务说明

中国人民大学出版社管理分社以出版工商管理和公共管理类精品图书为宗旨。为更好地服务一线教师，我们着力建设了一批数字化、立体化的网络教学资源。教师可以通过以下方式获得免费下载教学资源的权限：

★ 在中国人民大学出版社网站 www.crup.com.cn 进行注册，注册后进入“会员中心”，在左侧点击“我的教师认证”，填写相关信息，提交后等待审核。我们将在一个工作日内为您开通相关资源的下载权限。

★ 如您急需教学资源或需要其他帮助，请加入教师 QQ 群或在工作时间与我们联络。

中国人民大学出版社　管理分社

教师 QQ 群：648333426(工商管理)　114970332(财会)　648117133(公共管理)
教师群仅限教师加入，入群请备注（学校+姓名）

联系电话：010-62515735，62515987，62515782，82501048，62514760

电子邮箱：glcbfs@crup.com.cn

通讯地址：北京市海淀区中关村大街甲 59 号文化大厦 1501 室（100872）

管理书社　　人大社财会　　公共管理与政治学悦读坊